# A LICITAÇÃO PÚBLICA NO BRASIL E SUA NOVA FINALIDADE LEGAL

## A PROMOÇÃO DO DESENVOLVIMENTO NACIONAL SUSTENTÁVEL

DANIEL FERREIRA

Fabrício Motta
*Prefácio*

Luis Manuel Fonseca Pires
*Apresentação*

# A LICITAÇÃO PÚBLICA NO BRASIL E SUA NOVA FINALIDADE LEGAL

## A PROMOÇÃO DO DESENVOLVIMENTO NACIONAL SUSTENTÁVEL

Belo Horizonte

EDITORA Fórum

2012

EDITORA Fórum

Luís Cláudio Rodrigues Ferreira
Presidente e Editor

Coordenação editorial: Olga M. A. Sousa
Supervisão editorial: Marcelo Belico
Revisão: Daniel Starling
Gabriela Sbeghen
Bibliotecária: Ana Carolina Marques – CRB 2933 – 6ª Região
Capa e projeto gráfico: Walter Santos
Diagramação: Karine Rocha

Av. Afonso Pena, 2770 – 15º/16º andares – Funcionários – CEP 30130-007
Belo Horizonte – Minas Gerais – Tel.: (31) 2121.4900 / 2121.4949
www.editoraforum.com.br – editoraforum@editoraforum.com.br

F383l Ferreira, Daniel

A licitação pública no Brasil e sua finalidade legal: a promoção do desenvolvimento nacional sustentável ; prefácio Fabrício Motta ; apresentação Luis Manuel Fonseca Pires. – Belo Horizonte : Fórum, 2012.

263 p.
ISBN 978-85-7700-605-2

1. Direito Administrativo. 2. Direito Constitucional. 3. Direito Empresarial e Licitações. 4. Contratos Administrativos. I. Motta, Fabrício. II. Pires, Luis Manuel Fonseca.

CDD: 342.06
CDU: 342.9

Informação bibliográfica deste livro, conforme a NBR 6023:2002 da Associação Brasileira de Normas Técnicas (ABNT):

FERREIRA, Daniel. *A licitação pública no Brasil e sua nova finalidade legal*: a promoção do desenvolvimento nacional sustentável. Belo Horizonte: Fórum, 2012. 263 p. ISBN 978-85-7700-605-2.

*Este pequeno livro é dedicado a* **quatro professores**:

*a* **Simão Pedro Tavares,**

*Diretor-Geral do E. Tribunal Regional do Trabalho da 9ª Região por anos a fio, que me ensinou, ao vivo e a cores, a praticar o Direito Administrativo;*

*a* **Romeu Felipe Bacellar Filho,**

*meu professor na Faculdade de Direito de Curitiba, que me apresentou formal e sensivelmente ao Direito Administrativo;*

*a* **Marçal Justen Filho,**

*de quem não tive a honra de ser aluno, mas que me motiva a estudar, sem preconceitos, o Direito Administrativo a cada dia; e*

*a* **Celso Antônio Bandeira de Mello,**

*que fez do Direito Administrativo minha fonte do ser e do querer: para mim, para os meus e para todos; nascidos e por nascer.*

AGRADECIMENTOS

Sempre a Deus, em primeiro lugar;
à minha eterna revisora, Ana Paula Pellegrinello,
que nunca se cansa de ler, comentar e criticar todos os meus escritos;
aos meus amigos e parceiros de pesquisa no Grupo *Direito Empresarial e Administração Pública*, por toda a ajuda e, em especial, porque também acreditam num Brasil melhor — que pode e deve ser construído com o auxílio das licitações e das contratações públicas;
aos meus atuais e ex-orientandos da Graduação, da Pós-Graduação e do Mestrado em Direito Empresarial e Cidadania do UNICURITIBA, pela confiança;
ao Dr. Luís Cláudio Rodrigues Ferreira, da Editora Fórum,
por mais este inestimável apoio e como testemunho de amizade;
ao Professor Fabrício Motta, por conferir prestígio a esta obra com o seu prefácio e
por me fazer acreditar que esta pregação pode gerar frutos se cair em solo fértil;
ao Professor Luis Manuel Fonseca Pires, meu compadre de raciocínio e convicções, por me brindar com a apresentação;
à Universidad Michoacana de San Nicolás de Hidalgo (Morélia-Michoacán, México), pela grata oportunidade de expor o assunto nos idos de 2009;
a todos os que já me ouviram ou leram tratando do tema, especialmente os mais próximos, pela paciência e atenção dispensadas.

SUMÁRIO

## ANEXOS

# PREFÁCIO

*Escrevo esta canção porque é preciso.*
*Se não a escrevo, falho com o pacto*
*que tenho abertamente com a vida.*
*E é preciso fazer alguma coisa para*
*ajudar o homem. Mas agora.*[1]

Ao fazer, em um belo discurso, uma breve retrospectiva da evolução do direito público como mediador das relações entre Estado e cidadão, Paulo Neves Carvalho anotou que o ensino do direito administrativo é menos um processo de ensinar coisas do que *carrear mensagens*. Para o saudoso professor emérito da UFMG:

> O ponto central da pregação é o da conscientização das grandes verdades de um tempo novo, caminho único de efetivamente se democratizar o direito. Caminho longo e áspero, acrescente-se, porque, no plano da praticidade, muitos óbices se opõem ao processo de conscientizar. Entre eles a falta de desenvolvimento econômico, sem o qual não se instala a promoção social; em decorrência, a profunda marginalização ou exclusão social, que aparta do processo de assimilação de valores toda uma legião de brasileiros, tomados pela ignorância, a doença, o desemprego e — constrange dizê-lo — a fome; a inquietante fragilidade do Estado — o "espantalho de arrozal" de nosso tempo — que, a passos largos, vai perdendo a condição de fiador dos interesses fundamentais da sociedade, agora, mais do que nunca, refém de poderes paralelos; e a própria cultura, que afasta do homem a compreensão de que ele tem de ser agente ativo, na construção de seus próprios caminhos.

O estudo sério do direito público, para além do mito da neutralidade científica, é um sacerdócio cujas pregações estão obrigatoriamente

---

1 É preciso fazer alguma coisa. Thiago de Mello (*Poemas preferidos pelo autor e seus leitores*. 4. ed.).

impregnadas com a realização do cidadão e com o interesse público. Nesse sentido, a obra que Daniel Ferreira nos apresenta possui um fio condutor de imensurável atualidade e importância: o reconhecimento do *dever* estatal de promover o "crescimento econômico ambientalmente controlado e pautado pela minimização das desigualdades sociais". Esse fio é magistralmente conduzido para deixar, ao leitor, uma *mensagem* aparentemente singela: a necessidade de se cerrar fileiras para cobrar o compromisso do Estado com a promoção do ser humano e valorização do meio ambiente por intermédio das licitações públicas. Não estamos, portanto, simplesmente diante de um roteiro destinado a discutir dogmaticamante prazos, requisitos, pressupostos, modalidades etc.: temos à frente uma ousada proposta, juridicamente embasada, de contribuir de forma efetiva para que o desenvolvimento da Nação seja perseguido com respeito ao equilíbrio ambiental e direcionado à realização do bem de todos.

A aparente simplicidade do discurso puramente normativo não seduziu o autor ao ponto de obscurecer seu pensamento complexo, fruto de sua personalidade singular animada por um conflito permanente entre a aspiração a um saber não compartimentado, reduzido, e o reconhecimento da incompletude de qualquer conhecimento.

> Em toda minha vida, jamais pude me resignar ao saber fragmentado, pude isolar um objeto de estudo de seu contexto, de seus antecedentes, de seu devenir. Sempre aspirei a um pensamento multidimensional. Jamais pude eliminar a contradição interna. Sempre senti que verdades profundas, antagônicas umas às outras, eram para mim complementares, sem deixarem de ser antagônicas. Jamais quis reduzir à força a incerteza e a ambiguidade.[2]

As palavras de Edgar Morin poderiam ter sido ditadas pela mente prodigiosa de Daniel Ferreira, que nesta obra consegue ultrapassar a superficialidade para espalhar sua *mensagem* com apelo não somente à ciência jurídica, mas também à filosofia, sociologia e, porque não, à política. Com efeito, o pensamento complexo do autor caracteriza a licitação não como um fim em si, mas como *meio* — obrigatório — para a promoção do desenvolvimento nacional sustentável. Seu mérito não está em repetir o que normativamente se tenta impor, mas em fornecer instrumentos e argumentos para que esse fim seja alcançado. Em um

---

[2] MORIN. *Introdução ao pensamento complexo*, p. 7.

país no qual os planos da vigência, validade e eficácia das normas costumam ser popularmente reduzidos à constatação de que algumas leis "pegam" e outras "não pegam", Daniel nos força a reconhecer o que deve "pegar", como e porquê, trazendo luz a um tema que envolve vários ramos do conhecimento jurídico.

Ao analisar a licitação com fundamento na Constituição de República, o estudo se desapega de qualquer romantismo utópico para considerar a licitação como detentora de inquestionável função social, dentro da qual — arrisco dizer — se embute uma função regulatória. O Estado é tratado como rio que corre no mesmo curso do ser humano: a concepção apresentada é impregnada pela força dos valores e princípios, sobretudo a promoção da vida digna e do desenvolvimento sustentável.

O chamado *desenvolvimento sustentável*, aliás, é foco de capítulo próprio, confrontando a desesperança dos que enxergam a expressão como uma desalentadora contradição em termos. Transitando com desenvoltura por conceitos econômicos e flertando brevemente com questões sociológicas, o autor conclui que o desenvolvimento deve pressupor sustentabilidade para dar *a temperança necessária à escolha das velocidades e dos caminhos eleitos no rumo da ecossocioeconomia do amanhã.*

*O início, o fim, e o meio.* Como na canção de Raul Seixas, após estabelecer com clareza o ponto de partida — a Constituição da República — e a linha de chegada, o autor se dedica aos meios, ou instrumentos necessários para o cumprimento dos deveres reconhecidos. São analisados sucessivos diplomas legais para amparar o operador do direito a aplicar um conceito de desenvolvimento sustentável em sentido amplo, conectado com a função social da licitação pública. Posteriormente, o controle administrativo e judicial de todo o processo de busca pelo desenvolvimento por intermédio da licitação é analisado sob um viés, ao mesmo tempo, aprofundado e didático.

A obra tem dois propósitos ambiciosos: primeiramente, retirar o leitor do aconchego do berço esplêndido para reconhecer que temos todos deveres para com o Estado e, principalmente, a sociedade; posteriormente, fornecer o conhecimento necessário para que esses deveres saiam das mentes e normas para a práxis. Para tanto, este livro precisa ser lido e entendido. Essa a razão de a prosa do autor fluir solta e livre, como o rio para o oceano. Mesmo os temas mais áridos são tratados em linguagem simples e elegante, decifrando para o leitor os segredos emaranhados no intrincado ordenamento jurídico ligado às licitações e contratos.

Os versos de Thiago de Mello, poeta amazonense que proclama aos quatro cantos sua paixão pela natureza, podem resumir os propósitos desta obra e a personalidade de seu autor:

*Pois aqui está a minha vida.*
*Pronta para ser usada.*
*Vida que não guarda*
*nem se esquiva, assustada.*
*Vida sempre a serviço*
*da vida.*
*Para servir ao que vale*
*a pena e o preço do amor.*

*Ainda que o gesto me doa,*
*não encolho a mão: avanço*
*levando um ramo de sol.*
*Mesmo enrolada de pó,*
*dentro da noite mais fria,*
*a vida que vai comigo*
*é fogo: está sempre acesa. (...)*

*O que passou não conta?, indagarão*
*as bocas desprovidas.*
*Não deixa de valer nunca.*
*O que passou ensina*
*com sua garra e seu mel.*

*Por isso é que agora vou assim*
*no meu caminho. Publicamente andando.*
*Não, não tenho caminho novo.*

*O que tenho de novo*

*é o jeito de caminhar.*

*Aprendi*

*(o que o caminho me ensinou)*

*a caminhar cantando*

*como convém*

*a mim*

*e aos que vão comigo.*

*Pois já não vou mais sozinho.*

No amálgama de inquietude e ternura que compõe uma inteligência peculiar, Daniel assume sinceramente o seu papel de agente transformador e divulgador de ideias que necessitam ser abraçadas para se mudar *o que precisa ser mudado*. Com este livro, o autor demonstra novamente a solidez de sua formação acadêmica, que já o coloca há um bom tempo entre os mais destacados doutrinadores de direito administrativo de nosso país. Para além disso, Daniel Ferreira demonstra que *caminha*, publicamente, com sensibilidade social e compromisso com os rumos da Nação. Esses atributos são necessários para o jurista que não quer caminhar sozinho.

**Fabrício Motta**
Procurador do Ministério Público junto ao Tribunal de Contas dos Municípios de Goiás (MPjTCM-GO). Doutor em Direito do Estado (USP) e Mestre em Direito Administrativo (UFMG). Professor de Direito Administrativo e do Programa de Mestrado em Direito Agrário da Universidade Federal de Goiás (UFGO). Presidente do Instituto de Direito Administrativo de Goiás (IDAG) e 2º Vice-Presidente do Instituto Brasileiro de Direito Administrativo (IBDA).

## Um livro em muitas línguas

Qualidade singular entre as obras jurídicas, *A Licitação Pública no Brasil e sua Nova Finalidade Legal: a promoção do desenvolvimento nacional sustentável*, de Daniel Ferreira, conta com a capacidade de dialogar, em similar intensidade de expressão da sua proposta, com auditórios os mais diversos: do acadêmico em pós-graduação ao que se encontra em seus primeiros anos de graduação, do profissional da área jurídica que busca soluções à sua prática em licitação aos servidores públicos que exercem a função de gestores da coisa pública, do jurista ao cidadão-leitor curioso e interessado em desbravar outras áreas do conhecimento. Públicos tão distintos, mas em comum destinatários, cada qual em sua língua e de modo a ser igualmente provocado, deste ensaio em texto que flui com objetividade e rigor científico.

O múltiplo alcance desta obra em parte eu credito à convocação da *responsabilidade* que nos é acintosamente exigida enquanto agentes-operários de uma sociedade *solidária* (art. 3º, I, da Constituição Federal). Sim, Daniel Ferreira conclama-nos à *responsabilidade*, o que quer dizer: compreender — o alcance dos objetivos da licitação — e atuar. Pois a solidariedade, enquanto valor constitucionalizado, não nos diz respeito apenas na condição de destinatários das ações estatais, mas sobretudo — esta é a tônica permanente e gradual desenvolvida neste livro — como partícipes de sua realização.

Devemos deixar a situação de expectadores para agirmos em elaboração do *desenvolvimento nacional (sustentável)*, o que é possível, além do manejo de tantos recursos democráticos vulgarmente conhecidos, por outro tão valioso quanto olvidado como se fosse mera expressão burocrática de um modelo de Estado ultrapassado, a *licitação*. Um verdadeiro instrumento à cidadania.

A função social da licitação por intermédio de sua *finalidade material extraordinária*, os plurais interesses públicos envolvidos (primários, secundários, gerais, difusos e coletivos), as sustentabilidades em pauta (econômica, social e ambiental), nesta obra conscientizamonos, enfim, do *desenvolvimento nacional como direito fundamental* — portanto, com as diversas consequências práticas desta tão relevante assertiva.

Mas há mais a considerar-se.

Em artigo de rara felicidade por sua reflexão, Guillermo Andrés Muñoz, Presidente do Tribunal Superior de Justiça de Buenos Aires, professor de Direito Administrativo da Faculdade de Ciências Jurídicas e Sociais da Universidade de La Plata e da Faculdade de Direito da Universidade de Buenos Aires, dentre outras atividades acadêmicas, diz que o interesse público é como o amor. Pois o interesse público existe, todos sabem, conforma o ordenamento jurídico, mas é *(...) muito rebelde a toda definição.*[1] Como diz ele:

> Um pouco com o interesse público passa como com o amor: quem não se anima a dizer que o há sentido, que conhece o que é o amor, que suas veias pulsaram através do amor, que o ritmo de seu pulso moveu-se através desta coisa ancestral que é o amor? Sem embargo, quando o amor quer-se definir, é como se desaparecesse, como se perdesse forças, como se perdesse tudo. Então, é melhor não o definir.[2]

Por sua vez, o psicanalista Erich Fromm diz que "amar é uma arte", e como tal o seu aprendizado divide-se em dois domínios, da teoria e da prática, portanto, o amor é então uma atividade, não um afeto passivo, é muito mais dar do que receber, significa cuidado, uma *(...) preocupação ativa com a vida e o crescimento do que amamos,* uma atitude diante da vida, o que não dispensa os conflitos, pois *(...) é um desafio constante; ele não é um lugar de descanso, mas um movimentar-se, crescer, trabalhar juntos,* exige disciplina, concentração, paciência, "suprema preocupação".[3]

Quiçá ainda por esta perspectiva que este ensaio tantas línguas fale. Daniel Ferreira trata do interesse público como ao amor deve-se dedicar. Não se aventura a defini-lo, mas de modo claro e contundente revela-o como uma arte, e a licitação vocacionada ao desenvolvimento nacional uma de suas principais ferramentas, o que exige engajamento

---

1 *Direito administrativo e interesse público,* p. 23.

2 *Op. cit.,* p. 30.

3 *A arte do amor,* p. 6, 28, 33, 57, 127, 128, 134-136.

constante, disposição e persistência aos óbices naturais do percurso, um perene labor — disciplina, concentração, paciência e suprema preocupação — em construção de uma sociedade livre, justa e solidária.

**Luis Manuel Fonseca Pires**
Juiz de Direito no Estado de São Paulo. Doutor e Mestre em Direito Administrativo pela PUC-SP. Professor de Direito Administrativo na graduação e na pós-graduação *lato sensu* da PUC-SP.

# JUSTIFICATIVA PRÉVIA

Este pequeno ensaio, deliberadamente apresentado na forma impressa e virtual (*e-book*), tem vocação diversa da pretendida para os preexistentes livros, capítulos de livros e artigos de nossa autoria. Naqueles outros se buscou "apenas" dar notícia das pesquisas feitas junto a público específico, à comunidade jurídica e, em especial, aos estudiosos do Direito Administrativo; neste, o objetivo é muito mais ousado.

Com ele se pretende disponibilizar a *todos* — bacharéis em Direito ou não, mas em especial aos diretamente ligados às licitações públicas (gestores públicos, fornecedores e controladores), as mudanças ocorridas em nosso ordenamento jurídico e no próprio comportamento dos Governos e da Administração Pública a partir da Carta Magna de 1988. Alterações essas, ademais, que dão "prova viva" de que, às vezes e com diminuto esforço, é possível fazer muito mais pelo Brasil e por todos os brasileiros do que se pode imaginar.

É dizer, com uma linguagem mais fluida e de fácil compreensão — com indicações legislativas, citações doutrinárias, precedentes judiciais e explicações reservadas, sempre que possível, a notas de rodapé ou a anexos — a obra trata do que pode *e deve* ser realizado para concretizar a "função social" da licitação por excelência: promover o *desenvolvimento nacional sustentável*.

Não por acaso, a modalidade inovadora (*livro virtual*) também viabilizada pela nossa parceira Editora Fórum se mostra mais do que útil, porque supera as dificuldades de praxe ao permitir acesso irrestrito em todo lugar do território nacional e do globo, bastando haver interesse e conexão com a rede mundial.

Fica, pois, o convite para uma leitura despretensiosa, porém em boa medida provocadora do espírito (e de críticas, por certo), da cidadania e da solidariedade. Tudo porque estimula a revisão e, até mesmo, a eventual superação, pela Administração Pública, pelos Tribunais de Contas, pelo Poder Judiciário e *por todos os cidadãos*, de comportamentos "neutros" a certas realidades, como a assimilação de que as licitações públicas não se mostram mais cenário de competições isonômicas, pura e simplesmente.

É preciso compreender e assumir, de uma vez por todas, que hoje, por conta de uma iniciativa do poder executivo avalizada pelo legislador, também se exige, e como condição de validade dos processos licitatórios, a promoção do crescimento econômico ambientalmente controlado e pautado pela minimização das desigualdades sociais.

Logo, rumo à ecossocioeconomia: aquele ambiente em que o desenvolvimento, por si só, e para ser considerado como tal, pressupõe, no mínimo, sustentabilidade econômica, social e ambiental (SACHS).

Enfim, esse é o mote desta sucinta obra, franciscana em sua apresentação e conteúdo, mas audaciosa em seus fins.

# INTRODUÇÃO

Logo depois de ingressarmos no Corpo Docente Permanente do Programa de Mestrado em "Direito Empresarial e Cidadania" do UNICURITIBA, em 2009, criamos um Grupo de Pesquisa que foi devidamente cadastrado junto ao Conselho Nacional de Desenvolvimento Científico e Tecnológico – CNPq.[1] Seu objetivo foi e é "desenvolver projetos de pesquisa que se mostrem imbricados com a referida área de concentração, com a linha de pesquisa '**Atividade Empresarial e Constituição: Inclusão e Sustentabilidade**' e, ainda, com a disciplina 'Intervenção do Estado (e da Administração Pública) na atividade econômica e social'", sob nossa responsabilidade.

De plano, então, pensamos em tratar das infrações e das sanções administrativas no entorno da atividade empresarial, dando continuidade aos estudos realizados no Mestrado[2] e no Doutorado[3] em Direito do Estado da PUC-SP. Todavia, a crise econômica global instalada no ano anterior foi determinante e de plano conduziu a investigação para o "fomento estatal" a comportamentos empresariais desejados por toda a coletividade e, mais especificamente, pela facilitação de acesso às licitações e aos contratos administrativos, num projeto de pesquisa trienal.

No primeiro ano o estudo se voltou aos "incentivos às microempresas e às empresas de pequeno porte" e no segundo ao desenvolvimento nacional "ambientalmente sustentável". Para sua conclusão (neste ano de 2012) reservou-se o desenvolvimento nacional "socialmente responsável".

Anote-se, assim, que a perspectiva de investigação da (potencial) "função social" das licitações públicas e dos contratos administrativos data do ano de 2009, de sorte a se revelar anterior às alterações estruturais havidas na Lei nº 8.666/93 (Lei Geral de Licitações e Contratações Públicas – LGL) a partir da Medida Provisória nº 495/2010.

---

1 Atividade Empresarial e Administração Pública. Disponível em: <http://dgp.cnpq.br/buscaoperacional/detalhepesq.jsp?pesq=0992142145444171>.

2 FERREIRA. *Sanções administrativas.*

3 FERREIRA. *Teoria geral da infração administrativa a partir da Constituição Federal de 1988.*

Demais disso, o principal problema da pesquisa de outrora (verificar a viabilidade de se *agregar* uma "função social" para as licitações públicas) foi se confirmando como realidade ao longo dos anos, de sorte a coincidentemente culminar com a "promoção do desenvolvimento nacional sustentável" erigido à *terceira finalidade* da licitação. Logo, ao lado da "garantia de observância do princípio constitucional da isonomia" e da "seleção da proposta mais vantajosa para a Administração".[4]

Ou seja, aquilo que se vislumbrou, na Academia, como possibilidade (nos idos de 2009) passou a ser exigido mediante "norma geral"[5] de licitações de raiz finalística, portanto obrigando todos os órgãos de poder e entidades de todos os entes políticos à sua perseguição legítima. Isso reclama, por evidente, desdobrado cuidado e renovados estudos e justifica, ainda, a conveniência e a oportunidade deste livreto, que como sempre não tem qualquer pretensão de esgotamento do assunto ou de definitividade em suas conclusões.

---

[4] Lei nº 8.666/93 – Lei Geral de Licitações (LGL), com a redação da Lei nº 12.349/2010: Regulamenta o art. 37, inciso XXI, da Constituição Federal, institui normas para licitações e contratos da Administração Pública e dá outras providências.
Art. 3º A licitação destina-se a garantir a observância do princípio constitucional da isonomia, a seleção da proposta mais vantajosa para a administração *e a promoção do desenvolvimento nacional sustentável* e será processada e julgada em estrita conformidade com os princípios básicos da legalidade, da impessoalidade, da moralidade, da igualdade, da publicidade, da probidade administrativa, da vinculação ao instrumento convocatório, do julgamento objetivo e dos que lhes são correlatos (Redação dada pela Lei nº 12.349, de 2010 – grifos nossos).

[5] *Constituição da República*
Art. 22. Compete privativamente à União legislar sobre: (...) XXVII – normas gerais de licitação e contratação, em todas as modalidades, para as administrações públicas diretas, autárquicas e fundacionais da União, Estados, Distrito Federal e Municípios, obedecido o disposto no art. 37, XXI, e para as empresas públicas e sociedades de economia mista, nos termos do art. 173, §1º, III (...).
Art. 24. Compete à União, aos Estados e ao Distrito Federal legislar concorrentemente sobre: (...) VI – florestas, caça, pesca, fauna, conservação da natureza, defesa do solo e dos recursos naturais, proteção do meio ambiente e controle da poluição; (...). §1º No âmbito da legislação concorrente, a competência da União limitar-se-á a estabelecer normas gerais. §2º A competência da União para legislar sobre normas gerais não exclui a competência suplementar dos Estados. §3º Inexistindo lei federal sobre normas gerais, os Estados exercerão a competência legislativa plena, para atender a suas peculiaridades. §4º A superveniência de lei federal sobre normas gerais suspende a eficácia da lei estadual, no que lhe for contrário (...).
Art. 37. A administração pública direta e indireta de qualquer dos Poderes da União, dos Estados, do Distrito Federal e dos Municípios obedecerá aos princípios de legalidade, impessoalidade, moralidade, publicidade e eficiência e, também, ao seguinte: (...) XXI – ressalvados os casos especificados na legislação, as obras, serviços, compras e alienações serão contratados mediante processo de licitação pública que assegure igualdade de condições a todos os concorrentes, com cláusulas que estabeleçam obrigações de pagamento, mantidas as condições efetivas da proposta, nos termos da lei, o qual somente permitirá as exigências de qualificação técnica e econômica indispensáveis à garantia do cumprimento das obrigações.

No entanto, sua maior utilidade talvez nem seja essa. Quiçá resida ela no fato de aglutinar a análise de leis esparsas (federais, estaduais e municipais) e de atos normativos infralegais versando sobre questões específicas, pontuais até, mas que também se revelaram (e ainda se revelam) indispensáveis para conferir *caráter instrumental* às licitações. A isso se somam as considerações fundadas na doutrina, nacional e estrangeira, e mesmo em selecionados julgados das Cortes de Justiça e de Contas.

Almeja-se com este breve registro, pois e a um só tempo, chamar a atenção para as "novidades legais", demonstrar sua conformidade com a Constituição da República e, afinal, justificar que as licitações podem e *devem* ser manejadas como instrumento de promoção do desenvolvimento nacional sustentável.

Tudo sem prejuízo das críticas que ele há de justificadamente merecer, mas que nem por isso afastam as sempre lúcidas lições de POPPER, no sentido de que

> (...) el ideal de evitar error es un ideal pobre; sí no tenemos la osadia de abordar problemas difíciles en los que el error sea casi inevitable, el conocimiento no aumentará. De hecho, son las teorias más audaces, incluso las erróneas, las que nos enseñam. Nadie está libre de cometer errores; lo grande es aprender de ellos. (Karl R. Popper: 1902-1994)

O desafio, então, fica posto e proposto: é preciso abandonar a indiferença, a neutralidade que infirma valores e direitos fundamentais, porque o desejo de acerto comprometido apenas com a experiência do passado jamais será suficiente em si para garantir o desenvolvimento. Menos ainda para satisfazê-lo como direito fundamental, que reclama inovação, arrojo e assunção de *riscos* — por cada um e por todos, pela sociedade, pelo empresariado, pelos governos e pelo Estado. De se errar, inclusive, mas na justa expectativa de seguir sempre em frente e com a certeza de que ao amanhã se reserva muito mais do que havido e vivido em data de ontem.

É que o desenvolvimento apenas se realiza enquanto processo, contínuo, e que mira o futuro. Simples assim.

# REDESCOBRINDO A LICITAÇÃO

## Licitação Pública no contexto da Constituição da República

Para que se possa cogitar do estudo — e mesmo da singela compreensão — da licitação pública no Brasil, por primeiro é necessário vislumbrar como ela está prevista na Lei das leis.

O contido no art. 22, inciso XXVII, da Constituição da República, registra que compete à União editar "normas gerais de licitação e contratação, em todas as modalidades, para as administrações públicas diretas, autárquicas e fundacionais da União, Estados, Distrito Federal e Municípios, obedecido o disposto no art. 37, XXI, e para as empresas públicas e sociedades de economia mista, nos termos do art. 173, §1°, III".[6]

Por sua vez, extrai-se do inciso XXI do art. 37 da Carta da República vigente que "ressalvados os casos especificados na legislação, as obras, serviços, compras e alienações serão contratados mediante processo de licitação pública que assegure igualdade de condições a todos os concorrentes, com cláusulas que estabeleçam obrigações de pagamento, mantidas as condições efetivas da proposta, nos termos

---

6 *Constituição da República*
Art. 173. Ressalvados os casos previstos nesta Constituição, a exploração direta de atividade econômica pelo Estado só será permitida quando necessária aos imperativos da segurança nacional ou a relevante interesse coletivo, conforme definidos em lei. §1º A lei estabelecerá o estatuto jurídico da empresa pública, da sociedade de economia mista e de suas subsidiárias que explorem atividade econômica de produção ou comercialização de bens ou de prestação de serviços, dispondo sobre: (...) III – licitação e contratação de obras, serviços, compras e alienações, observados os princípios da administração pública.

da lei, o qual somente permitirá as exigências de qualificação técnica e econômica indispensáveis à garantia do cumprimento das obrigações".

Com isso o constituinte originário deixou induvidosamente assentado que: (i) a licitação configura regra, cujo núcleo essencial deve ser informado pela União por meio de "normas gerais"; (ii) são objetos de licitação e, pois, de contratação potencial: as obras, serviços, compras e alienações; (iii) a licitação se desenvolve por meio de um processo administrativo; (iv) a licitação deve assegurar igualdade de condições aos participantes; (v) desde a apresentação da proposta, fica garantida a manutenção da equação econômico-financeira do contrato se porventura firmado; e (vi) apenas seriam exigíveis, como condição de participação nos certames, a comprovação da boa situação econômico-financeira e da capacidade técnica dos proponentes indispensáveis à garantia do cumprimento das obrigações. E nada mais, ao menos *aparentemente*.

Logo, para a adequada apreensão das finalidades da licitação pública como estipuladas no ordenamento jurídico pátrio, ainda se faz preciso consultar "as leis" às quais se destinou esse papel.

## Finalidades Legais da Licitação antes da Medida Provisória nº 495/2010

*A seleção da proposta mais vantajosa*

É de se chamar a atenção, portanto e desde logo, para o fato de que a tão alardeada "vantajosidade"[7] como finalidade da licitação sequer encontra expressa previsão constitucional. Todavia, isso nunca se revelou um problema "operacional", na exata medida em que a "legislação" tratando do tema (o Decreto-Lei nº 2.300/86;[8] e, na sequência, a Lei nº 8.666/93[9]), antes, durante e depois da "ruptura constitucional",

---

[7] JUSTEN FILHO, Marçal. *Comentários à Lei de licitações e contratos administrativos*, p. 58.

[8] Decreto-Lei nº 2.300/86
Art. 3º A licitação *destina-se a selecionar a proposta mais vantajosa para a Administração* e será processada e julgada em estrita conformidade com os princípios básicos da igualdade, da publicidade, da probidade administrativa, da vinculação ao instrumento convocatório, do julgamento objetivo e dos que lhe são correlatos (grifos nossos).

[9] Lei nº 8.666/93 (em sua versão anterior à MP nº 495/2010)
Art. 3º A licitação *destina-se* a garantir a observância do princípio constitucional da isonomia e *a selecionar a proposta mais vantajosa para a Administração* e será processada e julgada em estrita conformidade com os princípios básicos da legalidade, da impessoalidade, da moralidade, da igualdade, da publicidade, da probidade administrativa, da vinculação ao instrumento convocatório, do julgamento objetivo e dos que lhes são correlatos (grifos nossos).

bem explicitaram, *na origem*, que a licitação destinar-se-ia a selecionar a proposta mais vantajosa para a Administração.

Ou seja, prestou-se a lei a expressar uma obviedade, qual seja a de que qualquer contratação levada a cabo pela Administração Pública há de necessariamente pautar-se pela obtenção da maior vantagem juridicamente admissível, assim vislumbrada em cada situação.[10]

Neste cariz, a lei também definiu as possibilidades, consoante àquilo que veio a denominar "tipos de licitação",[11] por conta dos quais a "vantajosidade" seria aferida mediante parâmetros objetivos, de cotejo de preços ou de combinação desses com outros quesitos, autorizados legislativamente e previstos em cada instrumento convocatório.

*A garantia da igualdade*

A garantia da igualdade, por sua vez, teve trato um pouco diferenciado: ela figurou no Decreto-Lei nº 2.300/86 como princípio, num rol de vários a serem observados, enquanto que o tema das licitações sequer era cogitado na Constituição de 1967. De conseguinte, o referido decreto ainda continuou aplicável por quase cinco anos depois da

---

[10] A isso referiu Oswaldo Aranha Bandeira de Mello, em 1978, nos seguintes termos: "O fundamento da licitação é de ordem jurídico-positiva, de Direito Financeiro, para que se utilize de procedimento administrativo, no resguardo do interesse público, de caráter econômico-financeiro" (...) (BANDEIRA DE MELLO, Oswaldo A. *Da licitação*, p. 38). E seu filho, Celso Antônio Bandeira de Mello, mantém a mesma compreensão ao afirmar que o manejo do processo licitatório atende a três exigências públicas impostergáveis, dentre as quais: "proteção aos interesses públicos e recursos governamentais — ao se procurar a proposta mais vantajosa" (BANDEIRA DE MELLO, Celso Antônio. *Curso de direito administrativo*, p. 530).

[11] Lei nº 8.666/93
Art. 45. O julgamento das propostas será objetivo, devendo a Comissão de licitação ou o responsável pelo convite realizá-lo em conformidade com os tipos de licitação, os critérios previamente estabelecidos no ato convocatório e de acordo com os fatores exclusivamente nele referidos, de maneira a possibilitar sua aferição pelos licitantes e pelos órgãos de controle. §1º Para os efeitos deste artigo, constituem tipos de licitação, exceto na modalidade concurso: I – a de menor preço – quando o critério de seleção da proposta mais vantajosa para a Administração determinar que será vencedor o licitante que apresentar a proposta de acordo com as especificações do edital ou convite e ofertar o menor preço; II – a de melhor técnica; III – a de técnica e preço; IV – a de maior lance ou oferta – nos casos de alienação de bens ou concessão de direito real de uso. (...) §3º No caso da licitação do tipo "menor preço", entre os licitantes considerados qualificados a classificação se dará pela ordem crescente dos preços propostos, prevalecendo, no caso de empate, exclusivamente o critério previsto no parágrafo anterior (...).
Art. 46. Os tipos de licitação "melhor técnica" ou "técnica e preço" serão utilizados exclusivamente para serviços de natureza predominantemente intelectual, em especial na elaboração de projetos, cálculos, fiscalização, supervisão e gerenciamento e de engenharia consultiva em geral e, em particular, para a elaboração de estudos técnicos preliminares e projetos básicos e executivos, ressalvado o disposto no §4º do artigo anterior.

instalação do novo Estado até o surgimento da Lei nº 8.666/93, a qual o erigiu ao status de finalidade para a licitação, *pari passu* com o da seleção da proposta mais vantajosa.

Em ambos os regimes, contudo, a ilegalidade do processo licitatório foi referida como causa de nulidade do certame e, por decorrência lógico-jurídica, do próprio contrato dele originado.[12] [13]

## A Terceira Finalidade Legal da Licitação Pública: a promoção do desenvolvimento nacional (sustentável)

Foi-se o tempo em que seria possível lançar mão de uma fonte bibliográfica da década passada para exprimir a atual dimensão da licitação pública no ordenamento jurídico pátrio.

Aliás, qualquer proposta ainda inadaptada à Lei nº 12.349/2010 ou à Medida Provisória nº 495/2010 que a precedeu (pela modificação por elas operada no art. 3º da LGL) é imprestável, porque sequer dá conta de expressar o "novo" conceito legal de licitação, ainda silente quanto ao seu objeto, mas que amplia para três as suas finalidades:

> Art. 3º A licitação destina-se a garantir a observância do princípio constitucional da isonomia, a seleção da proposta mais vantajosa para a administração *e a promoção do desenvolvimento nacional* ***sustentável*** e será processada e julgada em estrita conformidade com os princípios básicos da legalidade, da impessoalidade, da moralidade, da igualdade, da publicidade, da probidade administrativa, da vinculação ao instrumento convocatório, do julgamento objetivo e dos que lhes são correlatos. (grifos nossos)[14]

---

[12] Decreto-Lei nº 2.300/86 (com a Redação dada pelo Decreto-Lei nº 2.348/1987)
Art. 39. A Administração poderá revogar a licitação por interesse público, devendo anulá-la por ilegalidade, de ofício ou mediante provocação de terceiros. §1º A anulação do procedimento licitatório, por motivo de ilegalidade, não gera obrigação de indenizar, ressalvado o disposto no parágrafo único do artigo 49. §2º A nulidade do procedimento licitatório induz a do contrato.

[13] Lei nº 8.666/93
Art. 49. A autoridade competente para a aprovação do procedimento somente poderá revogar a licitação por razões de interesse público decorrente de fato superveniente devidamente comprovado, pertinente e suficiente para justificar tal conduta, devendo anulá-la por ilegalidade, de ofício ou por provocação de terceiros, mediante parecer escrito e devidamente fundamentado.
§1º A anulação do procedimento licitatório por motivo de ilegalidade não gera obrigação de indenizar, ressalvado o disposto no parágrafo único do art. 59 desta Lei.
§2º A nulidade do procedimento licitatório induz à do contrato, ressalvado o disposto no parágrafo único do art. 59 desta Lei.

[14] Confira a Lei nº 12.349/2010 no ANEXO A.

Destarte, é o desenvolvimento nacional (sustentável) que passa a exigir toda a atenção e estudo, a iniciar pelo fato de que ainda são muitos poucos os gestores públicos a compreenderem tudo o quanto contido nessa expressão. É de se indagar, então, quantos apresentam condições razoáveis de fielmente cumprir a lei.

Antes, ainda, é preciso separar o objeto da licitação do objeto do contrato, de ambos com sua(s) finalidade(s) e, de igual modo, da(s) finalidade(s) da licitação da finalidade da contratação administrativa dela porventura decorrente. Tudo porque a confusão entre eles é que não permite vislumbrar o fato de que as licitações no Brasil vinham episodicamente realizando "função social" mesmo antes do advento da MP nº 495.[15]

*O objeto da licitação e suas finalidades legais e o objeto do contrato administrativo*

Como visto, a licitação cumpre, atualmente, três finalidades *legais*, ainda que o seu objeto possa ser único (obra, serviço, compra ou alienação).

Explica-se e exemplifica-se: um processo licitatório instaurado para a potencial aquisição de "um veículo automotor, com potência mínima de 100CV, quatro portas etc." deve garantir (i) a isonomia de tratamento entre os licitantes, (ii) a seleção da proposta mais vantajosa (pelo critério de menor preço) e (iii) a promoção do desenvolvimento nacional sustentável. Seu objeto, contudo, é o fornecimento de um veículo que preencha os requisitos mínimos como dispostos no edital de licitação[16] (pouco importando o fabricante).

Diferentemente, o objeto do contrato há de recair naquele veículo, daquela marca específica, como efetiva e precisamente cotado pelo licitante e que, não por acaso, foi determinante para classificação da proposta técnico-comercial.

Forçoso concluir, pois, que o objeto do contrato administrativo configura uma versão mais especializada do objeto da licitação, porque nele há de estar contido, ainda que não precise com ele coincidir. Ou,

---

[15] *Vide* a Medida Provisória nº 495/2010 no ANEXO B.

[16] Lei nº 8.66/93
Art. 40. O edital conterá no preâmbulo o número de ordem em série anual, o nome da repartição interessada e de seu setor, a modalidade, o regime de execução e o tipo da licitação, a menção de que será regida por esta Lei, o local, dia e hora para recebimento da documentação e proposta, bem como para início da abertura dos envelopes, e indicará, obrigatoriamente, o seguinte: I – objeto da licitação, em descrição sucinta e clara; (...).

dito de outra forma, é possível que para um objeto licitado sejam potencialmente admissíveis vários objetos de contrato, mas que se concretizam, afinal, em um único passível de contratação: aquele exatamente constante da proposta classificada em primeiro lugar.

*Finalidade "material" da licitação e finalidade da contratação administrativa*

Contudo, ainda parece ser possível distinguir as três apontadas finalidades *legais* da licitação da sua finalidade *material* ordinária, qual seja a de viabilizar a satisfação da necessidade ou mesmo da utilidade administrativa ou coletiva.

Assim sendo, a finalidade *material* da licitação se aproxima, em muito, da finalidade (material) da contratação administrativa e no mesmo panorama antevisto para o objeto licitado e o objeto contratado: enquanto o fim ordinário da licitação é, abstratamente, tornar viável a satisfação da necessidade ou da utilidade, administrativa ou coletiva, a finalidade material da contratação administrativa é concretamente satisfazê-la, na forma e nas condições propostas.

No contexto é preciso compreender, ademais e a partir do exemplo oferecido, que a Administração Pública, por meio de uma licitação, jamais pretende, em si e por si, adquirir um veículo. Sua intenção, na hipótese, recai na (viabilização da) satisfação de uma necessidade administrativa, de transportar pessoas e coisas, da forma mais adequada possível. Daí porque, em tese, sob o manto da discricionariedade — *de liberdade nos limites da lei* —, a solução administrativa "ótima" poderia se concretizar, similarmente, mediante licitação (e futura contratação) de outros objetos, como a locação de veículo ou a contratação de cooperativa (para prestação de serviços mediante fornecimento de veículo com motorista).

Todavia, ainda assim a finalidade *material* da licitação (e da contratação administrativa) seria aquela de natureza ordinária, que não agregaria qualquer ganho extra, em especial para aqueles sujeitos que não fossem os destinatários diretos ou indiretos da regular execução do objeto licitado e contratado.

Perceba-se: se a necessidade da Administração Pública reside na substituição de móveis funcionais, porque inservíveis, os diretamente favorecidos com a contratação administrativa serão os servidores que deles farão uso e, indiretamente, os usuários dos serviços por eles prestados porque, em tese, propiciarão melhores condições (e resultados) de trabalho.

De outra banda, se com a licitação se almejar potencial satisfação de utilidade coletiva, como a prestação de serviço público de transporte de passageiros, então serão diretamente beneficiados os usuários e indiretamente, dentre outros, seus familiares, que gozarão da sua presença física maximizada, por conta do menor tempo despendido em deslocamentos.

De qualquer sorte, nos dois simplórios exemplos mentados "os benefícios" da licitação — e mesmo da contratação — (em princípio) não se espraiam em outras direções coletivamente desejáveis e desejadas, como o fomento estatal ao microempreendedorismo ou à preservação do meio ambiente para as futuras gerações, dentre outras.

Quando assim se der, então se estará diante de uma finalidade (material) adicional, *extraordinária*, no sentido de satisfação indireta e mediata de outros interesses também reconhecidos como relevantes pelo Direito, mas que em nada se confundem com aqueles direta e imediatamente imbricados com o objeto licitado e/ou contratado.

*Interesses Públicos: primário e secundário; interesses gerais, difusos e coletivos*

A expressão "interesse público" pode ser empregada em mais de um sentido. Portanto, resta imperioso, em primeiro lugar, diferenciar o interesse público "primário" do interesse público "secundário". Aquele é o interesse público propriamente dito; este é o interesse da própria Administração, de índole patrimonial, porquanto sujeito de direitos e obrigações.

Logo, não faz sentido algum referir a garantia da seleção da proposta mais vantajosa *para a Administração* como sendo uma das finalidades legais da licitação. É necessário compreender que a vantajosidade (mesmo que apenas considerada em sua feição econômica)[17] deve se revelar pelo interesse a ser satisfeito, seja ele público primário ou secundário.

Mais ainda, é preciso atentar para o fato de que não há apenas um interesse público (primário).[18] Há inúmeros deles que merecem

---

17 Na compra de um veículo, a proposta mais barata haverá de orientar a potencial contratação administrativa; na alienação de um bem, o maior lance ofertado. E na seleção de um concessionário de serviço público, (em regra) a tarifa mais baixa para o usuário.

18 Invocando o italiano Sabino Cassese, Marçal Justen Filho destaca o fato de que não há um interesse público *único*, mas sim vários interesses públicos e que somente no caso concreto é que se mostrará sobranceiro, a ponto de preponderar, um sobre o outro (JUSTEN FILHO. *Curso de direito administrativo*, p. 70-71). Dita observação é de suma importância neste ensaio, porque, repita-se, a *economicidade da contratação*, enquanto "interesse público", eventualmente pode vir a ser mitigada por conta de outro, *e.g.*, a *sustentabilidade ambiental* da solução. Outro não é o magistério de Di Pietro: "(...) não há dúvida de que pode haver conflitos entre interesses públicos de diferentes entes. Ao Judiciário caberá decidir qual o interesse a proteger. Se antes o Judiciário se limitava a resolver conflitos entre *interesses individuais*, hoje ele pode ter que resolver conflitos entre diferentes *interesses públicos*" (DI PIETRO. *Discricionariedade administrativa na Constituição de 1988*, p. 228).

proteção e satisfação, por parte do Estado, e por iniciativa estritamente administrativa ou mediante eventual determinação judicial. Como é de interesse público a prestação adequada de serviços de saúde, também o é a segurança pública. Entretanto, pode ser que, pela escassez de recursos ou por conta de outro fator episódica e individualmente considerado, um interesse público tenha de se sobrepor a outro, mediante um juízo de valoração.

"Os interesses públicos são *metaindividuais* e abrangem diversas modalidades: 'o *interesse geral*, afeto a toda a sociedade; o *interesse difuso*, pertinente a um grupo de pessoas caracterizadas pela indeterminação e pela indivisibilidade; e os *interesses coletivos*, que dizem respeito a um grupo de pessoas determinadas ou determináveis'".[19] Exemplificando, a proteção do meio ambiente é de interesse geral, enquanto que a proteção do consumidor contra a publicidade enganosa se apresenta como de interesse difuso. E, afinal, se revela como de interesse coletivo a construção de creche pública num específico bairro desassistido.

Com base nisto tudo fica mais simples observar que a finalidade material ordinária de uma licitação pode ser atendida mediante a satisfação potencial de um interesse público secundário (administrativo: pintura de uma repartição) ou, ainda, de um interesse público primário (coletivo: a construção da creche).

No entanto a construção de uma creche mediante *exclusiva utilização de materiais ambientalmente sustentáveis* e, ainda, *deliberadamente por uma microempresa* estará a satisfazer três distintos interesses públicos, o ordinário (*coletivo*, no caso) e, simultaneamente, outros dois: um *difuso* (de qualquer microeempresário, fazendo-o apto — de forma potencial, ainda que exclusiva na categoria econômica — a participar do certame) e outro *geral* (de todos os seres vivos, inclusive humanos, nascidos e por nascer, ao meio ambiente ecologicamente equilibrado).

*A finalidade material extraordinária como "Função Social"*

A função social revela, grosso modo, um *plus* à viabilização ou mesmo à própria satisfação da necessidade administrativa ou coletiva, passando a irradiar efeitos favoráveis para sujeitos e em outras direções em princípio "estranhos" ao objeto licitado e contratado.

> A ideia de *função social ou socialidade* da administração pública. O interesse público não se limita ao interesse administrativo. Abrange

---

[19] DI PIETRO. *Direito administrativo*, p. 873.

> também o interesse social, que pode prevalecer sobre o administrativo, o financeiro, o técnico, como critério de avaliação. Em casos especiais, à proposta financeira ou tecnicamente mais vantajosa, pode preferir outra, que seja de maior proveito social. Exemplo: em regiões ou situações críticas, sendo grave o desemprego, pode o Estado preferir proposta que empregue mais mão-de-obra, atendendo o interesse social, embora outras atendam melhor o estrito interesse administrativo, por serem financeira ou tecnicamente mais vantajosas (...).
>
> Obviamente, na atualidade o contrato administrativo, a medida social da liberdade individual não suporta mais a velha supressão ineficaz da liberdade de contratar do Poder Público, mas tão-só comporta um novo controle eficaz dessa liberdade, mesmo na escolha dos contratados, sob pena de pôr a perder o Estado como agente e o contrato como instrumento do progresso social.[20]

A passagem transcrita, por incrível que possa parecer, é de obra publicada em 1995. Todavia, é mais do que prestante e contemporânea, mormente para expressar que tanto as licitações como as contratações públicas, antes mesmo da modificação do "marco legal", sempre puderam *excepcionalmente* cumprir "função social".[21]

E daquelas que, eventualmente, poderia se colocar em posição sobranceira frente à função econômica — de busca de benefícios dessa específica ordem. Logo, de sorte a atender um ou mais fins materiais que não o usual, aquele compreendido em seu mínimo existencial, de viabilizar em potência a satisfação da necessidade ou da utilidade, administrativa ou coletiva, pela futura execução do objeto, "neutramente" licitado e contratado.

Em suma, a "função social" — quando presente — rompe com a neutralidade administrativa de praxe na fixação do objeto da licitação, do rol de potenciais licitantes e/ou dos ganhos (diretos e imediatos) com

---

[20] BARROS. *Liberdade e contrato*: a crise da licitação, p. 161-162. Anote-se, pela relevância, que o autor era Mestre e Doutor em Direito pela USP e atuava como Conselheiro-Substituto do Tribunal de Contas do Estado de São Paulo quando da edição do livro.

[21] No ano de 1999, e sob os auspícios da Universidade Nacional do México (UNAM), León Cortiñas-Peláez deixou consignado que: "22. *La discutida instrumentalización*. Partiendo de la postura intervencionista de la administración nacional, tendente al aprovechamiento de masas ingentes de capital capaces de transformar horizontal y verticalmente resortes determinantes del mercado, de la sociedad y de la economia de un país, de ha planteado y aún se discute la posibilidad de *instrumentalización de las compras* del Estado. Asi, destinando ingresos, por ejemplo, para la adquisición o promoción de empresas en zonas deprimidas, para la lucha contra la contaminación, para el fomento del pleno empleo de las mujeres en el mercado de trabajo, (...)" (CORTIÑAS-PELÁEZ. Estudio preliminar. Del horizonte mexicano del derecho de la licitación pública. *In:* LOPES ELÍAZ. *Aspectos jurídicos de la licitación pública en México*, p. XXXIII-XXXIV).

a eventual contratação. Ela revela, *mutatis mutandis*, "externalidades positivas"[22] [23] para a licitação, para a contratação administrativa, e, às vezes, para ambas.

É de fácil assimilação, pois, a necessidade de se distanciar a atividade estatal da ação privada, ou, pelo menos, considerar que as licitações e as contratações públicas se concretizam no exercício de *função administrativa*,[24] motivo pelo qual críticas de ordem puramente econômico-financeira não têm qualquer cabimento.

---

[22] "As externalidades correspondem, pois, a custos ou benefícios circulando *externamente* ao mercado, vale dizer, que se quedam incompensados, pois, para eles, o mercado, por limitações institucionais, não consegue imputar um preço. E assim o nome externalidade ou efeito externo não quer significar fatos ocorridos fora das unidades econômicas, mas sim fatos ou efeitos ocorridos fora do mercado, externos ou paralelos a ele, podendo ser vistos como efeitos parasitas" (NUSDEO. *Curso de economia*: introdução ao direito econômico, p. 153). Assim que um veículo movido a álcool gera uma externalidade positiva, realizando um interesse geral, porque polui menos que o movido a gasolina. De outra banda, numa época de crise mundial do petróleo, a fabricação de veículos a álcool mereceu incentivos fiscais e a produção de cana-de-açúcar foi estimulada com financiamentos públicos a juros subsidiados, a partir da década de 1970, por meio do PROÁLCOOL (Programa Nacional do Álcool). Esse programa, criado no início do governo do general Ernesto Geisel, trouxe vantagens significativas e permanentes, para a indústria automobilística nacional, para o agronegócio e, ainda, para os consumidores (GATTI JUNIOR. *35 anos da criação do Proálcool*: do álcool-motor ao veículo *flex fuel*. *In*: SEMEAD – Seminários em Administração, 13., Faculdade de Economia, Administração e Contabilidade da Universidade de São Paulo, set./2010).

[23] Se por um lado se parte do pressuposto de que a função social da licitação realiza benefícios extraordinários, de índole ambiental (por exemplo), por outro é de se admitir que ela possa gerar, em contrapartida, uma reflexa "externalidade negativa", o maior dispêndio para aquisição de bens *ambientalmente seletos*. Mas isso não é um problema, porque — como visto — o "prejuízo" estritamente econômico não revela um menoscabo do interesse público propriamente dito. No máximo, o interesse público secundário, patrimonial (da Administração e não da coletividade), é que será afetado. Não por acaso a própria Lei nº 8.666/93, antes mesmo de agregar a terceira finalidade *legal* à licitação, já previa fatores de aferição de vantajosidade de propostas ("tipos" de licitação) que combinavam fatores econômicos com outros, de índole técnica.

[24] "Função *administrativa* é a função que o Estado, ou quem lhe faça as vezes, exerce *na intimidade de uma estrutura e regime hierárquicos* e que no sistema constitucional brasileiro se caracteriza pelo fato de ser *desempenhada mediante comportamentos infralegais* ou, excepcionalmente, infraconstitucionais, submissos todos a *controle de legalidade pelo Poder Judiciário*" (BANDEIRA DE MELLO. *Curso de direito administrativo*, p. 36). De conseguinte, a atividade administrativa se dá por conta, tendo em vista e nos limites da lei. Logo, ainda quando criticável, ela não perde sua força vinculante, impondo o seu regular cumprimento, sob pena de (i) invalidade dos atos praticados com sua desatenção e (ii) apuração de responsabilidade do agente faltoso. Enfim, *dura lex, sed lex*, salvo quando manifestamente inconstitucional.

## Função Social da Licitação Pública: a finalidade material extraordinária, agora erigida à condição de terceira finalidade legal

Como se verá em capítulo apartado, a noção de *desenvolvimento* (sustentável) engloba as mais relevantes expressões da "função social" em matéria de licitações e de contratos administrativos.

Destarte, quando se alocou, como terceira finalidade legal da licitação, a promoção do desenvolvimento nacional sustentável, fez-se com que uma "função social" extraordinariamente desejada passasse a figurar num rol de possibilidades exigidas por lei.

Melhor dizendo, o que dantes se sustentou como dever-poder administrativo extraível do sistema jurídico, a partir da Constituição da República e de leis esparsas,[25] passa a figurar como uma obrigação genérica e ordinária, da qual o gestor público apenas poderá se desonerar por *justa causa*, devidamente motivada e comprovada. Caso contrário estará a descumprir uma finalidade (de três) para a licitação, contaminando-a de vício insanável.

Aliás, descumprir a função social da licitação (de promoção do desenvolvimento nacional sustentável), em tempos atuais, importa em simultaneamente desatender a seleção da proposta mais vantajosa, porque não mais pode haver "benefício neutro", aquele que apenas considera como juridicamente relevantes os benefícios econômicos para a Administração e a utilidade obtida diretamente pelos destinatários da obra pública, por exemplo. É que o interesse (público) geral exige mais, muito mais.[26]

Para facilitar a compreensão, considere-se um processo licitatório que somente admita propostas comerciais de bens certificados ambientalmente ou, ainda, a participação de empresas com certificação ambiental. Imagine-se, também e afinal, que o certame resultou falido

---

[25] FERREIRA. Função social da licitação pública: o desenvolvimento nacional sustentável (*no* e *do* Brasil, antes e depois da MP 495/2010). *Fórum de Contratação e Gestão Pública – FCGP*, p. 51-52.

[26] "Em outras palavras, pode-se dizer que todo ato administrativo está voltado à satisfação do *interesse público em sentido amplo*, já predeterminado pela lei nas hipóteses de competência vinculada, ou a ser definido pela Administração quando se tratar de competência discricionária. No entanto, há casos em que além desse interesse público genérico que deve se alcançado, a lei exige a presença de um interesse público específico que, se presente no caso concreto, autoriza o manejo de prerrogativas especiais pro parte do Estado: o *interesse público em sentido estrito*. São justamente essas circunstância que reclamarão a incidência da norma constitucional da supremacia do interesse público, em sua vertente *principiológica*, e que deverão contar com ampla motivação por parte do Poder Público" (HACHEM. *O princípio constitucional da supremacia do interesse público*, p. 353-354).

(e não deserto), por falha unicamente imputável aos licitantes, ou revogado, por fato superveniente devidamente justificado.

Pergunta-se: terá essa licitação, ainda que sem viabilizar a contratação ordinariamente almejada, cumprido "função social"? Crê-se que sim. Contudo, para bem justificar essa resposta é preciso compreender no que consiste o chamado "poder de compra".

*"Poder de Compra" governamental*

A expressão "poder de compra" é assaz conhecida dos economistas e permite utilização em mais de um sentido. Aqui interessa quando exprime a força que possui um grande agente econômico, seja ele público ou privado, na simples e isolada condição de cliente-comprador junto ao mercado.

De, por exemplo, (i) interferir no processo produtivo dos potenciais fornecedores (fazendo-os se adaptar a certas condições técnica para obtenção de certificações diversas — ISO 14000,[27] SA 8000[28] etc. — como condição necessária para eventual firmação de contratos); (ii) de reclamar novos padrões tecnológicos e ecológicos, até então inusuais, para bens e serviços (mas que, pela envergadura das promessas de negócio, presentes e futuros, fazem valer o investimento necessário); e (iii) de exigir que o eventual negócio porventura firmado seja necessariamente concretizado mediante outras parcerias requeridas, dentre outras.

Não por acaso, ela vem sendo paulatinamente empregada para esclarecer a utilização das licitações e das contratações públicas com vistas à promoção do desenvolvimento nacional em qualquer de suas facetas, antes e depois da Medida Provisória nº 495/2010 e da Lei nº 12.349/2010. Aliás, ela foi expressamente referida, por três vezes, na exposição de motivos da referida MP, inclusive para alertar os parlamentares da existência de leis similares em vigor nos EUA, na China, na Colômbia e na Argentina.[29] De tal exposição se destaca o seguinte excerto:

> 6. A modificação do caput do artigo 3 *visa agregar às finalidades das licitações públicas o desenvolvimento econômico nacional. Com efeito, a medida consigna em lei a relevância do poder de compra governamental como instrumento de promoção do mercado interno, considerando-se o potencial*

[27] D'ISEP. *Direito ambiental econômico e a ISO 14000*: análise jurídica do modelo de gestão ambiental e certificação ISO 14000.

[28] GUILLARDI. *Certificação social*: um estudo sobre os benefícios da norma SA8000 em empresas certificadas.

[29] Consulte a Exposição de Motivos da MP nº 495/2010 no ANEXO C.

*de demanda de bens e serviços domésticos do setor público, o correlato efeito multiplicador sobre o nível de atividade, a geração de emprego e renda e, por conseguinte, o desenvolvimento do país.* É importante notar que a proposição fundamenta-se nos seguintes dispositivos da Constituição Federal de 1988: (i) inciso II do artigo 3º, que inclui o desenvolvimento nacional como um dos objetivos fundamentais da República Federativa do Brasil; (ii) incisos I e VIII do artigo 170, atinentes às organização da ordem econômica nacional, que deve observar, entre outros princípios, a soberania nacional e a busca do pleno emprego; (iii) artigo 174, que dispõe sobre as funções a serem exercidas pelo Estado, como agente normativo e regulador da atividade econômica; e (iv) artigo 219, que trata de incentivos ao mercado interno, de forma a viabilizar o desenvolvimento cultural e socioeconômico, o bem estar da população e a autonomia tecnológica do país.

De um modo bastante simples, pois, ela tem sido invocada nos últimos anos para convencer, num efeito multiplicador, que o "poder de compra estatal" deve ser considerado pelos governos e pelos responsáveis pelas licitações e pelos contratos administrativos na promoção de políticas públicas, inclusive por força de lei.

Ou seja, outrora os processos licitatórios podiam servir de instrumento para fomentar comportamentos de pessoas físicas e de pessoas jurídicas que se revelam úteis ou necessários à promoção do desenvolvimento nacional sustentável. Agora, devem. Logo, a conscientização do "poder de compra" governamental é imprescindível para que todos os entes políticos assumam que, isoladamente ou em conjunto, interferem de forma profunda na condução dos negócios privados.[30] E assim o fazem de modo direto e indireto.

Diretamente ao exigir (por força de lei, determinação regulamentar ou inserção no instrumento convocatório), por exemplo, o uso de madeira certificada nos móveis escolares a serem fornecidos às escolas públicas.

Ora, se isso se passar no âmbito do Estado de São Paulo, então é bem provável que várias linhas de produção de vários industriais paulistas e não paulistas, passem a apenas utilizar madeira de procedência conhecida e atestada na confecção das carteiras escolares. Logo, até mesmo as instituições de ensino particulares (e públicas de outros estados ou municípios), involuntariamente, poderão vir a adquirir

---

[30] No âmbito da Petrobras, por exemplo, a consciência é plena. Confira: DE NEGRI. (Coord.). *Poder de compra da Petrobras*: impactos econômicos nos seus fornecedores: síntese e conclusões. Brasília: Ipea: Petrobras, 2010.

os mesmos móveis pelo simples e futuro fato de virem a ser os "mais comuns" à disposição no mercado e, afinal, de preço acessível pela economia de escala produzida.

Destarte, mesmo falida, uma licitação vultosa poderá ter influenciado o mercado. Isso foi constatado, empiricamente, pela tentativa de aquisição pela União, em 2005, de computadores portáteis de baixo custo para alunos da rede pública de ensino, por, no máximo, cem dólares, visando à melhoria da educação no Brasil. A isso se deu o nome "Programa Um Computador por Aluno" (PROUCA).[31]

A investida não deu certo por várias razões (especialmente pelo preço máximo fixado, sem precedentes no mercado nacional e internacional), mas o empresariado da área de tecnologia empreendeu os melhores esforços, na época, para viabilizar a pretensão governamental e, assim, de sua parte, auferir o justo lucro. Aliás, antecipadamente reconhecido como relevante apenas em sua dimensão global, porém ínfimo (e quase injustificável) por unidade produzida.

E não se pode negar que esse estudo tenha redundado, afinal, em benefícios — mínimos que sejam — para indústria nacional e para a generalidade dos consumidores brasileiros, a começar pelo barateamento de preços "forçado" pelo governo federal, fazendo uso de seu "poder de compra". Mas esse é um exemplo de muitos, como se fará oportunamente notar.[32]

---

[31] *Vide*: <http://www.uca.gov.br/institucional/projeto_ComoComecou.jsp#>.

[32] *1. Política de Compras Governamentais: racionalidade e mecanismos de intervenção*
"Por estimular o desenvolvimento de determinados segmentos industriais, a utilização do poder de compra do Estado deve ser entendida como uma política de corte seletivo – também conhecida como política vertical. As políticas industriais e tecnológicas seletivas privilegiam deliberadamente indústrias específicas, normalmente aquelas com vantagens competitivas dinâmicas e com potencial para crescer e ganhar mercados. É importante ressaltar que, quando se decide utilizar o poder de compras do Estado como um mecanismo indutor do desenvolvimento da produção doméstica de determinados bens e serviços, aceita-se que, eventualmente, irá se pagar um sobrepreço temporário em favor do desenvolvimento da produção nacional (MOREIRA e MORAES, 2002). Frente à exacerbação da competitividade inter-firmas e entre os países, à elevação dos custos de P&D, ao recrudescimento dos riscos inerentes ao investimento inovativo, tendo em vista o encurtamento do ciclo de vida dos produtos (e dos processos), entre outros, a utilização do poder de compra do Estado para estimular determinadas indústrias locais e, concomitantemente, fomentar a capacitação tecnológica e a geração de empregos nessas indústrias, torna-se cada vez mais relevante (FERRAZ e COUTINHO, 1995). Um exame da literatura que trata da *política de compras governamentais revela que este é um instrumento de política pública que pode ser utilizado para alcançar múltiplos objetivos*, tais como: a) Aumentar a demanda agregada; b) *Estimular a atividade econômica e a geração de empregos*; c) Aumentar a competição entre empresas domésticas incitando-as a se engajarem em atividades de P&D; d) Remediar disparidades regionais; e) Promover a criação de empregos *em segmentos marginais da força de trabalho de um país*, entre outros (ROLFSTAM, 2005)" (ALVES. Uso do poder de compra governamental no setor brasileiro de *softwares* e serviços. *Espaços*, grifos nossos).

É também gerando adicionais de vantagens em licitação — como (i) a diminuição do rol de potenciais competidores; (ii) o impacte ficto; (iii) o direito de preferência; e (iv) a utilização de fatores mistos para apuração da vantajosidade das propostas — que o governo indiretamente auxilia na proteção da concorrência. E assim o faz na exata medida em que episodicamente propicia a equalização artificial dos desiguais agentes econômicos, diminuindo o excessivo poder do sobranceiro no mercado, de ordinariamente amealhar para si a contratação administrativa.

> (...) a licitação pode ser utilizada como instrumento de regulação de mercado, de modo a torná-lo mais livre e competitivo, além de ser possível concebê-la — a licitação — como mecanismo de indução de determinadas práticas (de mercado) que produzam resultados sociais benéficos, imediatos ou futuros, à sociedade. (...) é possível o emprego do procedimento licitatório como forma de regulação diretiva ou indutiva da economia, seja para coibir práticas que limitem a competitividade, seja para induzir práticas que produzam efeitos sociais desejáveis.[33]

Desse modo, a eventual imperfeição do mercado pode restar, pelo menos, mitigada no ambiente das compras públicas, e enquanto não houver regulação estatal suficiente para sanear o problema em abstrato, a partir das perspectivas da livre concorrência e da livre competição. Afinal, "o Estado que se relaciona com o poder econômico e se deixa dominar é escravo deste".[34]

## Função Social da Contratação Administrativa: a finalidade material extraordinária – que não se confunde com a execução do objeto do contrato

Similarmente, pode haver função social para o contrato administrativo, tenha sido ele precedido ou não de licitação pública.

Por exemplo, o Decreto-Lei nº 2.300/86 literalmente permitia a intervenção da União, no domínio econômico e mediante contratação administrativa, para regular os preços ou normalizar o abastecimento, mediante dispensabilidade de licitação (art. 22, inc. VIII). Assim igualmente o faz a Lei nº 8.666/93 no inciso VI do seu art. 24.

---

[33] FERRAZ. Função regulatória da licitação. *Revista Eletrônica de Direito Administrativo Econômico – REDE.*

[34] BAGNOLI. *Direito e poder econômico*, p. 265.

Nesta hipótese, "a Administração não logrará seus fins através da seleção da proposta mais vantajosa. (...) O dispositivo vincula-se à tentativa de a União influenciar o mercado de bens e serviços".[35] E isso, perceba-se, em nada se confunde com o objeto licitado, que pode revelar a aquisição ou a alienação de bens. O interesse geral é que está a requisitar — e legitimar — a intervenção por meio da Administração Pública contratante.

Mas a "função social" da contratação administrativa pode ir muito além, ao expressar sua *dimensão macroeconômica*, de modelar o mercado, sem que o Estado tenha de fazer uso de sua autoridade, impondo obrigações e proibições, e ameaçando de imposição de sanções pelo seu descumprimento reprovável:

> *A concepção tradicional sobre a função da contratação administrativa*
>
> Segundo a concepção tradicional, as contratações públicas seriam destinadas exclusivamente a prover os entes estatais dos bens, serviços e obras necessários ou dar um destino aos bens de que os entes administrativos não necessitassem. Sob esse enfoque, as contratações públicas era destinadas a promover a satisfação direta e imediata das necessidades estatais.
>
> *A dimensão macroeconômica das contratações públicas*
>
> Mas é inquestionável que a contratação pública apresenta uma relevância socioeconômica. A atividade contratual do Estado não pode ser concebida como um simples instrumento para atender necessidades administrativas.
>
> A afirmação de um estado intervencionista acarretou uma função promocional de satisfação de direitos. O Estado assumiu o dever de satisfazer uma ampla gama de necessidades coletivas e individuais. Isso significa que o Estado necessita realizar contratações freqüentes, que envolvem valores muito elevados. O estado, individualmente considerado, torna-se o maior contratante na economia.
>
> Assim se passa em todos os países capitalistas. A afirmativa é verdadeira inclusive em relação aos EUA, considerado o Estado menos intervencionista dentre as grandes potências.
>
> A cada ano, o estado brasileiro desembolsa bilhões de reais em contratos com os objetos mais variados.
>
> Isso significa que o setor privado acaba sendo modelado para atender às necessidades estatais. Se o Estado cessasse repentinamente de promover

[35] JUSTEN FILHO. *Comentários à Lei de licitações e contratos administrativos*. 11. ed. p. 244.

contratações, o resultado seria o caos — não apenas pelo colapso dos serviços estatais, mas também pela ociosidade do setor produtivo.[36]

Ou seja, as contratações públicas (e antes mesmo, as licitações) podem servir de estímulo para a adaptação voluntária da indústria, do comércio e da prestação de serviços aos parâmetros entendidos necessários à satisfação dos interesses (públicos) gerais, na direção do desenvolvimento nacional sustentável.[37]

E isso num primeiro plano e momento, de sorte que as discriminações positivas e negativas (de pessoas, de bens e de serviços) constantes das licitações e dos contratos podem ser o prenúncio daquilo que, em breve, poderá ser legalmente compulsório, no âmbito público e privado, como condição de permanência no mercado.

Retomando o exemplo anterior, a lei (ainda) não exige a certificação ambiental da madeira a ser utilizada em móveis destinados à livre comercialização. Todavia, isso é permitido — e pode eventualmente já

---

[36] JUSTEN FILHO. Desenvolvimento nacional sustentado: contratações administrativas e o regime introduzido pela Lei n. 12.349/2010. *Revista Zênite – ILC Informativo de Licitações e Contratos*, p. 746.

[37] Confira-se trecho de artigo de Gustavo Binenbojm, comentando o voto do Ministro Luiz Fux na ADI 1923-DF, ainda em tramitação perante o E. Supremo Tribunal Federal: *A era do Direito Administrativo como religião já era.* O erudito voto proferido pelo ministro Luiz Fux no julgamento da ação direta (ADI 1.923-DF) em que se discute a constitucionalidade do modelo de organizações sociais, instituído pela Lei 9.637/98, representa importante passo para o arejamento e a evolução do Direito Administrativo brasileiro. Seus sólidos fundamentos, cuja relevância transcende os estreitos lindes do caso concreto, prenunciam a abertura da jurisprudência do Supremo Tribunal Federal para as transformações dos paradigmas da disciplina verificadas mundo afora e já captadas pelos modernos publicistas do país (...).
As organizações sociais, portanto, não significam ou representam qualquer renúncia de tarefas públicas por parte do Estado. Como bem exposto no voto, não há uma reserva constitucional para o desempenho de serviços sociais por órgãos ou entidades estatais, senão apenas a exigência de que o Estado atue na promoção de determinados fins. Assim, as "OS" se afiguram como um modelo legal de fomento público, acompanhado de intensa regulação estatal, por meio do qual o Estado pretende atingir objetivos públicos de forma mais eficiente do que pelà via de entidades próprias. *Trata-se da indução da atividade do particular na direção do cumprimento de metas e obtenção de resultados de interesse público* (...).
Por fim, o brilhante voto de Fux teve ainda o mérito de enunciar a chamada função regulatória da licitação, segundo a qual aos certames licitatórios podem ser atribuídos objetivos de indução a determinados comportamentos sociais e econômicos desejáveis. Assim, por exemplo, as licitações podem ser utilizadas para fomentar tecnologias ambientalmente limpas, o desenvolvimento das pequenas empresas ou, como no caso em questão, incentivar práticas sociais benéficas (...) (grifos nossos). BINENBOJM, Gustavo. A era do direito administrativo como religião já era. Disponível em: <http://www.conjur.com.br/2011-mai-25/voto-luiz-fux-organizacoes-sociais-direito-administrativo>. Acesso: 25 fev. 2012.

ser exigido[38] — para fins de fornecimento de bens derivados da madeira e destinados ao mercado público, de sorte que a tanto só estarão obrigados aqueles licitantes que voluntariamente pretenderem participar do certame e concorrer à contratação administrativa.

No entanto, parece que daqui a poucos anos o uso de madeira desprovida de certificação de origem, para qualquer fim comercial, será, afinal, proibido, e como forma de preservação do meio ambiente como equilibrado para a presente e para as futuras gerações.

Sintetizando, a Lei nº 8.666/93, com a redação dada pela Lei nº 12.349/2010, configura apenas a porta principal de entrada para o grande salão de possibilidades, legais e infralegais, de promoção do desenvolvimento sustentável do Brasil pela via das licitações e das contratações administrativas. Por certo é a maior, mais bem posicionada e importante. Contudo, sequer é a pioneira, porque outras janelas foram abertas antes dela, como se ainda se fará notar.

Agora é chegado o momento de "traduzir em miúdos" no que consiste esse desenvolvimento sustentável.

---

[38] Um "selo verde", a ser emitido por um Conselho de Manejo Florestal (FSC – sigla em inglês para *Forest Stewardship Council*). Como referência:
Lei nº 15.464, de 11 de outubro de 2011 – Dispõe sobre a aquisição, pelos órgãos da administração direta e indireta do Município de São Paulo, de papéis com certificação que comprove que a madeira utilizada na sua fabricação é oriunda de plano de manejo florestal sustentável devidamente aprovado pelo órgão ambiental competente, e dá outras providências.
Gilberto Kassab, Prefeito do Município de São Paulo, no uso das atribuições que lhe são conferidas por lei, faz saber que a Câmara Municipal, em sessão de 14 de setembro de 2011, decretou e eu promulgo a seguinte lei:
Art. 1º Os papéis adquiridos pelos órgãos da administração direta e indireta do Município de São Paulo, incluindo a Câmara Municipal e o Tribunal de Contas do Município, deverão possuir certificação que comprove que a madeira utilizada na sua fabricação é oriunda de plano de manejo florestal sustentável devidamente aprovado pelo órgão ambiental competente. Parágrafo único. As aquisições de que trata o "*caput*" deste artigo obedecerão ao devido processo licitatório, quando for o caso, sendo que do edital deverá constar a exigência da certificação, nos termos desta lei.
Art. 2º As despesas decorrentes da execução desta lei correrão por conta das dotações orçamentárias próprias, suplementadas, se necessário.
Art. 3º A presente lei será oportunamente regulamentada pelo Poder Executivo.
Art. 4º Esta lei entra em vigor na data de sua publicação, revogadas as disposições em contrário.

# O DESENVOLVIMENTO (SUSTENTÁVEL)

## Considerações Inaugurais

Muito do que se disse pode ter parecido bobagem. Algumas coisas, contudo, podem ter soado bem; como se verdades fossem. Destas, talvez poucas sejam verdadeiramente úteis no cotidiano da Administração Pública. Mas uma é de relevância primordial: assimilar que constitui uma das finalidades legais da licitação a *promoção do desenvolvimento nacional sustentável*. Portanto, aí vislumbrando sua *função social* por excelência.

Sendo assim, compete ao Estado fomentar, estimulando, pela facilitação de acesso às licitações e aos contratos administrativos, condutas empresariais relevantes e conformes à noção de desenvolvimento sustentável. E que isso assim se verifique *no* Brasil e *em prol* dos brasileiros.

## Da Confusão Terminológica

Em várias passagens foi possível perceber o uso da palavra desenvolvimento e, na sequência, (o adjetivo) sustentável. Em outras se manejou o termo desenvolvimento seguido de sustentável entre parentes. Não houve equívoco. A intenção foi deliberada e no sentido de chamar a atenção para uma realidade, a de que essa distinção faz parte do passado, porque a própria noção de desenvolvimento pressupõe a de noção de sustentabilidade e vice-versa. É o que se defende neste ensaio.

De qualquer modo, é preciso "começar do começo", assimilando que essa discussão nem é jurídica propriamente dita e que encontra suas origens no estudo do crescimento econômico.

## Crescimento Econômico

Desde logo é possível assentar que são oferecidas teorias acerca do crescimento econômico desde Adam Smith, que, tratando da natureza e das causas da riqueza das nações, fez remição à assaz famosa "mão invisível do mercado".

Hoje, parece de razoável consenso que o crescimento econômico esteja diretamente ligado ao PIB (Produto Interno Bruto) ou ao PNB (Produto Nacional Bruto) — que representa a soma de todos os bens e serviços finais produzidos em determinado espaço geográfico e de tempo. Crescendo o PIB (e, pois, a disponibilidade objetiva desses bens e serviços finais) há crescimento da economia.

Todavia, isso não revela, necessariamente, melhoria subjetiva, qualitativa, das condições de vida da população em geral. Há que se considerar, para tanto e no mínimo, a melhor ou a pior distribuição de riqueza decorrente e, ainda, os impactos gerados ao meio ambiente. Essa tripla dimensão (econômica, social e ambiental), quando imbricada, permite referir quatro tipos de crescimento econômico:

> – o crescimento selvagem, socialmente iníquo e degradante do ponto de vista ambiental;
>
> – o crescimento socialmente benigno, mas degradante do ponto de vista ambiental (do tipo que tivemos na Europa no período de 1945 a 1975);
>
> – o crescimento benigno do ponto de vista ambiental, mas socialmente iníquo (um cenário possível para o futuro);
>
> – e finalmente, o crescimento socialmente justo e benigno do ponto de vista ambiental, o único que corresponde, a meu ver, ao conceito de desenvolvimento.[39]

Demais disso, o crescimento econômico revela apenas uma ocorrência em certo sentido e não necessariamente uma tendência, quanto o mais dotada de estabilidade.[40] Logo, ele pode ser aleatório, circunstancial, ao passo que o desenvolvimento pressupõe continuidade.

---

[39] SACHS; VIEIRA (Org.). *Rumo à ecossocioeconomia*: teoria e prática do desenvolvimento, p. 294.

[40] RISTER. *Direito ao desenvolvimento*: antecedentes, significados e conseqüências, p. 2.

*Crescimento Econômico Selvagem*

Nem é preciso muito estudo para perceber que o crescimento econômico de certos países asiáticos vem se mostrando, a olhos vistos, selvagem. Pouco importa a repercussão ambiental da instalação de parques fabris grosseiramente poluentes e, de igual modo, a condição de trabalho desumana imposta aos operários (pelo menos tomando por base os parâmetros ocidentais).[41] Ao que tudo indica o cenário vivido infelizmente remonta ao período da revolução industrial, do século XVIII. E em ambientes ainda socialistas, que em tese deveriam fazer oposição aos nefastos reflexos daquele *capitalismo selvagem*.

*Crescimento Econômico e população*

A ideia de crescimento econômico pautado exclusivamente pelo aumento do PIB se revela apenas coerente quando desconsidera o aumento populacional. Numa visão bastante simples, se a população aumenta significativamente mais que o PIB isto significa dizer que a projeção do acréscimo (do PIB) não equivale a incremento econômico, porque a quantidade de bens e serviços finais diminui quando considerados os consumidores adicionais. O fator população, portanto, é importante mesmo quando se trata de analisar o crescimento econômico objetivamente considerado, não se mostrando crível comparar o crescimento de regiões e de países sem levar em consideração esse dado.[42]

Pode ser que em dado período de tempo se verifique decréscimo do PIB e, ao mesmo tempo, grande evasão populacional. De conseguinte, o PPC (PIB *per capita*) tende a aumentar o que, por si só, redundaria, em tese, na melhoria das condições médias de vida.

Em suma, o exame do acréscimo ou decréscimo do PIB absoluto ou *per capita*, sozinho, tem pouca ou quase nenhuma utilidade, mormente para fins de revelar desenvolvimento.

*Crescimento Econômico e melhor distribuição de renda*

A melhor distribuição de renda, ao lado do crescimento do PIB, indica situação diversa. Que, afinal, o crescimento da economia tenha

---

[41] JABBOUR. *China hoje*: projeto nacional, desenvolvimento e socialismo de mercado, v. 1.

[42] "(...) os países que mais avançaram no desenvolvimento são países, ou regiões, onde se conseguiu reduzir o crescimento populacional. Contrariamente, seria difícil encontrar um exemplo histórico de um processo de desenvolvimento convivendo permanentemente com um de explosão demográfica. O caso brasileiro seria típico, enquanto em termos de PIB absoluto o Brasil está em redor do 12º ou 15º lugar no ranking mundial, em termos per capita ele cai para algo como o 70º lugar" (NUSDEO. Desenvolvimento econômico: um retrospecto e algumas perspectivas. *In*: SALOMÃO FILHO (Coord.). *Regulação e desenvolvimento*, p. 15).

propiciado melhora qualitativa da condição de vida da população. Entretanto, a melhor distribuição de renda não exige, necessariamente, crescimento do PIB, bastando, uma mais eficiente, inteligente e legítima arrecadação tributária para auxiliar na minimização de algumas desigualdades.

Juntos apenas — aumento do PIB e melhora na distribuição de renda (e riqueza) — é que esses fatores levarão à conclusão de crescimento econômico, quantitativo e qualitativo. Contudo, parece mesmo que o IDH (Índice de Desenvolvimento Humano) é um indicador ainda melhor,[43] porque junto ao PPC acumula dados de expectativa de vida e de acesso à educação.

Demais disso, o crescimento econômico indiferente a isso pode acentuar ainda mais as desigualdades, incrementando sobremaneira a situação de vantagem dos mais abastados.

*Crescimento Econômico e estruturas produtivas*

Não basta, também, o aumento do PIB e da renda *per capita*, nem mesmo quando a eles se segue a geração de empregos. É preciso também que o crescimento econômico propicie a manutenção ou mesmo a modificação da estrutura produtiva quando necessário.

O Brasil (oxalá) pode vir a ter o seu PIB incrementado exponencialmente, tal qual o PPC de alguns brasileiros (ou de todos, conforme a futura distribuição dos royalties), com a exploração do pré-sal, o que significa dizer que o cuidado com a economia brasileira, presente e futura, deve exacerbar.

Se por um lado essa potencial riqueza é bem-vinda, por outro é preciso atentar para a sua finitude, o que significa dizer que o crescimento econômico não pode ser indiferente à quantidade e à qualidade de suas fontes. Será preciso diversificar, ao longo dos tempos da exploração do petróleo, de modo a garantir alternativas para futura realocação de bens e de pessoas no mercado.

Destarte, até mesmo o crescimento econômico quantitativo precisa ser ordenado, de forma a permitir autossustentabilidade, transmitindo-se a capacidade produtiva de uma geração a outra e assim sucessivamente.[44]

---

43 VEIGA. *Desenvolvimento sustentável*, p. 19.

44 SILVA. Desenvolvimento sustentável e florestas: reflexões iniciais. *In*: PIOVESAN; SOARES. (Org.). *Direito ao desenvolvimento*, p. 410.

*Crescimento Econômico e geração de empregos*

Demais disso, quando há crescimento econômico quantitativo, então é de se supor que isso redunde em geração de empregos. Nem sempre é verdade.

Na sociedade moderna, os avanços tecnológicos tendem à otimização de recursos, inclusive de pessoal, especialmente no que diz com as experiências econômicas do passado. A automação bancária é bom exemplo, no mau sentido; e duplo. Por um lado fez encolher o número de obreiros efetivamente necessários nas unidades bancárias e, por outro, os expôs a condições laborais propiciatórias de doenças ocupacionais, como a LER (lesão do esforço repetitivo).

Em situações como essa, de crescimento econômico que permite investimentos indiscriminados em novas tecnologias, é preciso uma maior intervenção estatal tanto para proteger os empregados da dispensa imotivada (sem justa causa), como para estimular os empregadores à manutenção dos postos de trabalho. Isto sem falar na necessidade de fomentar a geração de empregos.

Ou seja, a melhor distribuição de renda, sozinha, não dá conta de garantir o pleno emprego, de modo que o crescimento econômico para ser considerado como qualitativo há de gerar efeitos sociais de diversas ordens.

*Crescimento Econômico Socialmente Benigno como aquele que propicia uma transformação social estrutural*

Quanto for possível juntar tudo o que se disse acerca do crescimento econômico (e sua sustentabilidade) ao lado dos outros fatores de índole social, então será possível tratar do crescimento econômico apto a transformar a estrutura social.[45]

Neste panorama, o aumento do PIB e do PPC podem e devem auxiliar na minimização das desigualdades pessoais, aquelas encarnadas de modo personalíssimo; por ser, cada um, o que é — sem igual.

Ou seja, é preciso que tal crescimento econômico, qualitativo e quantitativo, propicie uma verdadeira democratização das oportunidades, dos nascidos e por nascer, com criação de facilidades para aqueles que, em regime de competição livre, jamais teriam condições de atingir o

---

[45] Não por acaso, Eros Grau defende, desde os idos de 1980, que o desenvolvimento pressupõe crescimento econômico acompanhado de um processo contínuo e intermitente de mobilidade social, que faz com que as pessoas ascendam de uma condição para outra (GRAU. *Elementos de direito econômico*, p. 7-14).

sucesso. Só há liberdade onde houver igualdade de oportunidades e sem liberdade não há qualidade de vida, menos ainda de existência digna.

Esse é o sucesso que o crescimento econômico socialmente benigno pode propiciar, mediante geração de emprego e de renda, de sua melhor distribuição e, ainda, por decorrência, de condições mais justas de competição no mercado livre. Nessa toada, crescimento e desenvolvimento tendem a se aproximar, mas apenas em parte e sem jamais se confundir:

> Os fins e os meios do desenvolvimento requerem análise e exame minuciosos para uma compreensão mais plena do processo de desenvolvimento; é sem dúvida inadequado adotar como nosso objetivo básico apenas a maximização da renda ou da riqueza, que é, como observou Aristóteles "meramente útil em proveito de alguma outra coisa." Pela mesma razão, o crescimento econômico não pode sensatamente ser considerado um fim em si mesmo. O desenvolvimento tem de estar relacionado sobretudo com a melhora da vida que levamos e das liberdades que desfrutamos. Expandir as liberdades que temos razão para valorizar não só torna nossa vida mais rica e mais desimpedida, mas também permite que sejamos seres sociais mais completos, pondo em prática nossas volições, interagindo com o mundo em que vivemos e influenciando esse mundo.[46]

De fato assim é. Contudo, o desenvolvimento (em sua inteireza e na sua própria essência) pressupõe cautela no que diz com o meio ambiente.

## Desenvolvimento como crescimento econômico socialmente justo e benigno do ponto de vista ambiental

Aqui se assume uma posição precisa e objetiva no sentido de que ou o desenvolvimento é triplamente sustentável — no viés econômico, social e ambiental — ou não é desenvolvimento. E mais, que a sustentabilidade combina regularidade com perenidade, de sorte a propiciar a manutenção do *status quo* ao longo do tempo. Ao desenvolvimento é que reserva papel especial, qual seja o de conferir à sustentabilidade o tom de *avanço*.

Além disso, por conta do exposto nem é mais preciso tratar de crescimento econômico ambientalmente adequado na suposição de que

---

[46] SEN. *Desenvolvimento como liberdade*, p. 28-29.

aquele pudesse ocorrer sem a correlata geração de vantagens de ordem social. Logo, basta revisar a sustentabilidade para, afinal, se cuidar do desenvolvimento.

*Sustentabilidade Econômica*

Dessa sustentabilidade se tratou faz pouco, ao se fazer menção a crescimento econômico e a estruturas produtivas. Ela revela a necessidade de consideração de uma eficiência mínima dos sistemas econômicos no esforço de assegurar, de forma contínua, o aumento do PIB e do PPC, retroalimentando a economia e assim fazendo surtir os efeitos benéficos, adrede referidos, no tecido social.

*Sustentabilidade Social*

A sustentabilidade social é um pouco mais complexa, até mesmo por sua dimensão psicológica. Ela se funda em valores de democracia e de equidade e aumenta continuamente a capacidade das pessoas de fazerem e serem aquilo que têm razão em valorizar.[47] Em síntese, ela revela o que o desenvolvimento humano faz.

> A criação de oportunidades sociais contribui diretamente para a expansão das capacidades humanas e da qualidade de vida. (...) As recompensas do desenvolvimento humano, como vimos, vão muito além da melhora direta da qualidade de vida, e incluem também sua influência sobre as habilidades produtivas das pessoas e, portanto, sobre o crescimento econômico em uma base amplamente compartilhada.[48]

Desta feita, a sustentabilidade social reforça a sustentabilidade econômica e vice-versa, de modo que a inconsistência de uma em regra reflete negativamente na outra e a maximização de uma tende a incrementar a outra. A imbricação de ambas é, portanto, evidente.

A sustentabilidade social tem, ainda, outra faceta. É ela, e somente ela, que autoriza a perpetuação da espécie humana, porque somente o ser humano pode gerar outro. Sem *animus* para viver — e para procriar — o ser humano pode por fim à própria espécie.

Some-se a isso que a sustentabilidade social é a responsável pela manutenção dos micro-universos sociais, aqueles referidos e referíveis apenas por meio da cultura, de modo a garantir sua identidade.

---

[47] SACHS; VIEIRA. *Rumo à ecossocioeconomia*: teoria e prática do desenvolvimento, p. 288.

[48] SEN. *Desenvolvimento como liberdade*, p. 191.

A falta de sustentabilidade social de um povo, pois, pode condená-lo ao desaparecimento, o que não necessariamente vai redundar em insustentabilidade econômica da população, porque esta tem boas chances de ser absorvida, bem como seus bens e serviços, pelo mercado global.

*Sustentabilidade Ambiental*

Os fatos falam por si. No cenário global do século XXI, o caos ambiental é manifesto e a questão da sustentabilidade ambiental vem a lume numa relação simbiótica com a sustentabilidade social.

Não há, nem por suposição, qualidade de vida que desatrelada de fatores ambientais. Riqueza alguma consegue atenuar os efeitos danosos da poluição do ar em espaços abertos, de modo que a proteção do meio ambiente e a consideração dos recursos naturais como finitos se impõem como condição de existência e de sobrevivência dos seres vivos na terra.

Essa realidade, induvidosamente insuperável, é que determina uma radical mudança de comportamento dos países desenvolvidos, subdesenvolvidos e em desenvolvimento, até mesmo porque a poluição gerada por um país bem pode vir a se depositar no quintal de um ou de mais alheios.

A falta de limitações territoriais nacionais para essa dimensão de sustentabilidade é que, possivelmente, tenha reclamado os mais contundentes estudos e que se renovam de tempos em tempos mediante organização e participação mundial.

De qualquer sorte, uma coisa é óbvia: "pretender crescer sem destruir seria a mesma coisa que buscar a quadratura do círculo".[49] Portanto, os padrões de degradação ambiental social e economicamente aceitos é que devem, por primeiro, guardar referibilidade com essa realidade, sem prejuízo do dever-poder atribuído aos Estados de intervir no domínio econômico, garantindo regular atendimento dos princípios da prevenção e da precaução na seara.[50]

---

[49] VEIGA. *A emergência socioambiental*, p. 64.
Continuando, o mesmo autor sustenta a necessidade de se propiciar a todos — nascidos e por nascer — usufruir o "direito ao meio ambiente ecologicamente equilibrado, bem de uso comum do povo e essencial à sadia qualidade de vida", donde ter sido imposto, constitucionalmente, "ao Poder Público e à coletividade o dever de defendê-lo e preservá-lo para as presentes e futuras gerações" (*Idem*, p. 190-191).

[50] Na Argentina, BOÓ e VILLAR comentam o tratamento constitucional conferido ao meio ambiente em relação ao desenvolvimento: "La mención de la aptitud para el desarrollo humano enfatiza la intención del constituyente de constituir al hombre como objeto de la

*Enfim, o desenvolvimento (sustentável)*

Talvez por isso tudo se tenha e continue predicando o desenvolvimento de sustentável, como forma de reforço argumentativo, a despeito de pleonástico.

O que não se pode olvidar é que o patrimônio ambiental deve ser repassado às futuras gerações assegurando-lhes a possibilidade de escolhas (no plural mesmo) para satisfação de suas necessidades.

Ou seja, o crescimento econômico contemporâneo seguido da minimização das desigualdades sociais (pela geração de empregos e melhor distribuição de riqueza e renda) não pode se mostrar empecilho para as *escolhas futuras das futuras gerações*, inclusive da própria sorte.

De conseguinte, a sustentabilidade ambiental deve ser assumida como um freio, não no sentido de atrasar o avanço na direção do desenvolvimento, mas de dar a temperança necessária à escolha da velocidade e dos caminhos eleitos no rumo à ecossocioeconomia do amanhã.

Portanto, fica o alerta: referir ao desenvolvimento como sustentável é, com o devido respeito, "chover no molhado", mas, aqui, "o que abunda não prejudica".

## O Desenvolvimento como Direito Fundamental

O desenvolvimento não é um prêmio. Constitui ele um direito fundamental reconhecido na "Declaração sobre o Direito ao Desenvolvimento" – adotada pela Resolução nº 41/128 da Assembleia Geral das Nações Unidas, de 1986.[51]

Isso não equivale a dizer, contudo, que todo e qualquer sujeito tenha direito a ele indiferentemente, ou seja, mesmo aquele em injustificada inércia. É preciso fazer-se merecedor dele e, ao mesmo tempo, permitir-se que as pessoas possam almejar alcançá-lo, não de forma a perpetuar as desigualdades materiais, mas de modo a propiciar meios de igualização substancial, por intermédio de ações afirmativas, expressivas de políticas públicas e/ou de determinações normativas constitucionais, legais e mesmo regulamentares.

protección humana, descartando así como objeto al 'desarrollo económico'. En el nuevo derecho del ambiente, la economía debe estar al servicio del hombre y no al contrario; debe implementarse, entonces, una economía a escala humana" (BOÓ; VILLAR. *El derecho humano al medio ambiente*, p. 67).

[51] Confira a íntegra no ANEXO D.

> O direito do desenvolvimento é considerado na categoria de "direito de solidariedade" pertencente à terceira geração dos direitos humanos. (...)
>
> (...) direito ao desenvolvimento é um processo no pelos qual os direitos fundamentais e liberdades fundamentais possam ser plenamente realizados e que todas as pessoas humanas e todos os povos devem participar deste processo, uma vez que *participação* é um dos pontos centrais do direito ao desenvolvimento. (...)
>
> Contudo, o problema para o desenvolvimento está na falta de efetividade das normas, quer por falta de interesse político e da insuficiente iniciativa da sociedade civil no controle dos atos públicos. No entanto, *existem instrumentos jurídicos que podem direcionar a atuação estatal rumo ao desenvolvimento, a exemplo da adoção de políticas públicas* aliadas à transparência na gestão pública e ao controle do Judiciário que podem ser o elo entre a positivação constitucional e a efetivação do direito ao desenvolvimento.[52]

Portanto, deixar de promover o desenvolvimento nacional não equivale a um simples descumprimento de dever legal, ou mesmo desobediência a simples regras constitucionais; revela, isto sim, desrespeito a direito fundamental.[53]

Nesta mesma linha de raciocínio, assumindo o desenvolvimento nacional e sua promoção como direito que é — de índole econômica, ambiental, *social e fundamental* —, então em face dele se propõe a invocação do *princípio da vedação ao retrocesso*,[54] que impede aos poderes

---

[52] PEIXINHO; FERRARO. Direito ao desenvolvimento como direito fundamental. *In*: CONGRESSO NACIONAL DO CONPEDI, 16., p. 6952-6973

[53] "(...) a efetivação dos direitos sociais, econômicos, culturais e ambientais não é apenas uma obrigação moral dos Estados, mas também uma obrigação jurídica, que tem por fundamento os tratados internacionais de proteção dos direitos humanos, em especial o Pacto Internacional dos Direitos sociais, econômicos, culturais e ambientais. Os estados têm, assim, o dever de respeitar, proteger e implementar os direitos (...) enunciados no Pacto. (...) Nos termos em que estão previstos pelo Pacto, estes direitos apresentam realização progressiva, estando condicionados à atuação do Estado, que deve adotar todas as medidas, até o máximo de seus recursos disponíveis, com vistas a alcançar progressivamente a completa realização desses direitos (pacto, art. 2º, §1º)". PIOVESAN. Direitos sociais, econômicos, culturais e ambientais e direitos civis e políticos. *In*: SILVA; OLIVEIRA (Coord.). *Socioambientalismo*: uma realidade: homenagem a Carlos Frederico Marés de Souza Filho, p. 129.

[54] Uma vez obtido um determinado grau de realização, passam a constituir, simultaneamente, uma *garantia institucional* e um *direito subjectivo*. A "proibição de retrocesso social" nada pode fazer contra as recessões e crises econômicas (*reversibilidade fáctica*), mas o princípio em análise limita a reversibilidade dos *direitos adquiridos* (ex.: segurança social, subsídio de desemprego, prestações de saúde), em clara violação do *princípio da protecção da confiança e da segurança dos cidadãos no âmbito económico, social e cultural*, e do *núcleo essencial* da existência mínima inerente ao respeito pela dignidade da pessoa humana. (...) Assim, por ex., será inconstitucional uma lei que extinga o direito a subsídio de desemprego ou pretenda

públicos recuar naquilo que realiza ou prestigia a sua concretização, seja ela direta ou indireta, imediata ou mediata, material ou jurídica.

Daí porque uma vez assumida certa postura legislativa ou administrativa favorável ao direito fundamental ao desenvolvimento, então o retrocesso injustificado pode ser objeto de impugnação administrativa ou judicial, [55] devendo-se levar em conta, ainda, que

> As obrigações que nascem ao Estado, a partir da assunção desse direito como fundamental, são de ordem positiva e negativa. Não se circunscreve apenas à abscisão de empecilhos ao desenvolvimento, mas também ações concretas de promoção progressiva e crescente do desenvolvimento com o máximo de recursos disponíveis. Existem, destarte, face ao direito ao desenvolvimento, deveres positivos e negativos do estado e da comunidade na qual este direito está inserido, com fundamento na *solidariedade constitucional*.[56]

O direito ao desenvolvimento constitui, enfim, um direito fundamental, mas que reclama, por sua própria natureza, entrosamento do

---

alargar desproporcionalmente o tempo de serviço necessário para a aquisição do direito à reforma. (...) O *princípio da proibição do retrocesso social* pode formular-se assim: o núcleo essencial dos direitos sociais já realizado e efectivado através de medidas legislativas ("lei da segurança social", "lei do subsídio do desemprego", "lei do serviço de saúde") deve considerar-se constitucionalmente garantido sendo inconstitucionais quaisquer medidas estaduais que, sem a criação de outros esquemas alternativos ou compensatórios, se traduzam na prática numa "anulação", "revogação" ou "aniquilação" pura e simples desse núcleo essencial. A liberdade de conformação do legislador e inerente auto-reversibilidade têm como limite o núcleo essencial já realizado (CANOTILHO. *Direito constitucional e teoria da Constituição*, p. 320-321).

[55] E sobre isso o E. Supremo Tribunal Federal já se manifestou, afastando leis que, em tese, trariam menos proteção aos consumidores do que aquela albergada no âmbito do Código de Defesa do Consumidor.
*Ementa*: Recurso extraordinário. Danos morais decorrentes de atraso ocorrido em voo internacional. Aplicação do código de defesa do consumidor. Matéria infraconstitucional. Não conhecimento. 1. O princípio da defesa do consumidor se aplica a todo o capítulo constitucional da atividade econômica. 2. Afastam-se as normas especiais do Código Brasileiro da Aeronáutica e da Convenção de Varsóvia quando implicarem retrocesso social ou vilipêndio aos direitos assegurados pelo Código de Defesa do Consumidor. 3. Não cabe discutir, na instância extraordinária, sobre a correta aplicação do Código de Defesa do Consumidor ou sobre a incidência, no caso concreto, de específicas normas de consumo veiculadas em legislação especial sobre o transporte aéreo internacional. Ofensa indireta à Constituição de República. 4. Recurso não conhecido (RE 351750, Relator Min. Marco Aurélio, Relator p/ Acórdão Min. Carlos Britto, Primeira Turma, julgado em 17.03.2009, publicado em 24/09/2009). Disponível em: <http://www.stf.jus.br/portal/jurisprudencia/listarJurisprudencia.asp?s1=%28%22retrocesso+social%22%29&base=baseAcordaos>. Acesso em: 27 fev. 2012.

[56] FACHIN. Direito fundamental ao desenvolvimento: uma possível ressignificação entre a Constituição Brasileira e o sistema internacional de proteção dos direitos humanos. *In*: PIOVESAN; SOARES (Coord.). *Direito ao desenvolvimento*, p. 195-196.

Estado com a sociedade, e da sociedade globalmente considerada com cada um dos seus integrantes, para que, ademais, seja mais facilmente reconhecível seu fundamento filosófico.

> A moralidade é o fundamento do direito ao desenvolvimento porque, se se conectar os aspectos individual e coletivo deste direito, percebe-se ele como possibilitador de alcance dos projetos de felicidade, tanto individuais quanto coletivos. Se a função do Direito, no final das contas, é esta, parece claro que se se partir da idéia de que o direito ao desenvolvimento permite maior desenvolvimento do sujeito, então está fundamentado o direito ao desenvolvimento, por que seria uma máxima generalizável temporalmente e espacialmente.[57]

Isso tudo, perceba-se, do ponto de vista teórico. Mas a realidade jurídica do Estado Brasileiro não se faz em nada diferente.

## O Desenvolvimento Nacional na Constituição da República de 1988

Afinal,

> Nossa capacidade política, humanismo e tolerância é que transmutam indivíduos em pessoas e as pessoas em uma coletividade que dá vida ao Estado. E se o estado morresse, ainda assim restaria o seu espírito. Porque é dele que se torna possível cobrar o desenvolvimento necessário à garantia do interesse público, buscando-se sempre um retorno à Constituição de 1988, como símbolo do projeto socializador de um povo que não desiste de ser justo, solidário e feliz.[58]

Basta rever a Carta Magna para se entender o porquê.

### *O Desenvolvimento Nacional como objetivo da República*

Dada a importância, em seu art. 3º a Constituição de 1988 fixou como "objetivos fundamentais" da República (i) construir uma sociedade livre, justa e solidária; (ii) garantir o desenvolvimento nacional;

---

[57] RECK. Fundamentos filosóficos do direito ao desenvolvimento sustentável. *In*: BACELLAR FILHO; GABARDO; HACHEM (Coord.). *Globalização, direitos fundamentais e direito administrativo*: novas perspectivas para o desenvolvimento econômico e socioambiental: Anais do I Congresso da Rede Docente Eurolatinoamericana de Direito Administrativo, p. 147.

[58] GABARDO. *Interesse público e subsidiariedade*: o Estado e a sociedade civil para além do bem e do mal, p. 381.

(iii) erradicar a pobreza e a marginalização e reduzir as desigualdades sociais e regionais; e (iv) promover o bem de todos, sem preconceitos de origem, raça, sexo, cor, idade e quaisquer outras formas de discriminação.

Ou seja, é com essa vocação que se deve conceber o Estado Brasileiro, portanto compulsoriamente comprometido com o desenvolvimento nacional, mas que, num primeiro súbito, poderia supor-se confundível com o crescimento econômico, pura e simplesmente.

No entanto, os três outros objetivos elencados, de cunho nitidamente social, revelam outra preocupação, a de que não basta o crescimento da economia nacional, sendo necessário que a ele se dê caráter *instrumental*, no sentido de, repita-se, (a) construção de uma sociedade livre, justa e solidária; (b) erradicação da pobreza e da marginalização e redução das desigualdades sociais e regionais; e (c) promoção do bem de todos.

Sem medo de errar, pois, a análise sistemática dos objetivos da República revela a busca de um *crescimento econômico socialmente benigno, portanto que propicie, afinal, uma transformação social estrutural.*

Isso se observa na estipulação constitucional de princípios gerais da atividade econômica no Brasil, escancaradamente compromissados com a transformação estrutural da sociedade,[59] o que se vê reforçado em diversas outras passagens,[60] inclusive e principalmente no próprio preâmbulo: "Nós, representantes do povo brasileiro, reunidos em Assembleia Nacional Constituinte para instituir um Estado Democrático, destinado a assegurar o exercício dos direitos sociais e individuais, a liberdade, a segurança, o bem-estar, o desenvolvimento, a igualdade e a justiça como valores supremos de uma sociedade fraterna, pluralista e sem preconceitos, fundada na harmonia social e comprometida, na ordem interna e internacional, com a solução pacífica das controvérsias,

---

[59] *Constituição da República.*
Art. 170. A ordem econômica, fundada na valorização do trabalho humano e na livre iniciativa, tem por fim assegurar a todos existência digna, conforme os ditames da justiça social, observados os seguintes princípios: I – soberania nacional; II – propriedade privada; III – função social da propriedade; IV – livre concorrência; V – defesa do consumidor; VI – defesa do meio ambiente, inclusive mediante tratamento diferenciado conforme o impacto ambiental dos produtos e serviços e de seus processos de elaboração e prestação; VII – redução das desigualdades regionais e sociais; VIII – busca do pleno emprego; IX – tratamento favorecido para as empresas de pequeno porte constituídas sob as leis brasileiras e que tenham sua sede e administração no País. Parágrafo único. É assegurado a todos o livre exercício de qualquer atividade econômica, independentemente de autorização de órgãos públicos, salvo nos casos previstos em lei.

[60] *Vide* o ANEXO E.

promulgamos, sob a proteção de Deus, a seguinte Constituição da República Federativa do Brasil".

Logo, tanto o governo como a Administração Pública — sejam eles de âmbito federal, estadual ou municipal — hão de pautar seus comportamentos (políticos, jurídicos e administrativos) com vistas à realização desse desiderato, porque só assim se realiza a República Federativa do Brasil como Estado Constitucional e Democrático de Direito,[61] e o brasileiro como pessoa humana provida de dignidade.[62]

*A reafirmação da sustentabilidade ambiental como imperativo constitucional*

Mas o constituinte, ainda não satisfeito e ciente de suas responsabilidades, fez reiterar a preocupação com o meio ambiente, de forma a sacramentar que "todos têm direito ao meio ambiente ecologicamente equilibrado, bem de uso comum do povo e essencial à sadia qualidade de vida, impondo-se ao Poder Público e à coletividade o dever de defendê-lo e preservá-lo para as presentes e futuras gerações" (art. 225, CR).[63]

---

[61] A organização do Estado que se pretenda rotular "de Direito" tem que conhecer e conectar, então, o Direito adotado e aplicado naquele Estado. Assim, o Estado de Direito não é tão somente o Estado no qual há um sistema jurídico aplicado, ou um Estado que "tem" um Direito, mas o Estado no qual a ideia de Direito signifique a instrumentalização da busca concreta da Justiça material para o povo que o forma e dele deve participar. Principalmente, há que se enfatizar: (a) que o Estado é de Direito e não apenas "Estado de Lei"; (b) que o Estado de Direito, como expressão jurídica fundamental do sistema que adote este modelo, não é carente de características específicas; (c) que o Estado de Direito é Estado limitado em seus comportamentos pelo Direito posto à observância de todos, inclusive dos governantes; (d) que o Estado de Direito tem como centro e fim o ser humano e seus direitos fundamentais, que impõem um limite negativo de ação ao Estado (ROCHA. *Princípios constitucionais da Administração Pública*, p. 71).

[62] E a dimensão *individual, personalíssima e cidadã*, da cautela da constituinte com o desenvolvimento se vê consagrada com a afirmação da importância do ensino no contexto: "Art. 205. A educação, direito de todos e dever do Estado e da família, será promovida e incentivada com a colaboração da sociedade, visando ao pleno desenvolvimento da pessoa, seu preparo para o exercício da cidadania e sua qualificação para o trabalho. (...) Art. 211. A União, os Estados, o Distrito Federal e os Municípios organizarão em regime de colaboração seus sistemas de ensino. §1º A União organizará o sistema federal de ensino e o dos Territórios, financiará as instituições de ensino públicas federais e exercerá, em matéria educacional, função redistributiva e supletiva, de forma a garantir equalização de oportunidades educacionais e padrão mínimo de qualidade do ensino mediante assistência técnica e financeira aos Estados, ao Distrito Federal e aos Municípios".

[63] Talvez por isso o Supremo Tribunal Federal tenha assim decidido, dando a conhecer a sua compreensão acerca do desenvolvimento nacional sustentável:
*Ementa*: Meio ambiente – Direito à preservação de sua integridade (cf art. 225) – Prerrogativa qualificada por seu caráter de metaindividualidade – Direito de terceira geração (ou de novíssima dimensão) que consagra o postulado da solidariedade – Necessidade de impedir que a transgressão a esse direito faça irromper, no seio da coletividade, conflitos intergeneracionais – Espaços territoriais especialmente protegidos (cf art. 225, §1º, III) – Alteração e

De igual forma ratificou o papel do ensino no que diz com o desenvolvimento, ditando, no inciso VI do §1º do mesmo artigo, que incumbe ao poder público "promover a educação ambiental em todos os níveis de ensino e a conscientização pública para a

---

supressão do regime jurídico a eles pertinente – Medidas sujeitas ao princípio constitucional da reserva de lei – Supressão de vegetação em área de preservação permanente – Possibilidade de a administração pública, cumpridas as exigências legais, autorizar, licenciar ou permitir obras e/ou atividades nos espaços territoriais protegidos, desde que respeitada, quanto a estes, a integridade dos atributos justificadores do regime de proteção especial – relações entre economia (cf art. 3º, II, c/c o art. 170, VI) e ecologia (cf art. 225) – Colisão de direitos fundamentais – Critérios de superação desse estado de tensão entre valores constitucionais relevantes – Os direitos básicos da pessoa humana e as sucessivas gerações (fases ou dimensões) de direitos (RTJ 164/158, 160-161) – A questão da precedência do direito à preservação do meio ambiente: uma limitação constitucional explícita à atividade econômica (cf art. 170, VI) – Decisão não referendada – Consequente indeferimento do pedido de medida cautelar. A preservação da integridade do meio ambiente: Expressão constitucional de um direito fundamental que assiste à generalidade das pessoas. – Todos têm direito ao meio ambiente ecologicamente equilibrado. Trata-se de um típico direito de terceira geração (ou de novíssima dimensão), que assiste a todo o gênero humano (RTJ 158/205-206). Incumbe, ao Estado e à própria coletividade, a especial obrigação de defender e preservar, em benefício das presentes e futuras gerações, esse direito de titularidade coletiva e de caráter transindividual (RTJ 164/158-161). O adimplemento desse encargo, que é irrenunciável, representa a garantia de que não se instaurarão, no seio da coletividade, os graves conflitos intergeneracionais marcados pelo desrespeito ao dever de solidariedade, que a todos se impõe, na proteção desse bem essencial de uso comum das pessoas em geral. Doutrina. A atividade econômica não pode ser exercida em desarmonia com os princípios destinados a tornar efetiva a proteção ao meio ambiente. – A incolumidade do meio ambiente não pode ser comprometida por interesses empresariais nem ficar dependente de motivações de índole meramente econômica, ainda mais se se tiver presente que a atividade econômica, considerada a disciplina constitucional que a rege, está subordinada, dentre outros princípios gerais, àquele que privilegia a "defesa do meio ambiente" (CF, art. 170, VI), que traduz conceito amplo e abrangente das noções de meio ambiente natural, de meio ambiente cultural, de meio ambiente artificial (espaço urbano) e de meio ambiente laboral. Doutrina. Os instrumentos jurídicos de caráter legal e de natureza constitucional objetivam viabilizar a tutela efetiva do meio ambiente, para que não se alterem as propriedades e os atributos que lhe são inerentes, o que provocaria inaceitável comprometimento da saúde, segurança, cultura, trabalho e bem-estar da população, além de causar graves danos ecológicos ao patrimônio ambiental, considerado este em seu aspecto físico ou natural. A questão do desenvolvimento nacional (cf art. 3º, II) e a necessidade de preservação da integridade do meio ambiente (cf art. 225): O princípio do desenvolvimento sustentável como fator de obtenção do justo equilíbrio entre as exigências da economia e as da ecologia. – O princípio do desenvolvimento sustentável, além de impregnado de caráter eminentemente constitucional, encontra suporte legitimador em compromissos internacionais assumidos pelo Estado brasileiro e representa fator de obtenção do justo equilíbrio entre as exigências da economia e as da ecologia, subordinada, no entanto, a invocação desse postulado, quando ocorrente situação de conflito entre valores constitucionais relevantes, a uma condição inafastável, cuja observância não comprometa nem esvazie o conteúdo essencial de um dos mais significativos direitos fundamentais: o direito à preservação do meio ambiente, que traduz bem de uso comum da generalidade das pessoas, a ser resguardado em favor das presentes e futuras gerações. (...). (cf art. 225, §1º, III) (ADI 3540 MC, Relator Min. Celso de Mello, Tribunal Pleno, julgado em 01.09.2005, publicado em 03.02.2006). Disponível em: <http://www.stf.jus.br/portal/jurisprudencia/visualizarEmenta.asp?s1=000094348&base=baseAcordaos>. Acesso em: 28 fev. 2012.

preservação do meio ambiente". E essa perspectiva, sozinha, traz efeitos igualmente favoráveis, porque traduz a "educação ambiental como instrumento para o desenvolvimento sustentável".[64] Em suma, é preciso conscientização ambiental geral, porque as proibições e as obrigações legalmente estatuídas, sozinhas, não são suficientes em si. Isso porque o desenvolvimento mira o futuro — reprise-se à exaustão — e os parâmetros ordinários de aceitabilidade de degradação do meio ambiente admitidos na atualidade tendem a diminuir paulatinamente.

*O Desenvolvimento Nacional como Direito Fundamental*

Perceba-se, então, que o fomento estatal a comportamentos propiciadores do desenvolvimento nacional não configura bondade alguma dos governantes, menos ainda caridade dos legisladores.

Não se trata, também, de solidariedade formalmente institucionalizada. Ao contrário, a Constituição assim o exige, porque o erigiu à categoria de *objetivo* da República e de *direito fundamental*. Neste último caso, ao versar sobre o interesse social atrelado ao desenvolvimento tecnológico e econômico do país (art. 5º, inciso XXIX) e, ainda, ao explicitar que "os direitos e garantias expressos nesta Constituição não excluem outros decorrentes do regime e dos princípios por ela adotados, ou dos tratados internacionais em que a República Federativa do Brasil seja parte" (§2º do art. 5º).

Justapondo isso tudo à previsão da dignidade da pessoa humana como um dos fundamentos da nossa República (art.1º, inciso III, CR), pode-se afirmar que

> Em que pesem as inúmeras transformações pelas quais passa o Estado contemporâneo, com ele permanece (e no caso brasileiro por expressa previsão constitucional) o *papel de indutor, promotor e garantidor do desenvolvimento nacional*. E se no centro da noção de desenvolvimento encontra-se a *pessoa humana*, cumpre à organização estatal — mormente por meio de seu aparato administrativo — exercer ações em número, extensão e profundidade suficientes para bem desincumbir-se da obrigação constitucional de realizar um dos valores que fundamentam a República Federativa do Brasil: *a dignidade da pessoa humana* (...).[65]

---

[64] GALLI. *Educação ambiental como instrumento para o desenvolvimento sustentável.*

[65] OLIVEIRA. Direito ao desenvolvimento na Constituição brasileira de 1988. *Revista Eletrônica de Direito Administrativo Econômico – REDAE.*

Assim, o desenvolvimento nacional almeja, em essência, a dignidade da pessoa humana, de cada brasileiro melhor dizendo, e com todas as nuanças que isso requer.

*O Dever de Fomento Estatal do Desenvolvimento Nacional*

É preciso atentar que as determinações constitucionais não se dirigem à efetivação (direta e imediata) do desenvolvimento nacional pelo Estado, apenas. Em várias oportunidades a Constituição indica deveres atribuídos aos legisladores e aos gestores públicos no sentido de estimular o desenvolvimento nacional.

Fica claro, portanto, que o desenvolvimento do Brasil, no ideário do Constituinte, revela-se como um processo compartilhado pela sociedade com o Estado, e que a este incumbe, por diversas formas,[66] fomentar as ações privadas afirmativas desse desiderato, tendo destacado algumas desde logo.[67] Todavia, a revelação das situações valoradas

---

[66] Várias são as técnicas de fomento estatal, dentre as quais a concessão de vantagens por meios psicológicos, honoríficos e econômicos. Estes, por sua vez, podem revelar vantagens (i) de caráter real (como um bem publico colocado à disposição por preço inferior ao do mercado) ou (ii) de caráter financeiro [auxílios diretos (a subvenção financeira, por exemplo) ou indiretos (como a isenção tributária)]. MELLO. *O fomento da Administração Pública*, p, 90-132.

[67] *Constituição da República.*
Art. 23. É competência comum da União, dos Estados, do Distrito Federal e dos Municípios: (...) VIII – fomentar a produção agropecuária e organizar o abastecimento alimentar; (...).
Art. 174. Como agente normativo e regulador da atividade econômica, o Estado exercerá, na forma da lei, as funções de fiscalização, incentivo e planejamento, sendo este determinante para o setor público e indicativo para o setor privado. (...) §2º A lei apoiará e estimulará o cooperativismo e outras formas de associativismo. §3º O Estado favorecerá a organização da atividade garimpeira em cooperativas, levando em conta a proteção do meio ambiente e a promoção econômico-social dos garimpeiros (...).
Art. 179. A União, os Estados, o Distrito Federal e os Municípios dispensarão às microempresas e às empresas de pequeno porte, assim definidas em lei, tratamento jurídico diferenciado, visando a incentivá-las pela simplificação de suas obrigações administrativas, tributárias, previdenciárias e creditícias, ou pela eliminação ou redução destas por meio de lei (...).
Art. 218. O Estado promoverá e incentivará o desenvolvimento científico, a pesquisa e a capacitação tecnológicas. §1º A pesquisa científica básica receberá tratamento prioritário do Estado, tendo em vista o bem público e o progresso das ciências. §2º A pesquisa tecnológica voltar-se-á preponderantemente para a solução dos problemas brasileiros e para o desenvolvimento do sistema produtivo nacional e regional. §3º O Estado apoiará a formação de recursos humanos nas áreas de ciência, pesquisa e tecnologia, e concederá aos que delas se ocupem meios e condições especiais de trabalho. §4º A lei apoiará e estimulará as empresas que invistam em pesquisa, criação de tecnologia adequada ao País, formação e aperfeiçoamento de seus recursos humanos e que pratiquem sistemas de remuneração que assegurem ao empregado, desvinculada do salário, participação nos ganhos econômicos resultantes da produtividade de seu trabalho. §5º É facultado aos Estados e ao Distrito Federal vincular parcela de sua receita orçamentária a entidades públicas de fomento ao ensino e à pesquisa científica e tecnológica.
Art. 219. O mercado interno integra o patrimônio nacional e será incentivado de modo a viabilizar o desenvolvimento cultural e sócio-econômico, o bem-estar da população e a autonomia tecnológica do País, nos termos de lei federal.

na Lei das leis não descarta que outras (leis) venham a exprimir equivalentes atribuições, aliás, como a hodiernamente imposta pela Lei nº 8.666/93, atualizada pela Lei nº 12.349/2010.

Em suma, não se pode olvidar que o desenvolvimento nacional configura direito fundamental consagrado na Constituição de 1988 sendo de se afirmar o mesmo em relação ao dever estatal de impulsionar esse processo por meio de estímulos positivos ao cooperativismo, ao associativismo, à micro e à pequena empresa e à participação do empresariado em geral voluntariamente engajado à causa da sustentabilidade (parcial ou integral).

Mas é preciso investigar, crítica e sistematicamente — *como pode* e *como deve* ocorrer essa estimulação pela deliberada via das licitações públicas, ainda que *en passant*.

# A PROMOÇÃO DO DESENVOLVIMENTO NACIONAL COMO FINALIDADE LEGAL DA LICITAÇÃO

## O Dever de promoção do Desenvolvimento Nacional como finalidade legal da licitação

Como visto no Capítulo I, a Lei nº 12.349/2010, originada da conversão da Medida Provisória nº 495/2010, alterou o *caput* e acrescentou vários parágrafos ao art. 3º da Lei nº 8.666/93, exatamente aquela à qual coube regulamentar o inciso XXI do art. 37 da Carta Magna. Assim, a Lei nº 12.349/2010 veio a modificar o antigo "marco legal" das licitações públicas no Brasil em sua base, passando a exigir (para elas) uma terceira e concomitante *finalidade legal*: a de promover o desenvolvimento nacional sustentável, ao lado de garantir a isonomia e de propiciar a seleção mais vantajosa para a Administração.

Demais disso — como norma geral que é — essa nova exigência impõe-se aos "órgãos da administração direta, os fundos especiais, as autarquias, as fundações públicas, as empresas públicas, as sociedades de economia mista e demais entidades controladas direta ou indiretamente pela União, Estados, Distrito Federal e Municípios".

Portanto, ao menos em tese, todas as licitações por eles instauradas a partir de 19 de julho de 2010 (data da adoção da MP nº 495/2010) deviam ter se afeiçoado ao novo modelo, que se consolidou em 15 de dezembro de 2010 com sua conversão na Lei nº 12.349/2010.

Ou seja, *com subordinação à lei* — que exige a promoção do desenvolvimento nacional sustentável por meio das licitações públicas com caráter finalístico. Logo, sem exceções, salvo quando essa terceira finalidade legal não puder ser satisfeita, por razões de fato ou de Direito, mas sempre com motivação prévia, robusta e congruente.

Mas, como sói ocorrer em solo brasileiro, ainda persiste uma injustificada e injustificável distância abissal entre a realidade dos fatos e a determinação do Direito. E as razões invocadas são das mais variadas ordens. Vão desde a mais absoluta ignorância acerca do novo perfil legal das licitações, passando pela suposta falta de regulamentação minimamente necessária e culminam com discussões sobre sua constitucionalidade (por suposta violação do princípio da isonomia e por redundar em potencial desvantajosidade econômico-financeira).

Nesta obra, contudo, não há dúvidas (ao menos até este momento): as alterações promovidas na Lei Geral de Licitações são assumidas como absolutamente conformes à Constituição, ainda que a olhos vistos tardias, porquanto o Direito pátrio venha experimentando, com legitimidade, aqui e acolá, a *parcial* promoção do desenvolvimento nacional.

E é disso que se vai cuidar em breve, logo depois de se superar um falso-problema, qual seja a falta de literal cuidado com o meio ambiente ecologicamente equilibrado tanto na MP nº 495 como na Lei nº 12.349/2010.

*A não previsão da sustentabilidade ambiental na MP nº 495 e na Lei nº 12.349/2010*

Em tese, a LGL, em sua redação atual, passou a exigir a promoção do desenvolvimento nacional *sustentável* como adicional fim das licitações públicas. Por conta disto, e com lastro na melhor doutrina, nacional e estrangeira, seria possível afiançar que o desenvolvimento pretendido na lei seria o integral, aquele que se expressa em termos ecossocioambientais.

Tanto isso é verdade que o resultado da conversão da Medida Provisória nº 495/2010 em lei foi incrementado com a adjetivação *sustentável*, dantes inexistente.

Nada obstante, um simples perpassar de olhos nas porções da Lei nº 12.349/2010 que tratam especificamente da Lei nº 8.666/93 provam o contrário.

Elas demonstram que os acréscimos feitos referem-se, apenas, a questões de crescimento econômico, proteção da indústria nacional e responsabilidade social[68] e que a preocupação com o meio ambiente não se fez materialmente notar nem na medida provisória,[69] nem na lei que a sucedeu.

O termo"sustentável" aderiu-se ao texto da lei de conversão como num passe de mágica, porque a tramitação legislativa — tanto na Câmara dos Deputados, como no Senado Federal — não dá conta de informar "quem foi o responsável" pela sugestão de modificação ampliativa e nem mesmo "as razões" para tanto.Importa, contudo, que a remissão a *sustentável* denota, em princípio, preocupação final (sabe-se lá de quem) com o meio ambiente e que recebeu chancela tanto do Poder Executivo como do Poder Legislativo.

Destarte, a despeito dessa falha técnica, de a Lei Geral de Licitações devidamente atualizada não versar (literalmente) sobre o desenvolvimento em sua integralidade, ela se vê sanada tanto pelas determinações da Constituição da República (e que reclama, ainda, interpretação da LGL "conforme a constituição") como por outras leis e atos normativos infralegais que sanam o problema.

É que tanto o atraso da Lei nº 12.349/2010 como a sua incompletude, na direção do desenvolvimento nacional ecossocioambientalmente considerado, foram sendo lentamente mitigados, antes e depois de sua edição, por atos normativos que o estimulam, versando sobre (i) o microempreendedorismo, (ii) a proteção ao meio ambiente e (iii) a responsabilidade social — dentre outros. Deles é que se passa a tratar.

---

[68] Lei nº 8.666/93
Art. 3º A licitação destina-se a garantir a observância do princípio constitucional da isonomia, a seleção da proposta mais vantajosa para a administração e a promoção do desenvolvimento nacional sustentável e será processada e julgada em estrita conformidade com os princípios básicos da legalidade, da impessoalidade, da moralidade, da igualdade, da publicidade, da probidade administrativa, da vinculação ao instrumento convocatório, do julgamento objetivo e dos que lhes são correlatos. (...) §5º Nos processos de licitação previstos no *caput*, poderá ser estabelecido margem de preferência para produtos manufaturados e para serviços nacionais que atendam a normas técnicas brasileiras. §6º A margem de preferência de que trata o §5º será estabelecida com base em estudos revistos periodicamente, em prazo não superior a 5 (cinco) anos, que levem em consideração: I – geração de emprego e renda; II – efeito na arrecadação de tributos federais, estaduais e municipais; III – desenvolvimento e inovação tecnológica realizados no País; IV – custo adicional dos produtos e serviços; e V – em suas revisões, análise retrospectiva de resultados.

[69] Em reprise, a Exposição de Motivos da MP nº 495/2010 encontra-se no ANEXO C.

## Lei Complementar nº 123/2006 – o Estatuto da Microempresa

Talvez o grande alarde acerca da potencial "função social" da licitação tenha se originado na Lei Complementar nº 123/2006,[70] que instituiu o Estatuto da Microempresa e da Empresa de Pequeno Porte e cria, em seu Capítulo V, toda uma disciplina jurídica especial voltada à facilitação de acesso dessas empresas ao "mercado público".

Como registrado,

> A inovação trazida pela Lei Complementar nº 123/2006 envolve uma mudança conceitual da função da licitação para fins da Administração Pública brasileira. Trata-se de propiciar o desempenho de uma função não econômica para a licitação. Em outras palavras, significa conferir à licitação uma função que eu diria social, uma função indireta (...).[71]

Todavia, não foram poucos os que a criticaram, aduzindo que ela (a lei) seria manifestamente inconstitucional ao conceder privilégios não vislumbrados pela Constituição da República, dentre os quais (i) o direito de preferência atrelado ao empate ficto variável entre 5 e 10% (potencialmente danoso à vantajosidade econômico-financeira para a Administração); (ii) o mercado cativo (para licitações estimadas em até R$80.000,00); e, ainda, (iii) a estipulação de regras de habilitação diferenciada (regularização fiscal tardia).

Entretanto, as regras que conferiram essas vantagens, gritantes e originais, ao microempresário foram as notoriamente responsáveis por despertar a melhor doutrina para a reflexão acerca da necessidade-possibilidade de a licitação (e a contratação administrativa) se prestarem a cumprir uma finalidade extraordinária.

Em princípio, como dito, estranha.

> Mas há hipóteses em que o Estado pretende valer-se de uma contratação não apenas para obter uma prestação de que necessita. A execução da prestação é visualizada como meio de promoção de outros valores reputados como relevantes. Na Lei nº 8.666, essa situação conduzia à contratação direta, sem licitação. Já os arts. 47 e 48 da LC nº 123 previram uma situação diferenciada — ainda que não absolutamente original.

---

[70] Confira a Lei Complementar nº 123/2006 no ANEXO F.

[71] JUSTEN FILHO. A LC n. 123 e os benefícios para pequenas empresas nas licitações públicas. *In*: BACELLAR FILHO; SILVA. (Org.) *Direito administrativo e integração regional*: Anais do V Congresso da Associação de Direito Público do Mercosul e X Congresso Paranaense de Direito Administrativo, p. 159.

> Trata-se de manter a existência da licitação, porém de modo a assegurar a realização da função anômala do contrato administrativo. Daí se poderia aludir a uma "função extra-econômica" da licitação, para indicar a orientação do certame não propriamente à obtenção da proposta mais vantajosa, mas à seleção da proposta apta à realização de outros fins (não diretamente relacionados com a vantagem econômica). (...) Entretanto, a complexidade da figura dos arts. 47 e 48 é ainda maior. Trata-se de promover uma dupla instrumentalização anormal da contratação. A primeira instrumentalização indireta da contratação relaciona-se à implantação de preferência em favor de pequenas empresas. A segunda instrumentalização refere-se à obtenção de determinados fins macroeconômicos, políticos, complexos. Ou seja, os arts. 47 e 48 prevêem a existência de licitações que assegurariam vantagens às pequenas empresas como meio de promover certos fins de grande relevância.[72]

Agora não mais, insista-se.

Desde 2006 a Lei Complementar nº 123 vige e irradia seus efeitos peculiares, ditando comportamentos orientados a estimular o crescimento econômico daqueles empresários que, a despeito de sua pequena envergadura no mercado (representando apenas 20% do PIB), foram os responsáveis por mais de 50% dos empregos do setor privado não agrícola no ano de 2010.[73]

Portanto, incentivar o microempreendedorismo pela via das licitações é potencializar a criação de oportunidades de crescimento econômico sustentado e aumentar as chances de realização da dignidade da pessoa humana pela facilitação de ingresso no mercado formal de trabalho e, pois, no rumo do pleno emprego.

Demais disso, o fomento estatal dessa ordem se apresenta como uma discriminação afirmativa provisória para o beneficiado, porque o sucesso econômico da pequena empresa acaba, afinal, por afastar as vantagens de outrora.

Logo, qualquer crítica lastreada na suposição de violação ao princípio da isonomia[74] resta, em boa medida, superada. Desse modo,

---

[72] JUSTEN FILHO. *O estatuto da microempresa e as licitações públicas*, p. 80-81.

[73] "O bom desempenho das MPEs na década apenas confirmou a sua importância na economia. Em 2010, as micro e pequenas empresas foram responsáveis por 99% dos estabelecimentos, 51,6% dos empregos formais privados não agrícolas no país e quase 40% da massa de salários. Em média, durante a década de 2000, de cada R$100 pagos aos trabalhadores no setor privado não-agrícola, aproximadamente R$41 foram gerados pelas micro e pequenas empresas". Disponível em: <http://www.dieese.org.br/anu/anuSebraeMicroPeqEmp/anuarioSebrae10-11.pdf>. Acesso em: 27 fev. 2012.

[74] Confira mais sobre a discriminação válida a partir da correlação lógica necessária entre o díscrimen e o objeto da diferenciação: BANDEIRA DE MELLO. *Conteúdo jurídico do princípio da igualdade*, p. 37 *et seq*.

o estímulo conferido ao microempresário atual é "suportado" pelo microempresário de ontem; aquele que se viu beneficiado no mercado público e agora tem de ceder espaço àqueles que, muitas vezes, saem do mercado informal pela promessa de benesses conferidas nas licitações públicas, entre outras, apenas à pequena empresa *formalmente* constituída. Esse, pois, é um efeito multiplicador de oportunidades, econômicas e sociais, e que o México também soube aproveitar.[75]

Mas vale a pena transcrever, pela eloquência, prefácio de obra patrocinada pelo SEBRAE, no qual se explicita, sem rebuços, para que veio o Estatuto da Microempresa:

> *Prefácio*
>
> *Democratizar as compras públicas é vital para o crescimento do país*
>
> Incentivar o fortalecimento das micro e pequenas empresas significa apostar no crescimento do país porque elas impulsionam a nossa

---

[75] Decreto
El Congreso de los Estados Unidos Mexicanos, decreta:
Ley para el Desarrollo de la Competitividad de la Micro, Pequeña y Mediana Empresa
Capítulo Primero
Del Ámbito de Aplicación y Objeto de la Ley
Artículo 1. La presente Ley tiene por objeto promover el desarrollo económico nacional a través del fomento a la creación de micro, pequeñas y medianas empresas y el apoyo para su viabilidad, productividad, competitividad y sustentabilidad. Asimismo incrementar su participación en los mercados, en un marco de crecientes encadenamientos productivos que generen mayor valor agregado nacional.
Lo anterior, con la finalidad de fomentar el empleo y el bienestar social y económico de todos los participantes en la micro, pequeña y mediana empresa.
La Ley es de observancia general en toda la República y sus disposiciones son de orden público. (...)
Artículo 10. La planeación y ejecución de las políticas y acciones de fomento para la competitividad de las MIPYMES debe atender los siguientes criterios: (...) IX. Promover que las dependencias y entidades de la Administración Pública Federal y sus delegaciones en las Entidades Federativas y en el Distrito Federal realicen la planeación de sus adquisiciones de bienes, contratación de servicios y realización de obra pública para destinarlas a las MIPYMES de manera gradual, hasta alcanzar un mínimo del 35%, conforme a la normativa aplicable.
Decreto Numero 104
LA H. "LII" Legislatura del Estado de Mexico
Decreta: Ley Para El Fomento Economico del Estado de Mexico
Artículo 1. La presente ley es de orden público e interés social y tiene por objeto establecer las bases para fomentar el desarrollo económico de la entidad. (...)
Artículo 30. Las dependencias, organismos auxiliares y fideicomisos de la administración pública estatal y municipal, podrán otorgar a las empresas inscritas en el registro empresarial mexiquense, algunos de los apoyos siguientes: (...) III. En la adquisición de bienes, así como en la contratación de servicios, arrendamientos y obras públicas, se preferirán, en igualdad de circunstancias, a las empresas mexiquenses. En su caso, las convocatorias y bases de licitación podrán establecer porcentajes diferenciales en precio en favor de las mismas, el cual nunca podrá ser superior al 5%.

economia e promovem o desenvolvimento local, geram empregos e renda para os brasileiros. Ciente da sua importância, o Governo Federal está fortemente comprometido com a formulação de políticas públicas e com a criação de um ambiente menos burocrático e com mais oportunidades para os nossos micro e pequenos empreendedores.

Foi com esse propósito que o presidente Lula assinou ainda em 2006 a Lei Geral das Micro e Pequenas Empresas. A legislação simplificou procedimentos, reduziu as alíquotas dos impostos e permitiu ao setor público utilizar melhor o seu poder de compra para fomentar o crescimento das economias locais e das empresas de pequeno porte.

São mudanças significativas que visam atender às prerrogativas de redução das desigualdades regionais e sociais e o tratamento favorecido às micro e pequenas empresas previstas na Constituição Brasileira. Essas inovações já estão trazendo avanços e melhorias para os pequenos negócios no país.

No setor de compras públicas resultados concretos já podem ser constatados desde que a Lei Geral entrou em vigor no ano de 2007. A participação das micro e pequenas empresas nas compras do Governo Federal passou de apenas 8% em 2006 para 28% em 2007. Esse percentual cresceu ainda mais em 2008 quando chegou a 32% das aquisições atingindo um montante de R$7,6 bilhões.

Mais democrático, ágil, econômico e transparente, o pregão eletrônico consolidou-se como a principal modalidade utilizada pelas micro e pequenas empresas que fornecem ao Governo Federal. Dos R$12,2 bilhões licitados por pregão eletrônico em 2008, R$5,6 bilhões foram de micro e pequenos empreendedores.

O aumento da concorrência propiciado pela ampliação da participação desse segmento nas licitações reduziu ainda mais o custo dos bens e serviços contratados pelos órgãos públicos. No ano passado o Governo Federal obteve uma economia de R$3,8 bilhões com o uso da modalidade eletrônica. Desse valor, R$421 milhões são resultado de bens e serviços fornecidos por micro e pequenas empresas cuja participação na modalidade cresceu 455% desde 2005.

Acreditamos que os reflexos dessa lei serão ainda maiores nos próximos anos porque tais mudanças requerem um período de adaptação por parte dos órgãos municipais, estaduais e da União e também por parte das micro e pequenas empresas que agora podem apostar com mais vigor nesse importante mercado para os seus bens e serviços.[76]

---

[76] JACOBY FERNANDES. *O município contratando com a micro e pequena empresa*: o estatuto da micro e pequena empresa fomentando a economia dos municípios.

E embora a vontade do legislador (*mens legislatoris*) não se confunda com a vontade da lei (*mens legis*), resta incontroverso que a LC nº 123 só tem uma razão de ser: promover micro e pequenas empresas, porque são elas que, efetivamente, impulsionam a economia e promovem o desenvolvimento local, geram empregos e renda para os brasileiros. Logo, o acesso facilitado ao mercado público só retroalimenta o desenvolvimento. Nem mais, nem menos.

*Mercado Cativo e o Decreto nº 6.204/2007*

A reserva de reservado, contudo, tem encontrado franca resistência e, pior, um nefasto desinteresse, possivelmente alimentado pelo generalizado desconhecimento da lei ou mesmo por sua má-compreensão.

No entanto, o Governo Federal tem contribuído sobremaneira para estancar discussões teóricas, mormente pela regulamentação do tema, feita por meio do Decreto nº 6.204/2007, muito anterior à Lei nº 12.349/2010 que apenas o confirma. Nele estipulou-se a obrigatoriedade de observância dessa reserva de mercado, salvo quando situações excepcionais não o permitirem.[77] O que importa, entretanto, é que é regra, daquelas que não admite descumprimento por simples discordância ou interpretação diversa.

Demais disso, a lei exprimiu um juízo de ponderação, nitidamente econômico-financeiro, e restringiu o mercado restrito a, no máximo, 25% (vinte e cinco por cento) do total das contratações no ano (conforme o §1º do seu art. 48). E o regulamento o reforçou, ao sopesar a questão da vantajosidade econômico-financeira das propostas e estabeleceu um

---

[77] Decreto nº 6.204/2007
Art. 6º Os órgãos e entidades contratantes deverão realizar processo licitatório destinado exclusivamente à participação de microempresas e empresas de pequeno porte nas contratações cujo valor seja de até R$80.000,00 (oitenta mil reais). Parágrafo único. Não se aplica o disposto neste artigo quando ocorrerem as situações previstas no art. 9º, devidamente justificadas. (...)
Art. 9º Não se aplica o disposto nos arts. 6º ao 8º quando: I – não houver um mínimo de três fornecedores competitivos enquadrados como microempresas ou empresas de pequeno porte sediados local ou regionalmente e capazes de cumprir as exigências estabelecidas no instrumento convocatório; II – o tratamento diferenciado e simplificado para as microempresas e empresas de pequeno porte não for vantajoso para a administração ou representar prejuízo ao conjunto ou complexo do objeto a ser contratado; III – a licitação for dispensável ou inexigível, nos termos dos arts. 24 e 25 da Lei nº 8.666, de 1993; IV – a soma dos valores licitados nos termos do diposto nos arts. 6º a 8º ultrapassar vinte e cinco por cento do orçamento disponível para contratações em cada ano civil; e V – o tratamento diferenciado e simplificado não for capaz de alcançar os objetivos previstos no art. 1º, justificadamente. Parágrafo único. Para o disposto no inciso II, considera-se não vantajosa a contratação quando resultar em preço superior ao valor estabelecido como referência. Confira o inteiro teor do decreto no ANEXO G.

parâmetro a partir do qual, por suposição, a Administração Pública Federal teria prejuízo. É o preço de referência (utilizado como estimativa de contratação para fins de prévia reserva orçamentária) que se impõe como teto, conforme previsto no parágrafo único do art. 9º.

Em verdade, essa limitação não parece encontrar amparo na Lei Complementar nº 123/2006 e, agora, interpretada junto com o novel *caput* do art. 3º da Lei nº 8.666/93 parece ensejar revisão premente porque, como visto, há mais de um interesse público, sendo o patrimonial apenas um deles. E nem mesmo é o mais importante a ser atendido, conforme o caso.

De qualquer modo, o exemplo deveria ser seguido no âmbito dos demais entes políticos e por todos os órgãos de poder, porque os dados estatísticos são objetivos e imponderáveis: quem realmente emprega no Brasil são as micro e pequenas empresas, ainda que com diminuta expressão de poderio econômico no mercado.

Não parece estranho, pois, que no próprio âmbito do Tribunal de Contas da União se esteja a discutir o desenvolvimento nacional sustentável como (terceira) finalidade da licitação e, pois, a possibilidade, ou não, de se estipular nos editais de licitação, dentre outras, a restrição de fornecimento a equipamentos de fabricação nacional a partir das alterações impostas pela Lei nº 12.349/2010.

Há precedente contemporâneo e o parecer do relator foi, na ocasião, pela constitucionalidade e pela legalidade da exigência. Pela polêmica instalada, entretanto, a determinação da Corte de Contas foi no sentido da validação excepcional do processo licitatório, proibição de ampliação de quantidades e de adesão à ata de registro de preços, suspensão de restrições como essa até decisão ulterior e constituição de grupo técnico especializado para avaliar os possíveis impactos da Lei nº 12.349/2010.[78] Em suma, a discussão está apenas no começo.

---

[78] *Sumário*: Representação. Pregão Eletrônico 1/2011. MDA. Pedido de Cautelar. Exigência de que o Produto Licitado seja de Fabricação Nacional. Oitiva Prévia. Inexistência de Irregularidade. Conhecimento. Improcedência. Comunicação. Arquivamento (...).
Proposta De Deliberação (...).
II – Da promoção do desenvolvimento nacional sustentável (...).
27. Desse modo, voltando à questão do novo *caput* do art. 3º da Lei nº 8.666, de 1993, destaco que a promoção do desenvolvimento nacional sustentável, preconizado como um dos objetivos da licitação, enseja a atuação do governo federal não apenas na área ambiental, mas também nas áreas econômica e social, por meio dos procedimentos legais autorizados para a compra de bens ou serviços. 28. Eis que o desenvolvimento sustentável, na conceituação original, exarada pela Comissão Mundial sobre Meio Ambiente e Desenvolvimento – CMMAD, em 1987 (Comissão Brundtland), envolvia a necessidade de conciliar as questões relativas ao desenvolvimento econômico com as variáveis de natureza ambiental: "é o *desenvolvimento que atende às necessidades do presente sem comprometer a possibilidade das*

## A Defesa do Meio Ambiente

No que se refere ao meio ambiente ecologicamente equilibrado e estimulado por meio das licitações públicas (e das contratações administrativas), a experiência nacional tem sido diversificada, e não pouca vez com lastro na Lei nº 6.938/1981 (da Política Nacional do Meio Ambiente), que assim determina:

> Art. 2º A Política Nacional do Meio Ambiente tem por objetivo a preservação, melhoria e recuperação da qualidade ambiental propícia

---

*futuras gerações de atenderem às suas próprias necessidades"*. 29. Ocorre que, segundo a teoria mais moderna, defendida por John Elkington (*Cannibals with forks:* the triple bottom line of 21st century business, 1999), o desenvolvimento sustentável deve envolver três pilares básicos: sustentabilidade econômica, sustentabilidade ambiental e sustentabilidade social, ou seja, as questões econômicas e sociais também devem integrar o conceito. 30. Assim, a promoção do desenvolvimento nacional sustentável, tal qual previsto na Lei de Licitações, necessariamente perpassará aspectos relativos ao desenvolvimento econômico, equidade social e proteção ao meio ambiente. (...) 31. No que se refere ao desenvolvimento nacional com sustentabilidade econômico-social, principal aspecto ao qual se vincula a licitação ora analisada, observa-se que os grandes desafios a serem vencidos pelo governo federal envolvem atualmente o estímulo à produção industrial, ao aumento da produtividade, à qualificação da mão de obra e à elevação do volume das exportações, além, é claro, da contínua e salutar preocupação com a geração de emprego e renda no País. 32. Desse modo, constata-se que a opção por máquinas de fabricação nacional insere-se perfeitamente nesse quadro, considerando-se, ainda, o efeito multiplicador na geração de emprego e renda no País, ponto exaustivamente citado na Exposição de Motivos que amparou a aprovação da Lei nº 12.349, de 2010, desde que tal opção esteja devidamente justificada no processo licitatório. 33. E aí surge outro ponto para caracterizar a pertinência e adequação da cláusula indevidamente reclamada pela representante, conforme argumentado pelo MDA. Trata-se da vinculação da aquisição de máquinas e equipamentos, de fabricação nacional, para a recuperação de estradas vicinais, no âmbito do PAC, cujos objetivos macros envolvem criação de empregos, geração de renda, aumento da produtividade nacional, modernização tecnológica e redução das desigualdades regionais e sociais, mostrando-se, portanto, em evidente conexão com a *"promoção do desenvolvimento nacional sustentável"* (...). *Acordam* os Ministros do Tribunal de Contas da União, reunidos em Sessão Plenária, diante das razões expostas pelo Relator, em: (...) 9.3. autorizar, excepcionalmente, o Ministério do Desenvolvimento Agrário (MDA) a concluir as contratações decorrentes do Pregão Eletrônico 1/2011; 9.4. determinar ao Ministério do Desenvolvimento Agrário que: 9.4.1. abstenha-se de ampliar o objeto do Pregão Eletrônico nº 1/2011, para além das 140 retroescavadeiras originalmente previstas no edital; 9.4.2. abstenha-se de autorizar a adesão de outros órgãos ou entidades à Ata de Registro de Preços decorrente do Pregão Eletrônico 1/2011; 9.4.3. abstenha-se de promover licitações, cujo objeto seja exclusivamente de fabricação nacional, até que este Tribunal delibere sobre a questão; 9.5. determinar a SEGECEX que constitua grupo de trabalho para a análise, no prazo de 60 (sessenta) dias, das repercussões geradas pela Lei nº 12.349/2010 no regime licitatório, em especial da discussão travada nos presentes autos; 9.6. enviar cópia deste Acórdão, acompanhado do Relatório e da Proposta de Deliberação que o fundamenta, à interessada e ao Ministério do Desenvolvimento Agrário; 9.7. arquivar o presente processo. 10. Ata nº 35/2011 – Plenário. 11. Data da Sessão: 24.8.2011 – Ordinária. (TCU, TC 002.481/2011-1, Min. Relator André Luis de Carvalho, Plenário, julgamento em 24 de agosto de 2011). Disponível em: <https://contas.tcu.gov.br/juris/Web/Juris/ConsultarTextual2/Jurisprudencia.faces>. Acesso: em: 05 mar. 2012.

à vida, visando assegurar, no País, condições ao desenvolvimento sócio-econômico, aos interesses da segurança nacional e à proteção da dignidade da vida humana, atendidos os seguintes princípios:

I – ação governamental na manutenção do equilíbrio ecológico, considerando o meio ambiente como um patrimônio público a ser necessariamente assegurado e protegido, tendo em vista o uso coletivo;

II – racionalização do uso do solo, do subsolo, da água e do ar; (...)

Art. 13. O Poder Executivo incentivará as atividades voltadas ao meio ambiente, visando:

I – ao desenvolvimento, no País, de pesquisas e processos tecnológicos destinados a reduzir a degradação da qualidade ambiental;

II – à fabricação de equipamentos antipoluidores;

III – a outras iniciativas que propiciem a racionalização do uso de recursos ambientais.

Parágrafo único – Os órgãos, entidades, e programas do Poder Público, destinados ao incentivo das pesquisas científicas e tecnológicas, considerarão, entre as suas metas prioritárias, o apoio aos projetos que visem a adquirir e desenvolver conhecimentos básicos e aplicáveis na área ambiental e ecológica.

O problema, contudo, é que essa lei não trouxe atrelada consigo qualquer disposição literal determinado (ou mesmo "facultando") a adoção das licitações e dos contratos administrativos de forma a auxiliar no cumprimento de seus fins. A *emergência socioambiental*,[79] somente passou a ser compreendida depois de muito tempo, e porque debatida por todo o mundo. Foi preciso sediar a discussão para que o Brasil acordasse.

*Decreto nº 6.252/2006 do Estado do Paraná*

Apenas a guisa de exemplo, dentre tantos outros,[80] e numa expressão clara de *política de governo*, o Estado do Paraná editou, em março

79 VEIGA. *A emergência socioambiental.*

80 Em São Paulo: *Decreto nº 41.629/97* (Dispõe sobre proteção do meio ambiente e do consumidor relacionada ao uso do CFC, sobre medidas de capacitação tecnológica e sobre a vedação de aquisição pelos órgãos e entidades da Administração Pública Estadual direta e indireta, de produtos ou equipamentos contendo substâncias que destroem a Camada de Ozônio – SDOs, controladas pelo Protocolo de Montreal, e dá providências correlatas) e *Decreto nº 42.836/1998* (Dispõe sobre a aquisição e locação de veículos pelas Unidades Frotistas pertencentes à Administração Direta e Indireta do Estado). Ainda, no Espírito Santo: *Decreto nº 2.087-R/2008* (Dispõe sobre diretrizes para compras e consumo sustentáveis no âmbito do Poder Executivo Estadual).

de 2006 — deliberadamente à época da realização da 8ª Conferência das Partes da Convenção sobre Diversidade Biológica (COP8) no Município de Pinhais, na Região Metropolitana de Curitiba — o Decreto nº 6.252,[81] que não teve por escopo regulamentar qualquer lei específica. De fato, muito embora tenha ele se fundado em diversas disposições normativas, com final indicação da "necessária otimização da proteção do meio ambiente, no âmbito da contratação com o Poder Público":

> *O Governador Do Estado Do Paraná*, no uso das atribuições que lhe confere o art. 87, inciso V, da Constituição Estadual e considerando:
>
> I – a competência comum da União, dos Estados, do Distrito Federal e dos Municípios de proteger o meio ambiente, norma contida no art. 23, incisos VI e VII da Constituição Federal;
>
> II – a competência concorrente entre a União, o Estado e Distrito Federal em legislar sobre matérias afetas ao meio ambiente;
>
> III – que é princípio da ordem econômica a defesa do meio ambiente, norma contida no art. 174, §3º, da Constituição Federal;
>
> IV – os termos do art. 225 da Constituição Federal, o qual dispõe que todos têm direito ao meio ambiente ecologicamente equilibrado, bem de uso comum do povo e essencial à sadia qualidade de vida, impondo-se ao Poder Público e à coletividade o dever de defendê-lo e preservá-lo para as presentes e futuras gerações, em prol do desenvolvimento sustentável;
>
> V – o disposto no art. 225, §1º, em especial, os incisos II a IV, V e VII da Constituição Federal, que atribuem ao Poder Público o dever de assegurar a efetividade do direito ao meio ambiente; preservar a diversidade e a integridade do patrimônio genético do Pais; fiscalizar as entidades dedicadas à pesquisa e manipulação de material genético; exigir, na forma da Lei, para instalação de obra ou atividade potencialmente causadora de significativa degradação do meio ambiente, estudo prévio de impacto ambiental; controlar a produção, a comercialização e o emprego de técnicas, métodos e substâncias que comportem risco para a vida, a qualidade de vida e o meio ambiente, bem como proteger a fauna e flora;
>
> VI – os princípios da Declaração do Rio, em especial: princípio 3 "o desenvolvimento deve ser promovido de forma a garantir as necessidades das presentes e futuras gerações"; o princípio 4 "a proteção ambiental deve ser considerada parte integral do processo de desenvolvimento", o princípio 8 "os Estados devem reduzir e eliminar padrões de consumo e produção considerados insustentáveis" e o princípio 11 "os países devem promover a adoção de leis ambientais";

---

[81] Confira o decreto no ANEXO H.

VII – a disposição do art. 13 da Lei de Política Nacional do Meio Ambiente (Lei Federal nº 6.938/81) no sentido de que o Poder Executivo deve incentivar as atividades voltadas ao meio ambiente, visando ao desenvolvimento, no País, de pesquisas que propiciem a racionalização do uso de equipamentos antipoluidores; e outras iniciativas que propiciem a racionalização do uso de recursos ambientais; e

VIII – a necessária otimização da proteção do meio ambiente, no âmbito da contratação com o Poder Público, (...).

Na oportunidade, a *determinação político-hierárquica* ensejou várias críticas, especialmente porque o decreto criava restrições de aceitabilidade de produtos, proibindo a aquisição de alguns, por seus efeitos negativos ao meio ambiente, e obrigando a adoção de outros. E mais uma vez veio à baila a questão do prejuízo, potencial ou real, à isonomia de tratamento entre os potenciais licitantes e à vantajosidade das propostas econômico-financeira, porque dirigidas a produtos e serviços sabidamente "mais onerosos".

No decreto estipulou-se (i) a adoção de fatores ambientais para fins de seleção da proposta mais vantajosa; (ii) o instrumento convocatório, ao especificar tecnicamente os produtos a serem adquiridos, poderá exigir a utilização de materiais específicos que contribuam com o uso do objeto de forma sustentável; (iii) a sustentabilidade ambiental dos bens e serviços propostos seria eventual fator de desempate; (iv) a obrigatória aquisição de (a) lâmpadas de alto rendimento e que apresentem o menor teor de mercúrio dentre aquelas disponíveis no mercado, (b) cabos e fios de alta eficiência elétrica e baixo teor de chumbo e policloreto de vinila (PVC), já disponíveis no mercado, (c) papel não clorado correspondente a 30% (trinta por cento) da quantidade total de papéis A4 (210mm x 297mm) adquiridos pela Administração; (v) a proibição de aquisição de alimentos e de ingredientes alimentares que contenham ou sejam produzidos a partir de organismos geneticamente modificados ou de animais alimentados com ração contendo ingrediente transgênico.

Mas a questão da verificação, com profundidade, da legalidade e mesmo da constitucionalidade dessas disposições, repita-se, não cabe nesta discussão, quando se pretende destacar o "poder de compra" estatal como indutor do mercado.

Explica-se: com essa discriminação positiva e negativa de bens passíveis de aquisição — mediante priorização de bens e serviços socioambientalmente qualificados e, ainda, por estipulação de vantagens conferidas a partir de critérios combinados (de preço e de sustentabilidade)

para aferição da proposta mais vantajosa — assim se informou aos potenciais parceiros o que o Estado, por opção política, estava disposto a adquirir e, ao mesmo tempo, o que se negava a receber.

Logo, por meio desse decreto, o governo soube muito bem impulsionar o mercado rumo à ecossocioeconomia, na exata medida em que somente os adaptados voluntariamente a essa nova realidade é que poderiam ser parceiros da grande compradora Administração Pública Estadual.

E nesta bem demarcada perspectiva, a discussão jurídica acerca da conformidade do decreto ao Direito, como um todo, torna-se quase marginal, o que se vê ainda mais reforçado pela falta de notícia de sua revogação ou mesmo de suspensão dos seus efeitos a qualquer título. Some-se a isso, por evidente o fato de que o desenvolvimento constitui direito e que há um direito fundamental ao desenvolvimento. Neste sítio, a atitude administrativa voltada à sua promoção parece ter melhormente realizado aquilo que seria atribuição ordinária do legislador, donde, pois, não vemos qualquer óbice à sua legitimidade.[82]

*Lei nº 3.135/2007 do Estado do Amazonas*

A lei de 2007,[83] por sua vez, deu um salto de qualidade e de estabilidade à questão ambiental. Por meio dela, o Estado do Amazonas (e não apenas o governo amazonense) decidiu incrementar o desenvolvimento conferindo função social às licitações, e o fez aproveitando a instituição de uma Política Estadual sobre Mudanças Climáticas, Conservação Ambiental e Desenvolvimento Sustentável.

Seu destaque, entretanto, não deriva exatamente disso. Foi a previsão legal de que "as licitações para aquisição de produtos e serviços, pelo Estado do Amazonas poderão exigir dos licitantes, no que

[82] Por dever de lealdade, contudo, e pela qualidade do escrito, confira posição diversa: "A atividade de fomento, enquanto atividade administrativa, deve estar submetida ao regime jurídico administrativo, que no Brasil deriva diretamente da Constituição. Assim, a atividade de fomento submete-se aos princípios da legalidade, impessoalidade, moralidade, publicidade e eficiência (art. 37, *caput*, redação da EC 19), além da motivação (art. 93, X), da igualdade e da finalidade, entre outros. A Atividade de fomento, como espécie de atividade administrativa, deve obedecer a todos os princípios que orientam a atividade administrativa. Daí a razão pela qual a atividade de fomento deve ser prevista em lei, não se admitindo como válida a atividade de fomento não estipulada por lei, mas tão-somente por regulamento ou ato administrativo" (ROCHA. *Terceiro setor*, p. 27-31). Demais disso, a previsão normativa que o fomento estatal exige é, exatamente, a aberta, porque o interesse público varia conforme o local, as circunstâncias e o próprio tempo. Logo, não poderá a lei engessar aquilo que o interesse público reclama de liberdade.

[83] A porção da lei que trata das licitações encontra-se disponível no ANEXO I.

couber, *certificação reconhecida pelo Estado*, nos termos do edital ou do instrumento convocatório, *que comprove a efetiva conformidade do licitante à Política Estadual de Mudanças Climáticas, Conservação Ambiental e Desenvolvimento Sustentável*", como assim disciplinada, que ganhou importância extraordinária:

> Art. 25. As licitações para aquisição de produtos e serviços, pelo Estado do Amazonas poderão exigir dos licitantes, no que couber, certificação reconhecida pelo Estado, nos termos do edital ou do instrumento convocatório, que comprove a efetiva conformidade do licitante à Política Estadual de Mudanças Climáticas, Conservação Ambiental e Desenvolvimento Sustentável.

Assim, uma nova celeuma restou instalada, porquanto a Lei nº 8.666/93 não tenha previsão (ainda), nos seus artigos 27 e seguintes, de certificação ambiental como requisito para participação nos procedimentos licitatórios, e nem mesmo depois da modificação ocorrida em 2010. E a dúvida é consistente, porque os requisitos de habilitação nela estipulados são assumidos como "normas gerais", de sorte a haver aparente colisão da LGL com a Lei do Estado do Amazonas.

E quando eventualmente provocado, o Poder Judiciário não tem se mostrado solícito a inovações restritivas desarrazoadas, mesmo quando decorrentes de lei. A expectativa decisória é sempre a mesma: a diminuição do caráter competitivo tem de ser justificada por um interesse público relevante, que se realiza por meio da discriminação, sob pena de inconstitucionalidade ou de ilegalidade.[84]

Mas o meio ambiente é o meio ambiente, que por determinação constitucional deve ser protegido faticamente pela União, pelos Estados, pelo Distrito Federal e pelos Municípios, aos quais compete, igualmente, combater a poluição em qualquer de suas formas (art. 23, inciso VI). O mesmo se diga em relação à competência legislativa concorrente da

---

[84] *Ementa*: Licitação Pública. Concorrência. Aquisição de bens. Veículos para uso oficial. Exigência de que sejam produzidos no Estado-membro. Condição compulsória de acesso. Art. 1º da Lei nº 12.204/98, do Estado do Paraná, com a redação da Lei nº 13.571/2002. Discriminação arbitrária. Violação ao princípio da isonomia ou da igualdade. Ofensa ao art. 19, II, da vigente Constituição da República. Inconstitucionalidade declarada. Ação direta julgada, em parte, procedente. Precedentes do Supremo. É inconstitucional a lei estadual que estabeleça como condição de acesso a licitação pública, para aquisição de bens ou serviços, que a empresa licitante tenha a fábrica ou sede no Estado-membro. (ADI 3583, Relator Min. Cezar Peluso, Tribunal Pleno, julgado em 21.02.2008, publicado em 14.03.2008). Disponível em: <http://www.stf.jus.br/portal/jurisprudencia/visualizarEmenta.asp?s1=000088448&base=baseAcordaos>. Acesso em: 28 fev. 2012.

União, dos Estados e do Distrito Federal para tratar do assunto (art. 24, inciso VI), que jamais fugiria da atuação normativa reservada aos Municípios para tratar do interesse local (art. 30, inciso I).

Por tudo isso é de se supor que a certificação ambiental, eventualmente exigida ou autorizada por lei, no âmbito dos diversos entes políticos, venha a ser assimilada com maior facilidade pelas Cortes de Contas e de Justiça.

*Lei 12.187/2009 – Institui a Política Nacional sobre a Mudança do Clima (PNMC)*[85]

No final de 2009 foi instituída a Política Nacional de Mudança Climática, cujos objetivos, diz a lei, devem "estar em consonância com o desenvolvimento sustentável a fim de buscar o crescimento econômico, a erradicação da pobreza e a redução das desigualdades sociais" (parágrafo único do art. 4º).

Isto considerado, a compreensão dos instrumentos da PNMC fica facilitada, restando pouca ou nenhuma dúvida acerca do contido no inciso XII do seu art. 6º: "as medidas existentes, ou a serem criadas, que estimulem o desenvolvimento de processos e tecnologias, que contribuam para a redução de emissões e remoções de gases de efeito estufa, bem como para a adaptação, dentre as quais *o estabelecimento de critérios de preferência nas licitações e concorrências públicas*, compreendidas aí as parcerias público-privadas e a autorização, permissão, outorga e concessão para exploração de serviços públicos e recursos naturais, para as propostas que propiciem maior economia de energia, água e outros recursos naturais e redução da emissão de gases de efeito estufa e de resíduos".

E o cotejo dessa previsão com a nova finalidade legal das licitações conduz a um único resultado: o sistema jurídico das licitações no Brasil reclama interpretação e aplicação, sistemático-teleológica, de todos os atos normativos versando sobre o tema, estejam eles contidos na Constituição da República, na LGL, em leis estaduais ou municipais específicas (tratando apenas de licitações)[86] ou esparsas (versando também sobre procedimentos licitatórios) e, ainda, em decretos (regulamentares – para fiel execução da lei, ou não) e afins.

---

[85] Consulte a lei no ANEXO J.

[86] *Bahia*: Lei nº 9.433/2005; *Paraná*: Lei nº 15.608/2007; *São Paulo*: Lei nº 13.121/2008 (que alterou a Lei nº 6.544/1989); *Sergipe*: Lei nº 5.848/2006 etc.

Ou seja, a promoção do desenvolvimento nacional sustentável por meio dos processos licitatórios pode e deve encontrar respaldo adicional na Lei nº 12.187/2009, porque a ela induvidosamente afeiçoado.

*Instrução Normativa nº 01/SLTI/MPOG, de 19 de janeiro de 2010*

Em janeiro de 2010, a Administração Pública Federal, por meio da Secretaria de Logística e Tecnologia da Informação do Ministério do Planejamento, Orçamento e Gestão dispôs normativamente acerca dos critérios de sustentabilidade ambiental na aquisição de bens, contratação de serviços ou obras pela Administração Pública Federal direta, autárquica e fundacional e dá outras providências.

E o fez pela Instrução Normativa nº 01/2010,[87] que colocou o tema da sustentabilidade (*ambiental*) na pauta de todos os responsáveis por licitação no âmbito federal. Portanto, ela teve por escopo direcionar o comportamento administrativo, criando padrões de sustentabilidade ambiental a serem compulsoriamente agregados aos instrumentos convocatórios, os quais encontram eco na instituição da política nacional de resíduos sólidos.

Demais disso, situação similar foi posta em teste no Estado de Minas Gerais, quando o Poder Judiciário, uma vez provocado, reiterou que o Poder Executivo pode exercer sua competência regulamentar inovando, ainda que sem caráter inicial, mas garantindo fiel execução à determinação constitucional de preservação do meio ambiente.[88]

Melhor dizendo, há largo espaço para tratamento normativo infralegal do desenvolvimento nacional sustentável. E que configura um dever-poder; não uma faculdade.

---

87 O inteiro teor da instrução normativa encontra-se no ANEXO K.

88 *Ementa*: Apelação cível. Ação anulatória. Decisão de inabilitação em pregão. Exigência de licenciamento ambiental. Decreto nº 44.122/05. Litigância de má-fé. Ausência de Comprovação. No exercício de sua competência regulamentar, o Poder Executivo poderá exigir a apresentação de licenciamento ambiental para habilitação de empresa em licitação para aquisição de bens móveis, já que se afigura exigência de qualificação técnica que não implica discriminação injustificada entre os concorrentes, assegura a igualdade de condições entre eles e retrata o cumprimento do dever constitucional de preservação do meio ambiente. A Administração Pública, além de observar a igualdade de condições a todos os concorrentes, também atenderá aos princípios da vinculação ao instrumento convocatório e do julgamento objetivo (art.3º, Lei nº 8.666/93). A aplicação da pena por litigância de má-fé deve ser dada apenas nos casos de induvidosa prática de dolo processual. Recursos conhecidos mas não providos (TJMG, Apelação Cível nº 1.0024.06.935535-2/003, 3ª C. Cível, Relatora Des. Albergaria Costa, julgado em 25.10.2007, publicado em 06.12.2007). Disponível em: <http://www.tjmg.jus.br/juridico/jt_/juris_resultado.jsp?numeroCNJ=&dvCNJ=&anoCNJ=&origemCNJ=&tipoTribunal=1&comrCodigo=0024&ano=06&txt_processo=935535&dv=2&complemento=003&acordaoEmenta=acordao&palavrasConsulta=&tipoFiltro=and&orderBy>. Acesso em: 28 fev. 2012.

*Lei nº 12.305/2010 – Institui a Política Nacional de Resíduos Sólidos*

Em reforço, como dito, seguiu-se a lei que trata dos Resíduos Sólidos,[89] aquela maximizadora da cautela ambiental em seara administrativa e que chegou a fixar conceitos normativos, dentre os quais os de "padrões sustentáveis de produção e consumo: produção e consumo de bens e serviços de forma a atender as necessidades das atuais gerações e permitir melhores condições de vida, sem comprometer a qualidade ambiental e o atendimento das necessidades das gerações futuras" (inciso XIII do art. 3º).

Ou seja, ela veio, pelo menos em tese, a auxiliar o agente administrativo, buscando esclarecer dúvidas acerca dos padrões de sustentabilidade ambiental exigíveis no campo das licitações públicas. Não que as tenha resolvido uma a uma, mas oferecendo um norte para o processo de interpretação e aplicação do Direito.

Registre-se, pois, o que especialmente consta do seu artigo 7º, que explicita os objetivos da PNRS: "São objetivos da Política Nacional de Resíduos Sólidos: (...) XI – prioridade, nas aquisições e contratações governamentais, para: (a) produtos reciclados e recicláveis; (b) bens, serviços e obras que considerem critérios compatíveis com padrões de consumo social e ambientalmente sustentáveis; XII – integração dos catadores de materiais reutilizáveis e recicláveis nas ações que envolvam a responsabilidade compartilhada pelo ciclo de vida dos produtos; XIII – estímulo à implementação da avaliação do ciclo de vida do produto; XIV – incentivo ao desenvolvimento de sistemas de gestão ambiental e empresarial voltados para a melhoria dos processos produtivos e ao reaproveitamento dos resíduos sólidos, incluídos a recuperação e o aproveitamento energético; XV – estímulo à rotulagem ambiental e ao consumo sustentável".

E, ainda antes, em seu art. 6º, a lei tratou de indicar os princípios que fundamentam referida política, merecendo destaque os seguintes: (i) a prevenção e a precaução; (ii) o poluidor-pagador e o protetor-recebedor; (iii) a visão sistêmica, na gestão dos resíduos sólidos, que considere as variáveis ambiental, social, cultural, econômica, tecnológica e de saúde pública; (iv) o desenvolvimento sustentável; (v) a ecoeficiência, mediante a compatibilização entre o fornecimento, a preços competitivos, de bens e serviços qualificados que satisfaçam as necessidades humanas e tragam qualidade de vida e a redução do impacto ambiental e do consumo de recursos naturais a um nível, no

[89] Confira o ANEXO L.

mínimo, equivalente à capacidade de sustentação estimada do planeta; e (vi) a cooperação entre as diferentes esferas do poder público, o setor empresarial e demais segmentos da sociedade.

Em síntese, o reforço legal da *função social* da licitação (e da contratação administrativa) em matéria de sustentabilidade ambiental não se fez posterior à Lei nº 12.349/2010. Ao revés, o precedeu, tanto no bojo da PNMC como da PNRS. O que falta é dar fiel cumprimento às leis, porque, enfim,

> Disso resulta, com exata dose de prudência, autêntica mudança paradigmática: os princípios da precaução e da prevenção, vivenciados com ânimo de produzir homeostase, abrem espaço obrigatório para o cumprimento responsável e tempestivo da Agenda da Sustentabilidade.
>
> Força, então, incorporar a noção de responsabilidade multidimensional (ética, social, jurídico-política, ambiental e econômica) do Estado por ações e omissões, a quem incumbe a prova das eventuais excludentes. De sorte a evoluir para uma performance estatal que cuide da salvaguarda intertemporal dos direitos fundamentais relacionados ao ambiente saudável (...).[90]

*Lei nº 12.462/2011 – Institui o Regime Diferenciado de Contratações Públicas (RDC) etc.*

Para encerrar o estudo da maximização da responsabilidade ambiental por meio das licitações públicas e, ademais, em reforço (e acréscimo) à nova finalidade legal a elas conferida compulsoriamente pela Lei nº 12.349/2010, traz-se à brevíssima reflexão a lei que institui o Regime Diferenciado de Contratações Públicas (RDC). Regime esse que vem anunciado como submetido aos princípios licitatórios de praxe, mas aos quais se faz somar o do "desenvolvimento nacional sustentável". Perceba-se, então: no âmbito de aplicabilidade do RDC o desenvolvimento nacional (sustentável) não configura "apenas" finalidade legal da licitação, passa à condição de princípio, com vocação normativa e informativa, daquelas que *orienta* a interpretação e aplicação das demais regras jurídicas.

De seu teor é possível referir como especialmente importante, ainda, o fato de ter sido prevista, em caráter extraordinário, a sustentabilidade ambiental como requisito "na forma da legislação

---

[90] FREITAS. *Sustentabilidade*: direito ao futuro, p. 317.

aplicável",[91] o que reaviva em parte o imbróglio trazido por lei estadual prevendo certificação ambiental como requisito de habilitação.

A diferença reside "apenas" no fato de o RDC provir da União, porque ele similarmente não tem *status* de norma geral — quer porque tem aplicabilidade "temporária", quer pelo fato de não ser aplicável, indistintamente, a todos os entes políticos e em quaisquer certames. *In casu* União, Estados e Municípios somente podem realizar licitações e

---

[91] Lei nº 12.462/2011 (RDC)
Art. 3º As licitações e contratações realizadas em conformidade com o RDC deverão observar os princípios da legalidade, da impessoalidade, da moralidade, da igualdade, da publicidade, da eficiência, da probidade administrativa, da economicidade, do *desenvolvimento nacional sustentável*, da vinculação ao instrumento convocatório e do julgamento objetivo.
Art. 4º Nas licitações e contratos de que trata esta Lei serão observadas as seguintes diretrizes: I – padronização do objeto da contratação relativamente às especificações técnicas e de desempenho e, quando for o caso, às condições de manutenção, assistência técnica e de garantia oferecidas; II – padronização de instrumentos convocatórios e minutas de contratos, previamente aprovados pelo órgão jurídico competente; III – *busca da maior vantagem para a administração pública, considerando custos e benefícios, diretos e indiretos, de natureza* econômica, social ou *ambiental, inclusive os relativos à manutenção, ao desfazimento de bens e resíduos*, ao índice de depreciação econômica e a outros fatores de igual relevância; IV – condições de aquisição, de seguros e de pagamento compatíveis com as do setor privado, inclusive mediante pagamento de remuneração variável conforme desempenho, na forma do art. 10 desta Lei; V – utilização, sempre que possível, nas planilhas de custos constantes das propostas oferecidas pelos licitantes, de mão de obra, materiais, tecnologias e matérias-primas existentes no local da execução, conservação e operação do bem, serviço ou obra, desde que não se produzam prejuízos à eficiência na execução do respectivo objeto e que seja respeitado o limite do orçamento estimado para a contratação; e VI – parcelamento do objeto, visando à ampla participação de licitantes, sem perda de economia de escala. §1º As contratações realizadas com base no RDC devem respeitar, especialmente, as normas relativas à: I – *disposição final ambientalmente adequada dos resíduos sólidos gerados pelas obras contratadas*; II – *mitigação por condicionantes e compensação ambiental*, que serão definidas no procedimento de licenciamento ambiental; III – *utilização de produtos, equipamentos e serviços que, comprovadamente, reduzam o consumo de energia e recursos naturais*; IV – avaliação de impactos de vizinhança, na forma da legislação urbanística; V – proteção do patrimônio cultural, histórico, arqueológico e imaterial, inclusive por meio da avaliação do impacto direto ou indireto causado pelas obras contratadas; e VI – acessibilidade para o uso por pessoas com deficiência ou com mobilidade reduzida. §2º O impacto negativo sobre os bens do patrimônio cultural, histórico, arqueológico e imaterial tombados deverá ser compensado por meio de medidas determinadas pela autoridade responsável, na forma da legislação aplicável (...).
Art. 14. Na fase de habilitação das licitações realizadas em conformidade com esta Lei, aplicar-se-á, no que couber, o disposto nos arts. 27 a 33 da Lei nº 8.666, de 21 de junho de 1993, observado o seguinte: I – poderá ser exigida dos licitantes a declaração de que atendem aos requisitos de habilitação; II – será exigida a apresentação dos documentos de habilitação apenas pelo licitante vencedor, exceto no caso de inversão de fases; III – no caso de inversão de fases, só serão recebidas as propostas dos licitantes previamente habilitados; e IV – em qualquer caso, os documentos relativos à regularidade fiscal poderão ser exigidos em momento posterior ao julgamento das propostas, apenas em relação ao licitante mais bem classificado. Parágrafo único. Nas licitações disciplinadas pelo RDC: I – será admitida a participação de licitantes sob a forma de consórcio, conforme estabelecido em regulamento; e II – *poderão ser exigidos requisitos de sustentabilidade ambiental, na forma da legislação aplicável* (grifos nossos). Consulte a lei no ANEXO M.

firmar contratos com lastro no RDC desde que enquadrados na moldura política e geográfica insculpida nos incisos I a III do art. 1º da lei especial.

De conseguinte, o Regime Diferenciado de Contratações Públicas não pode, em tese, contrariar o disposto na LGL relativamente aos predicados que os proponentes devem ostentar para fins de participação nos processos licitatórios. Em suma, e simplificando, parece haver colisão entre o rol taxativo previsto no art. 27, e disciplinado nos seguintes, da mesma Lei nº 8.666/93 e o art. 14 da Lei nº 12.462/2011, de sorte que a exigência de certificação ambiental como um particularizado requisito de habilitação há de aguardar uma (futura) lei que: (a) se aplique de forma atemporal; (b) com o deliberado caráter de "norma geral",[92] (c) a todos os entes políticos; (d) de modo a mais bem atender aos reclamos próprios do regime jurídico das licitações como genericamente reconhecido e vocacionado para a promoção do desenvolvimento nacional ecologicamente sustentado.

Alternativamente, poderá ele ser aplicado no âmbito dos Estados-Membros e dos Municípios que, por exemplo, tenham incorporado em sua legislação o acesso às licitações sujeito ao crivo da proteção e da prevenção em matéria ambiental, como o Estado do Amazonas.[93]

O que importa, todavia, é reconhecer que o RDC se somou às demais leis anteriores à Lei nº 12.349/2010, e, similarmente, deu mais um passo na direção do desenvolvimento nacional sustentável.

---

[92] Para facilitar a compreensão, lembre-se que a Lei nº 10.520/2002 instituiu "no âmbito da União, Estados, Distrito Federal e Municípios, nos termos do art. 37, inciso XXI, da Constituição Federal, modalidade de licitação denominada pregão", consoante se extrai do próprio Diário Oficial.

[93] Por dever de lealdade, contudo, é de se anotar que o E. Supremo Tribunal Federal já decidiu diversamente, muito embora a questão não tratasse do meio ambiente. De qualquer modo, fica o alerta.

*Ementa:* Ação direta de inconstitucionalidade: L. Distrital 3.705, de 21.11.2005, que cria restrições a empresas que discriminarem na contratação de mão-de-obra: inconstitucionalidade declarada. 1. Ofensa à competência privativa da União para legislar sobre normas gerais de licitação e contratação administrativa, em todas as modalidades, para as administrações públicas diretas, autárquicas e fundacionais de todos os entes da Federação (CF, art. 22, XXVII) e para dispor sobre Direito do Trabalho e inspeção do trabalho (CF, arts. 21, XXIV e 22, I). 2. Afronta ao art. 37, XXI, da Constituição da República – norma de observância compulsória pelas ordens locais – segundo o qual a disciplina legal das licitações há de assegurar a "igualdade de condições de todos os concorrentes", o que é incompatível com a proibição de licitar em função de um critério – o da discriminação de empregados inscritos em cadastros restritivos de crédito –, que não tem pertinência com a exigência de garantia do cumprimento do contrato objeto do concurso (ADI 3670, Relator: Min. Sepúlveda Pertence, Tribunal Pleno, julgado em 02.04.2007, publicado em 18.05.2007). Disponível em: <http://www.stf.jus.br/portal/jurisprudencia/visualizarEmenta.asp?s1=000006438&base=baseAcordaos>. Acesso em: 28 fev. 2012.

Pensando bem, não foi apenas um passo; a ele se somou um salto — e triplo.

*Da Remuneração Variável*

Em primeiro lugar porque a lei prevê, em seu artigo 10, que "na contratação das obras e serviços, inclusive de engenharia, poderá ser estabelecida remuneração variável vinculada ao desempenho da contratada, com base em metas, padrões de qualidade, critérios de sustentabilidade ambiental e prazo de entrega definidos no instrumento convocatório e no contrato".

Com essa estipulação há evidente avanço na busca por um futuro ambientalmente equilibrado, porquanto se possa cogitar de incremento na remuneração do contratado a partir da energia economizada, mediante consideração de fontes alternativas de energia, como a solar, e melhor aproveitamento de luz. Destarte, aquilo que poderia parecer um ônus para a Administração ou mesmo para os usuários do serviço, do ponto de vista estritamente econômico, pode acabar por configurar uma repartição, por breve tempo, das vantagens permanentes advindas de um projeto e de uma obra ambientalmente adequada.

*Da pré-qualificação e da "reserva de mercado" aos pré-qualificados*

De outra banda, o RDC cria a chamada pré-qualificação (técnica) "permanente"[94] de fornecedores (subjetiva) e de bens (objetiva), numa avaliação feita mediante processo administrativo convocado para esse específico fim e que precede as licitações propriamente ditas.

Seu objetivo é reconhecer e atestar, *a priori*, a qualificação técnica dos proponentes e a qualidade técnica dos produtos, respectivamente simplificando a fase ordinária de habilitação e a classificação das propostas técnicas, evitando a solicitação de amostras para confirmação do

---

[94] Lei nº 12.462/2011 (RDC)
Art. 30. Considera-se pré-qualificação permanente o procedimento anterior à licitação destinado a identificar: I – fornecedores que reúnam condições de habilitação exigidas para o fornecimento de bem ou a execução de serviço ou obra nos prazos, locais e condições previamente estabelecidos; e II – bens que atendam às exigências técnicas e de qualidade da administração pública. §1º O procedimento de pré-qualificação ficará permanentemente aberto para a inscrição dos eventuais interessados. §2º A administração pública poderá realizar licitação restrita aos pré-qualificados, nas condições estabelecidas em regulamento. §3º A pré-qualificação poderá ser efetuada nos grupos ou segmentos, segundo as especialidades dos fornecedores. §4º A pré-qualificação poderá ser parcial ou total, contendo alguns ou todos os requisitos de habilitação ou técnicos necessários à contratação, assegurada, em qualquer hipótese, a igualdade de condições entre os concorrentes. §5º A pré-qualificação terá validade de 1 (um) ano, no máximo, podendo ser atualizada a qualquer tempo.

atendimento de requisitos. A pré-qualificação dos fornecedores permite, ainda, aferir a aptidão técnica de fornecimento de bens, execução de obras ou prestação de serviços "nos prazos, locais e condições previamente estabelecidos", possibilitando um grau de detalhamento da aptidão técnica exigida — para futura execução de objetos específicos —, dantes impensável.

Daí que a pré-qualificação subjetiva somada ao prévio cadastramento dos potenciais fornecedores (que comprova a habilitação jurídica, a qualificação econômico-financeira e a regularidade fiscal), por exemplo, torna a licitação por demais simples, concentrando a disputa apenas na proposta técnico-comercial. E se o objeto for também restrito a bens pré-qualificados, então a disputa se resumirá à verificação da vantajosidade econômica das propostas comerciais, numa cadeia de simplificação de rotinas e de otimização de tempo compatíveis com a celeridade que as obras do RDC estão a exigir.

O que se dirá, então, das licitações para fornecimento, exclusivamente por empresas pré-qualificadas, de bens pré-qualificados. Contudo, pelo sucessivo efeito de restrição do universo de proponentes e de objetos, a cautela com a isonomia deverá ser, por evidente, exemplar, até mesmo porque, repita-se, a finalidade da licitação (mesmo no RDC) continua tripartite: garantir a isonomia de tratamento, propiciar a seleção da proposta mais vantajosa e promover o desenvolvimento nacional sustentável.

Logo, se à pré-qualificação se somarem critérios ambientais, subjetivos e objetivos, então o desenvolvimento nacional (sustentável) poderá ser vislumbrado como regra e não mais como exceção elogiosa. Aliás, tudo indica que assim deva ser, porque, relembre-se, o desenvolvimento sustentável também foi alçado à condição de princípio relativamente ao regime diferenciado de contratações.

*Do catálogo eletrônico de bens, serviços e obras*

Ultimando o salto de qualidade, a indicação legal[95] da futura existência de um catálogo eletrônico de padronização de compras,

---

[95] RDC
Art. 33. O catálogo eletrônico de padronização de compras, serviços e obras consiste em sistema informatizado, de gerenciamento centralizado, destinado a permitir a padronização dos itens a serem adquiridos pela administração pública que estarão disponíveis para a realização de licitação. Parágrafo único. O catálogo referido no *caput* deste artigo poderá ser utilizado em licitações cujo critério de julgamento seja a oferta de menor preço ou de maior desconto e conterá toda a documentação e procedimentos da fase interna da licitação, assim como as especificações dos respectivos objetos, conforme disposto em regulamento.

serviços e obras — que evidentemente deverá se afeiçoar ao princípio do desenvolvimento nacional sustentável — traz a esperança de que, por ocasião da sua construção, os fatores ambientais sejam efetivamente considerados e exigidos.

Reforça esse entendimento o fato de o Decreto nº 7.581/2011, que regulamenta o RDC, ter atribuído à Secretaria de Logística e Tecnologia da Informação do MPOG o gerenciamento, de forma centralizada, do catálogo,[96] aquele mesmo órgão que já deu evidentes sinais de preocupação com as leis e o Direito (por meio da IN nº 01/2010), mormente no que atina ao meio ambiente ecologicamente equilibrado, para a presente e para as futuras gerações. E mesmo que referido catálogo eletrônico não traga consigo efeitos vinculantes, no sentido de sua compulsória adoção, nada impede que assim se dê a partir "da decisão que produziu a padronização".[97]

Anote-se, por derradeiro, que no mundo inteiro a realidade não é outra, e a utilização do poder de compra governamental para induzir o mercado na direção do desenvolvimento "ecologicamente equilibrado" tem se ampliado sobremaneira.[98] Ou seja, ao que tudo indica o Brasil caminha na direção certa e a passos largos.

---

[96] Decreto nº 7.581/2011 – Regulamenta o Regime Diferenciado de Contratações Públicas – RDC, de que trata a Lei nº 12.462, de 5 de agosto de 2011.
Do Catálogo Eletrônico de Padronização
Art. 109. O Catálogo Eletrônico de Padronização é o sistema informatizado destinado à padronização de bens, serviços e obras a serem adquiridos ou contratados pela administração pública. Parágrafo único. O Catálogo Eletrônico de Padronização será gerenciado de forma centralizada pela Secretaria de Logística e Tecnologia da Informação do Ministério do Planejamento, Orçamento e Gestão.
Art. 110. O Catálogo Eletrônico de Padronização conterá: I – a especificação de bens, serviços ou obras; II – descrição de requisitos de habilitação de licitantes, conforme o objeto da licitação; e III – modelos de: (a) instrumentos convocatórios; (b) minutas de contratos; (c) termos de referência e projetos referência; e (d) outros documentos necessários ao procedimento de licitação que possam ser padronizados. §1º O Catálogo Eletrônico de Padronização será destinado especificamente a bens, serviços e obras que possam ser adquiridos ou contratados pela administração pública pelo critério de julgamento menor preço ou maior desconto. §2º O projeto básico da licitação será obtido a partir da adaptação do "projeto de referência" às peculiaridades do local onde a obra será realizada, considerando aspectos relativos ao solo e à topografia do terreno, bem como aos preços dos insumos da região que será implantado o empreendimento. Disponível em: <http://www.planalto.gov.br/ccivil_03/_Ato2011-2014/2011/Decreto/D7581.htm>. Acesso em: 12 mar. 2012.

[97] JUSTEN FILHO. Catálogo eletrônico de padronização. *In*: JUSTEN FILHO; PEREIRA, (Coord.). *O regime diferenciado de contratações públicas (RDC)*: comentários à Lei nº 12.462 e ao Decreto nº 7.581, p. 360.

[98] *Compras sustentáveis no direito comparado.*
A globalização, ao conduzir a uma constante e crescente integração das economias e das sociedades dos mais diversos países, também favoreceu o agravamento dos problemas ambientais no mundo; trouxe inúmeras mudanças nas perspectivas dos países em relação

à busca de uma maior sustentabilidade, refletindo diretamente na legislação dos países. A análise do direito estrangeiro tem apresentado resultados bastante positivos e tem auxiliado na alteração da normatização; viabilizando, pela comparação e pela experiência prática, uma melhor compreensão da tendência regulatória acerca das mudanças de padrão de produção e consumo além do papel dos Estados na promoção dessas modificações. Desde o ano de 2004, circula na União Europeia o Manual Europeu sobre compras verdes na Administração Pública, o qual contém orientação com os critérios ecológicos para 189 tipologias de bens e serviços, com as diretrizes que devem ser inseridas nos editais de licitação. Incentiva também a capacitação dos servidores públicos envolvidos, além de informar aos fornecedores sobre a conversão para os padrões ecológicos exigidos. Constata-se que é uma experiência viável e que exerce um papel importante no incentivo para a ampliação de mercados sustentáveis, uma vez que a prática da licitação sustentável já é realidade em vários países.

*União Europeia*

Em março de 2004, a União Europeia aprovou a Diretiva 2004/18/CE, que reorganiza todas as disposições da comunidade relativas às licitações públicas; tais diretrizes deverão integrar o rol das normas internas dos países até o final de 2007. No mesmo sentido foram aprovadas restrições nas licitações de forma que se orientem para o desenvolvimento sustentável. A diretiva permite que a Administração Pública exija dos participantes da licitação a comprovação de condições especiais, que considerem questões sociais e ambientais. Para Giovanni Barontini, o objetivo é que o poder de compra do Estado venha a ser um poderoso veículo de desenvolvimento; ele defende a inclusão de uma norma específica com a inclusão expressa da exigência do critério sustentabilidade nos processos licitatórios, evitando assim que possam ocorrer situações de competição desigual. Os contratos públicos representam 16% do PIB comunitário europeu; constituindo, em média, 12% do PIB dos Estados-Membros, alcançando 17% na Itália e 19% na França, sendo que na Suécia, as compras públicas movimentam cerca de 33% do PIB do País.

*África do Sul*

O governo da África do Sul vem implantando mecanismos que incentivam a demanda responsável com a produção sustentável, utilizando serviços e produtos que sejam realizados de forma apropriada e que respeitem o meio ambiente. Um dos pontos mais marcantes do programa é o incentivo para a utilização de energia renovável — *renewable energye* e de energia limpa — *clean energy*. A gasolina com chumbo, que era usada em todos os países da África, no final de 2005, com a ajuda da Parceria para Veículos e Combustíveis Limpos, os 49 países daquela região pararam de refinar e importar tal gasolina com chumbo. Essa mudança terá impacto significativo na saúde de muitos dos 733 milhões de pessoas que vivem nesses países. A parceria investiu, em 2005, U$44 bilhões de capital. Atualmente, as tecnologias renováveis representam cerca de 20% a 25% dos investimentos globais no setor energético. O Governo, além de conceder incentivos, prioriza as ações administrativas para adquirir produtos que usem a energia limpa ou renovável, dando preferência aos projetos rurais em que a comunidade esteja engajada, a meta é obter uma economia nacional de aproximadamente 25% nos próximos dez anos.

*Japão*

O Governo do Japão tem incentivado o comércio dos produtos verdes por intermédio de campanhas de conscientização popular, implantando um projeto para o consumo sustentável chamado de "compras verdes" - *green purchasing*. O programa começou com as compras e foi aplicado em todas as instituições públicas; agora já passou para a esfera dos serviços, incluindo em abril de 2004 mais 18 categorias de uma lista de 199 itens, tais como, serviços de lataria, de pintura, elétrica, mecânica, consertos equipamentos, de motores, limpeza, confecções, móveis e outros. As novas empresas e companhias que são instaladas devem comprovar que suas atividades protegem o meio ambiente e assumem o compromisso de buscar fontes alternativas de energia para acelerar ainda mais o processo de defesa ambiental. A Administração Pública divulgou que obteve economia em suas transações realizando negócios que permitem o desenvolvimento sustentável; programas futuros preveem a expansão do projeto "compras verdes", o que permite a expansão dessas atividades incentivando os produtores em cada cidade ou região e priorizando a

## O Fomento no plano social

Muito já se disse, até o momento, acerca das possibilidades de fomento ao desenvolvimento nacional em suas feições econômica e ambiental. Praticamente nada acerca da responsabilidade social do Estado, das empresas e da própria sociedade.

---

aquisição de seus produtos. De acordo com dados do Musashi Institute of Technology, de 673 companhias pesquisadas, 74% aderiram ao programa "compra verde", e de 802 companhias, 74% assumiram o compromisso de aderir ao programa, com uma economia anual para os cofres públicos prevista em US$ 320 bilhões aos cofres públicos a partir de 2007. O Governo vem implantando incentivos fiscais de proteção ambiental, com isso tem acelerado o desenvolvimento dos produtos e serviços ecologicamente sustentáveis. A Administração Pública central determinou que todos os setores públicos utilizem-se da "compra verde"; a previsão é que até 2010 todas as atividades públicas sejam atendidas dentro desse programa. O sistema japonês de compras sustentáveis é atualmente o mais completo e dinâmico em uso no mundo; é hoje utilizado por mais de 2.800 entidades públicas e privadas para a realização de compras sustentáveis.
*Itália*
Na Itália, o Governo tem incentivado a adesão aos sistemas de gestão ambiental, de certificações, da exigência de balanço social e/ou de sustentabilidade, auditorias sociais, políticas e compras verdes, código de ética interno e também dos fornecedores, sistemas de saúde e seguranças, relações comunitárias e políticas trabalhistas. A meta da Itália é introduzir critérios ecológicos para no mínimo 30% das compras públicas até o ano de 2006; tal percentual é bastante expressivo em razão dos valores envolvidos. O programa de compras verdes na Itália teve início em 1994, com a Prefeitura de Ferrara adquirindo alimentos biológicos para a merenda escolar; no mesmo local, em 1999, foram adotadas medidas para a economia da energia elétrica com a busca de fontes alternativas, priorizando os produtos e empresas que a praticassem, além do uso preferencial do papel reciclado. Na província de Modena, em 2002, foi introduzida a Certificação de qualidade ambiental nos princípios de regulamentação dos contratos públicos.
*EUA*
Nos Estados Unidos da América, durante o Governo Clinton, foi elaborado um regulamento – Executive Order Number 12.873, obrigando que as licitações sejam baseadas em regras de respeito ao meio ambiente e à cidadania, prevendo, entre outras, a obrigatoriedade da aquisição de materiais reciclados, como o papel, óleos lubrificantes refinados, pneus reaproveitados.
*México*
Tem um programa de gestão ambiental em conjunto com a NAFTA, incluindo capacitação dos funcionários responsáveis pelas licitações públicas; a reciclagem e a economia de energia. A Lei de Licitação do México exige eficiência energética e economia no uso de águas nos contratos e aquisições efetuados pelo governo. No ano de 2006, em conjunto com PNUMA, iniciou estudos do ciclo de vida de alguns produtos; papel e papelão serão os primeiros itens do projeto. Os resultados serão aplicados na elaboração de regras para as compras sustentáveis.
*Coreia do Sul*
A Coreia do Sul foi um dos primeiros países do mundo a aprovar uma lei federal de licitação sustentável, visando, entre outros objetivos, a fomentar e expandir o mercado de produtos sustentáveis. O País desenvolveu um sistema governamental de certificação ambiental e selos verdes para identificar produtos e serviços sustentáveis, a fim de fomentar as atividades de licitação sustentável e o mercado de negócios sustentáveis (FARIA. Licitação e compras sustentáveis. *Revista Zênite – ILC Informativo de Licitações e Contratos*, p. 588-591).

No máximo se tangenciou o assunto por ocasião da análise da Lei Complementar nº 123/2006, mas sem a detença necessária.

Aqui o tema precisa revisão e ampliação, em especial pelas novas críticas e objeções judiciais à exigibilidade da Certidão Negativa de Débitos Trabalhistas em sede licitatória.

*Geração de Empregos e a Lei nº 12.349/2010*

Numa das inovações trazidas em 2010, a Lei nº 12.349 inseriu um parágrafo ao artigo 3º da Lei nº 8.666/93 que assim estipulou: "§6º A margem de preferência de que trata o §5º será estabelecida com base em estudos revistos periodicamente, em prazo não superior a 5 (cinco) anos, que levem em consideração: I – geração de emprego e renda".

Essa novidade é alvissareira, não apenas porque pretende o reforço o erário pelo incremento de arrecadação (que reverte em prol de todos e compensa eventual "prejuízo econômico" pela não utilização do critério de "menor preço"), mas pelo fato de alardear anseio renovado pelo pleno emprego, constitucionalmente exigido como princípio norteador da ordem econômica (conforme o inciso VIII do art. 170).

Melhor dizendo, o legislador trouxe à tona, mais uma vez, a necessidade de percepção que o ganho social é tão ou mais importante que o benefício econômico-financeiro no entorno das licitações. Ou, quem sabe, pretendeu ele noticiar, ainda que subliminarmente, que o emprego formal reverte em favor do Estado e da coletividade, porque transforma o marginal ao mercado ordinário de trabalho em contribuinte e o insere no rol dos que auxiliam no sustento dos desprivilegiados. Tudo naquela mesma perspectiva virtuosa vislumbrada para os microempresários favorecidos com facilitação de acesso nos processos licitatórios e nas contratações públicas — que tendem a deixar essa condição (pelo aumento de faturamento anual) e passam a "suportar" a perda do pequeno mercado cativo em favor daqueles que reclamam, por igual, discriminação afirmativa temporária.

A questão da inclusão social, da minimização das desigualdades e da própria dignidade da pessoa humana (mediante consideração de cada indivíduo ter direito fundamental a prover a si e aos seus com o fruto do próprio trabalho) são, pois, aspectos a serem necessariamente considerados pelos gestores públicos por ocasião da expedição de regulamentos ou mesmo antes da elaboração de cada instrumento convocatório.

Tudo isso porque tanto a Constituição de 1988 como a Lei nº 8.666/93 renovada assim o determinam, ao que se somou o RDC ao prever (no seu art. 4º, inciso III) que nas licitações e contratos a ele submetidos a busca da maior vantagem para a administração pública deve considerar custos e benefícios, diretos e indiretos, de natureza econômica, *social* ou ambiental, inclusive os relativos à manutenção, ao desfazimento de bens e resíduos.

*Estatuto da Igualdade Racial – Lei nº 12.288/2010: a implementação de políticas voltadas para a inclusão da população negra no mercado de trabalho será de responsabilidade do poder público*

Certamente desconhecido da maioria dos brasileiros, o Estatuto da Igualdade Racial[99] se destina "a garantir à população negra a efetivação da igualdade de oportunidades, a defesa dos direitos étnicos individuais, coletivos e difusos e o combate à discriminação e às demais formas de intolerância étnica" (*caput* do art. 1º).

E assim o faz reconhecendo uma série de direitos para a população negra e estipulando uma série deveres conexos, principalmente para o Poder Público. Chama a atenção, no caso, o Capítulo V (Do Trabalho) do Título II (Direitos Fundamentais), já com destaques:

> CAPÍTULO V
>
> DO TRABALHO
>
> Art. 38. A implementação de políticas voltadas para a inclusão da população negra no mercado de trabalho *será de responsabilidade do poder público*, observando-se:
>
> I – o instituído neste Estatuto;
>
> II – os compromissos assumidos pelo Brasil ao ratificar a Convenção Internacional sobre a Eliminação de Todas as Formas de Discriminação Racial, de 1965;
>
> III – os compromissos assumidos pelo Brasil ao ratificar a Convenção nº 111, de 1958, da Organização Internacional do Trabalho (OIT), que trata da discriminação no emprego e na profissão;
>
> IV – os demais compromissos formalmente assumidos pelo Brasil perante a comunidade internacional.
>
> Art. 39. *O poder público promoverá ações* que assegurem a igualdade de oportunidades no mercado de trabalho para a população negra, *inclusive mediante a implementação de medidas visando à promoção da igualdade nas*

---

[99] Disponível em: <http://www.planalto.gov.br/ccivil_03/_Ato2007-2010/2010/Lei/L12288.htm>. Acesso em: 13 mar. 2012.

> *contratações do setor público e o incentivo à adoção de medidas similares nas empresas e organizações privadas.*
>
> §1º A igualdade de oportunidades *será lograda mediante a adoção de políticas* e programas de formação profissional, *de emprego* e de geração de renda voltados para a população negra.
>
> §2º *As ações visando a promover a igualdade de oportunidades na esfera da administração pública far-se-ão por meio de normas estabelecidas ou a serem estabelecidas em legislação específica e em seus regulamentos.*
>
> §3º *O poder público estimulará, por meio de incentivos, a adoção de iguais medidas pelo setor privado.* (...)
>
> Art. 42. O Poder Executivo federal poderá implementar critérios para provimento de cargos em comissão e funções de confiança destinados a ampliar a participação de negros, buscando reproduzir a estrutura da distribuição étnica nacional ou, quando for o caso, estadual, observados os dados demográficos oficiais.

Ora. Um rápido passar de olhos nessas disposições — especialmente no contexto deste livro — leva a uma, e somente uma, conclusão: as licitações (e as contratações administrativas) podem e devem, também, minimizar as desigualdades raciais por meio de discriminação afirmativa, fazendo com que os interessados em contratar com a Administração, por exemplo, provem já possuir no seu quadro efetivo e formal colaboradores da população negra ou que se comprometam a contratá-los.

Contudo, por ser a "reserva de vagas", uma das discriminações mais sensíveis e que ainda se encontra em franca discussão no E. Supremo Tribunal Federal em relação a vagas em universidade (para afrodescendentes e para egressos do ensino público) e em concursos públicos (para afrodescendentes e, até hoje, ainda, para portadores de necessidades especiais), a recomendação é de que o fomento seja previamente regulado *por lei*, e, eventualmente ainda, regulamentado (no âmbito infralegal, pois) o que se alia, ademais, à própria exigência de tanto (§2º do art. 39).

Destarte, cabe a cada ente político (União, Estados, Distrito Federal e Municípios) atuar na sua esfera de competência e a cada pessoa que se entender prejudicada, inclusive pela morosidade legislativa ou administrativa, procurar o Poder Judiciário para satisfação de seu direito fundamental.

E disto se tratará com detença, em especial para demonstrar a necessidade-utilidade do mandado de injunção em hipóteses como essa.

Mas vale, ainda, fazer uma recomendação. Aquelas entidades que, por suposição, não se submetem à Lei nº 8.666/93 (como a Petrobras, o próprio Sistema "S", a Itaipu Binacional etc.) não parecem depender de lei específica para isso, de sorte que a minimização das desigualdades econômico-sociais calçadas na diferença de raça pode e deve ser mitigada por ato *interna corporis*. O que não se pode é fazer de conta que essas entidades não estejam submetidas à Constituição ou mesmo aos objetivos da República.

Por derradeiro, (re)lembre-se que no âmbito federal a mitigação das discriminações — racial, de gênero e por condições pessoais — mediante políticas afirmativas foi "previamente" consignada no Decreto nº 4.228/2002,[100] portanto muito tempo antes do advento do estatuto.

---

[100] Decreto nº 4.228/2002 – Institui, no âmbito da Administração Pública Federal, o Programa Nacional de Ações Afirmativas e dá outras providências.
*O Presidente da República*, no uso da atribuição que lhe confere o art. 84, inciso VI, alínea "a", da Constituição, *decreta*:
Art. 1º Fica instituído, no âmbito da Administração Pública Federal, o Programa Nacional de Ações Afirmativas, sob a coordenação da Secretaria de Estado dos Direitos Humanos do Ministério da Justiça.
Art. 2º O Programa Nacional de Ações Afirmativas contemplará, entre outras medidas administrativas e de gestão estratégica, as seguintes ações, respeitada a legislação em vigor: I – observância, pelos órgãos da Administração Pública Federal, de requisito que garanta a realização de metas percentuais de participação de afrodescendentes, mulheres e pessoas portadoras de deficiência no preenchimento de cargos em comissão do Grupo-Direção e Assessoramento Superiores - DAS; II – inclusão, nos termos de transferências negociadas de recursos celebradas pela Administração Pública Federal, de cláusulas de adesão ao Programa; III – *observância, nas licitações promovidas por órgãos da Administração Pública Federal, de* ***critério adicional de pontuação****, a ser utilizado para beneficiar fornecedores que comprovem a adoção de políticas compatíveis com os objetivos do Programa*; e IV – *inclusão, nas contratações de empresas prestadoras de serviços, bem como de técnicos e consultores no âmbito de projetos desenvolvidos em parceria com organismos internacionais, de dispositivo estabelecendo* ***metas percentuais*** *de participação de afrodescendentes, mulheres e pessoas portadoras de deficiência.*
Art. 3º. Fica constituído o Comitê de Avaliação e Acompanhamento do Programa Nacional de Ações Afirmativas, com a finalidade de: I – propor a adoção de medidas administrativas e de gestão estratégica destinadas a implementar o Programa; II – apoiar e incentivar ações com vistas à execução do Programa; III – propor diretrizes e procedimentos administrativos com vistas a garantir a adequada implementação do Programa, sua incorporação aos regimentos internos dos órgãos integrantes da estrutura organizacional da Administração Pública Federal e a conseqüente realização das metas estabelecidas no inciso I do art. 2º; IV – articular, com parceiros do Governo Federal, a formulação de propostas que promovam a implementação de políticas de ação afirmativa; V – estimular o desenvolvimento de ações de capacitação com foco nas medidas de promoção da igualdade de oportunidades e de acesso à cidadania; VI – promover a sensibilização dos servidores públicos para a necessidade de proteger os direitos humanos e eliminar as desigualdades de gênero, raça e as que se vinculam às pessoas portadoras de deficiência; VII – articular ações e parcerias com empreendedores sociais e representantes dos movimentos de afrodescendentes, de mulheres e de pessoas portadoras de deficiência; VIII – sistematizar e avaliar os resultados alcançados pelo Programa e disponibilizá-los por intermédio dos meios de comunicação;

Todavia, igualmente pende a regulamentação específica para dar cumprimento a essa promessa de um futuro melhor, a ser obtido também por meio das licitações e dos contratos administrativos — ainda mais quando a Lei Geral de Licitações assim obriga na atualidade.[101]

*Responsabilidade Social – Lei nº 12.440/2011: exige a Certidão Negativa de Débito Trabalhista (CNDT) como requisito de habilitação*

Até aqui muito já se aludiu à versão "atualizada" da Lei nº 8.666/93. Essa, contudo, é uma realidade em termos. De fato, a Lei nº 8.666/93 sofreu nova e radical modificação, ao se inserir, por meio da Lei nº 12.440/2011, de 07 de julho de 2011, um novo requisito de habilitação para os licitantes, qual seja a exigência de regularidade trabalhista ao lado da regularidade fiscal. Eis as alterações, consolidadas:

> Art. 27. Para a habilitação nas licitações exigir-se-á dos interessados, exclusivamente, documentação relativa a: (...)
>
> IV – regularidade fiscal e trabalhista; (...).
>
> Art. 29. A documentação relativa à regularidade fiscal e trabalhista, conforme o caso, consistirá em: (...)
>
> V – prova de inexistência de débitos inadimplidos perante a Justiça do Trabalho, mediante a apresentação de certidão negativa, nos termos do Título VII – A da Consolidação das Leis do Trabalho, aprovada pelo Decreto-Lei nº 5.452, de 1º de maio de 1943.[102]

Em princípio, um absurdo grosseiro, a ponto de merecer a propositura de uma ADIN (nº 4716) por parte da Confederação Nacional das Indústrias perante o Supremo Tribunal Federal.[103] Mas em princípio,

---

e IX – promover, no âmbito interno, os instrumentos internacionais de que o Brasil seja parte sobre o combate à discriminação e a promoção da igualdade. Parágrafo único. O Comitê de Avaliação e Acompanhamento do Programa Nacional de Ações Afirmativas apresentará, no prazo de sessenta dias, propostas de ações e metas a serem implementadas pelos órgãos da Administração Pública Federal.
Art. 4º O Comitê de Avaliação e Acompanhamento do Programa Nacional de Ações Afirmativas tem a seguinte composição: (...).
Art. 5º Os trabalhos de Secretaria-Executiva do Comitê de Avaliação e Acompanhamento de Ações Afirmativas serão prestados pelo IPEA.
Art. 6º Este Decreto entra em vigor na data de sua publicação. (destacamos.) Disponível em: <http://www.planalto.gov.br/ccivil_03/decreto/2002/D4228.htm>. Acesso em: 13 mar. 2012.

[101] Confira: SILVA. *Subsídios para elaboração de um plano nacional de ações afirmativas no mundo do trabalho.*

[102] A lei que institui a CNDT se encontra no ANEXO N.

[103] A ADI questiona a exigência legal de apresentação da Certidão Negativa de Débito Trabalhista (CNDT) como requisito de participação em licitações. "Esse novel mecanismo

*apenas*, (pelo menos) no que diz com sua conformidade ao inciso XXI do art. 37 da Constituição da República.[104]

*Regularidade Fiscal e Trabalhista como indício de boa situação econômico-financeira*

Para os mais antigos, contudo, a tese de inconstitucionalidade é de facílima superação porque se amolda como uma luva à versão

---

de coerção e de cobrança de dívidas pendentes na Justiça do Trabalho, além de não se harmonizar com os princípios constitucionais já citados, esbarra dos princípios da isonomia, da livre iniciativa e da concorrência (art. 170, IV e parágrafo único) e da licitação pública, eis que amplia indevidamente o comando do inciso XXI, do art. 37 da Constituição, criando restrição competitiva sem amparo constitucional". Disponível em: <http://www.stf.jus.br/portal/cms/verNoticiaDetalhe.asp?idConteudo=199050&caixaBusca=N>. Acesso em: 29 fev. 2012.

104 Em contrapartida, a Associação Nacional dos Magistrados da Justiça do Trabalho pensa em ingressar no feito como *amicus curiae*, defendendo a legitimidade da inovação:
Em defesa da CNDT, Anamatra avalia atuar como *amicus curiae* em Adin no Supremo (08.02.2012 – 12:13).
A Anamatra estuda entrar como *amicus curiae* na Ação Direta de Inconstitucionalidade (Adin) nº 4.716 que questiona a Lei 12.440/2011, que instituiu a Certidão Negativa de Débitos Trabalhistas (CNDT). A posição da Associação é de defesa da lei. A Adin foi ajuizada pela Confederação Nacional da Indústria (CNI) na primeira semana de fevereiro e está sob relatoria do Ministro Dias Toffoli no Supremo Tribunal Federal (STF). A CNI questiona a legalidade da exigência de apresentação da certidão como requisito para participação em licitações, já que, segundo a Confederação, isto vai contra os princípios da isonomia, livre iniciativa, concorrência e da licitação pública, estabelecidos pela Constituição Federal. Para a Anamatra, responsável pelo anteprojeto que resultou na Lei, a CNDT é importante mecanismo de coerção ao cumprimento das obrigações trabalhistas."Ao nosso ver, as obrigações trabalhistas devem ser prioritárias, assim como ocorre com as questões tributárias e previdenciárias", explica o presidente da Anamatra, Renato Henry Sant'Anna. De acordo com os juízes do Trabalho, o próprio artigo 37 da Constituição Federal, citado pela CNI na Adin 4.716, permite que legislação infraconstitucional estabeleça exigências ao concorrente de qualificação técnica e econômica, indispensáveis à garantia do cumprimento das obrigações. "Está claro que a inexistência de certidão negativa é um indicativo de desqualificação econômica", afirma Sant'Anna. Sobre os princípios de isonomia, livre iniciativa e concorrência, também invocados pela Confederação na ação, os juízes do Trabalho destacam que uma licitação somente será justa se todos que dela participam estejam em dia com seus compromissos tributários, previdenciários e trabalhistas. "Os que não pagam suas dívidas estariam praticando concorrência leal com os que pagam. Estariam entrando no certame público em isonomia com aqueles que cumprem suas obrigações, o que não é correto", diz o presidente da Anamatra.
*CNDT*
A lei que estabelece a Certidão Negativa de Débitos Trabalhistas entrou em vigor no dia 4 de janeiro deste ano. A CNDT é expedida gratuitamente e eletronicamente para comprovar a inexistência de débitos inadimplidos perante a Justiça do Trabalho. O texto da lei é resultado de anteprojeto de autoria da Anamatra apresentado ao Senado Federal ainda em 2002. A lei objetiva reduzir o número de dívidas judiciais a espera de pagamento no âmbito da Justiça do Trabalho. Pelo texto, os empregadores inadimplentes na fase de execução trabalhista ficam impedidos de participar de licitações públicas". Disponível em: <http://ww1.anamatra.org.br/001/00101001.asp?ttCD_CHAVE=1223&btOperacao=>. Acesso em: 29 fev. 2012.

contrária, que prevaleceu no sentido da legitimidade da exigência de regularidade fiscal — também não prevista naquele dispositivo constitucional, e objetada por muitos juristas logo após a edição da LGL. E o raciocínio para tanto era o seguinte, nos idos de 1995:

> O art. 37-XXI não regulou integralmente a habilitação. Regulou, isto sim, apenas a habilitação técnica e econômica (e o fez para proibir o óbvio: a exigência de demonstração de capacidade técnica e econômica que não seja indispensável à garantia do cumprimento das obrigações). (...)
>
> A regularidade das obrigações tributárias não é uma questão secundária e irrelevante. É, para o próprio Estado — e para a sociedade que recebe seus serviços — questão vital. Daí a razoabilidade da lei condicionando a aquisição ou o exercício de certos direitos de natureza econômica à regularidade fiscal. Em outros termos: é legítima a lei considerando inidônea, para fins de contratação com o Poder público, empresa irregular perante o Fisco.
>
> Ademais, se a fase habilitatória objetiva eliminar licitantes que, à vista de suas condições subjetivas, não ofereçam segurança quanto ao futuro cumprimento do contrato, não é impróprio excluir quem não cumpre com suas obrigações tributárias. Tal comportamento é indicativo de inidoneidade ou desinteresse no cumprimento de suas obrigações em geral, o que permite a razoável presunção de que poderá ser adotado também quanto às obrigações contratuais. Essa presunção não é absurda ou exagerada, tendo trânsito corrente na vida econômica.[105]

E se com tais argumentos a constitucionalidade da exigência de regularidade fiscal era eficazmente aceita, então é de se concluir que esse raciocínio persiste em relação è regularidade trabalhista, como legalmente prevista,[106] porque atemporal. Ainda mais, porque similarmente serve para mensurar a potencial capacidade do licitante de honrar o futuro contrato na eventualidade de lhe ser adjudicado o objeto.

Afinal, são inúmeras as decisões judiciais de natureza tributária e trabalhista que permitem a constrição de haveres de pessoas jurídicas em plena atividade, mediante penhora ou arresto cautelar (em caráter precário, portanto) de renda, faturamento ou crédito, dificultando ainda mais a manutenção da atividade empresarial. E disso se tem notícia até

---

[105] SUNDFELD. *Licitação e contrato administrativo*: de acordo com as leis 8.666/93 e 8.883/94, p. 122-123.

[106] A Resolução Administrativa nº 1470/2011, do TST, regulamenta a exigência legal e se encontra no ANEXO O.

mesmo atingindo a Administração Pública, que se vê na obrigação de direcionar os pagamentos devidos aos contratados a depósitos judiciais.[107]

Assim sendo, a singela ampliação da regularidade fiscal para regularidade fiscal-trabalhista nada traz de novidade, ao menos da exegese da lei para a sua conformação à Constituição.

*Exigência de Regularidade Fiscal e Trabalhista como proteção ao mercado*

Dita interpretação, todavia, não parece ser a única admissível juridicamente.

A licitação pode ser voltada, como visto, à "regulação do mercado, de modo a torná-lo mais livre e competitivo (...). É possível o emprego do procedimento licitatório como forma de regulação diretiva ou indutiva da economia, seja para coibir práticas que limitem a competitividade, seja para induzir práticas que produzam efeitos sociais desejáveis".[108]

Pensando bem, aquele que não paga tributos e obrigações trabalhistas, decorram estas de lei ou de sentença judicial, pode usufruir de vantagem indevida nos processos licitatórios.

Oferecendo seus bens e serviços a preços reduzidos ilicitamente, ele inviabiliza a livre concorrência no plano material, por causa da assimetria de mercado propiciadora da apresentação da (virtual) proposta mais vantajosa.

Portanto, esse argumento se soma ao anterior, no sentido de que a exigibilidade da CNDT (no que diz com o regular adimplemento das obrigações trabalhistas consolidadas e em fase de execução) não se mostra apenas constitucional, porém duplamente útil.

---

[107] *Ementa*: Agravo de instrumento. Recurso de revista – Descabimento. 1. Preliminar. Nulidade por negativa de prestação jurisdicional. Decisão contrária aos interesses da parte não importa em negativa de prestação jurisdicional, restando incólume o art. 93, IX, da Constituição Federal. 2. Impenhorabilidade de bens públicos. Penhora sobre direito de crédito de particular junto ao Estado. Disponibilização em juízo. Constrição judicial incidente sobre bem de terceiro estranho à lide. Na ausência de expressa e direta violação de preceito constitucional, não prospera recurso de revista, interposto em fase de execução (CLT, art. 896, §2º). 3. Multa em razão da *litis temeraria*. Apelo desfundamentado. Não prospera recurso de revista, interposto em fase de execução (CLT, art. 896, §2º), quando não indicada violação constitucional. Inteligência da Súmula 266 do TST. Agravo de instrumento conhecido e desprovido. (TST, AIRR – 177740-20.2003.5.01.0055, 3ª T., Relator Min. Alberto Luiz Bresciani de Fontan Pereira, julgado em 01.10.2008, publicado em 31.10.2008) Disponível em: <http://aplicacao5.tst.jus.br/consultaunificada2/inteiroTeor.do?action=printInteiroTeor&format=html&highlight=true&numeroFormatado=AIRR%20-%20177740-20.2003.5.01.0055&base=acordao&rowid=AAANGhAAFAAAV7vAAT&dataPublicacao=31/10/2008&query='penhora%20de%20cr%E9dito'%20e%20'Administra%E7%E3o%20P%FAblica'>. Acesso em: 29 fev. 2012.

[108] FERRAZ. Função regulatória da licitação. *Revista Eletrônica de Direito Administrativo Econômico – REDAE*, p. 2.

*A exigência da CNDT como instrumento de maximização da responsabilidade social empresarial*

Ninguém duvida que cumprir a Constituição de 1988 e a Consolidação das Leis do Trabalho seja um dever imposto a qualquer empregador, seja ele pessoa física ou jurídica.

Também se supõe de fácil assimilação que o Direito traz, em tese, meios de garantir o cumprimento regular das obrigações trabalhistas, nem que seja pelo uso da força intermediado pela Justiça Especializada.

Entretanto, entre o ser e o dever-ser há um universo de possibilidades, dentre elas o manejo do processo pelo empregador de forma a exaurir toda e qualquer instância recursal para satisfazer seu intuito de vingança ou, pior, desestimular os demais colaboradores de buscarem, na Justiça, os seus direitos mais basilares.

Destarte, parece que a exigência contemporânea da comprovação de regularidade trabalhista como condição de acesso ao mercado público admite outro fim, aquele mais proximamente imbricado com a responsabilidade social, de cada um e de todos nós, dos patrões e dos empregados, dos contratantes e dos contratados.

Fim esse, acredita-se, que reclama — e legitima — o uso de interferências positivas, úteis para os obreiros (e mesmo para a Fazenda, em relação aos créditos tributários), no sentido de estimular a rápida regularização das pendências porque condição de participação nas licitações. Tais interferências não criam direitos ou obrigações novos, de índole tributária ou trabalhista, mas somente (re)lembram que é preciso cumprir a lei e o Direito, mormente por quem almeja ser parceiro da Administração.[109]

E nada disto pode soar estranho, porque a terceira finalidade legal da licitação é garantir a promoção do desenvolvimento nacional. E nenhum ser humano pode se mostrar realizado, pessoal ou coletivamente, quando não consegue obter, no plano fático, aquilo de que mais precisa e faz jus: o salário e seus consectários, expressivos mundanos do resultado do labor empenhado na sobrevivência de cada dia.

---

[109] O mesmo se pode dizer do disposto no inciso V do art. 27 da LGL, ao estipular que para a habilitação nas licitações exigir-se-á dos interessados, exclusivamente, documentação relativa a: "(...) V – cumprimento do disposto no inciso XXXIII do art. 7º da Constituição Federal". Logo, isso requer "declaração do proponente" no sentido de que não emprega menores de dezoito anos em trabalho noturno, perigoso ou insalubre e, ainda, em qualquer tipo de trabalho menores de dezesseis e maiores de quatorze anos, salvo na condição de aprendiz. Perceba-se, pois, que também aqui a lei de licitações não cria nenhuma obrigação adicional de índole trabalhista, mas "apenas" reclama reforço na conscientização do empregador, que pretende ser parceiro negocial dos poderes públicos, acerca do que ele *pode, deve* e *está proibido de* fazer em relação aos seus colaboradores.

Portanto, também por isso a exigência da CNDT não se mostra apenas constitucional, mas também como baluarte legítimo dos direitos trabalhistas e dos próprios trabalhadores, daqueles sujeitos indispensáveis à própria atividade de quem aspira a contratar com a Administração Pública.

*Da CNDT como reforço*

Por derradeiro, ainda é possível cogitar de mais uma utilidade, pelo menos, para a exigência da certidão trabalhista como requisito de habilitação. É que ela reforça a lembrança do contido na Lei de Licitações que assim prevê: "Art. 71 O contratado é responsável pelos encargos trabalhistas, previdenciários, fiscais e comerciais resultantes da execução do contrato. §1º A inadimplência do contratado, com referência aos encargos trabalhistas, fiscais e comerciais não transfere à Administração Pública a responsabilidade por seu pagamento, nem poderá onerar o objeto do contrato ou restringir a regularização e o uso das obras e edificações, inclusive perante o Registro de Imóveis".

Ou seja, a inovação reitera a responsabilidade trabalhista como relevante, inclusive a partir da valoração do comportamento usual do empregador, que por sua inércia (seja a que título for) deu azo a inúmeras condenações solidárias da Administração Pública ao pagamento dos haveres sonegados do empregado disponibilizado mediante terceirização de serviços. Foi preciso o Supremo Tribunal Federal intervir para por uma pá de cal na discussão.[110]

## Da (des)necessidade de regulamentação da Lei nº 12.349/2010 para realização da nova finalidade da licitação

Questão difícil é assumir posição acerca da desnecessidade de expedição de um regulamento para fiel execução da Lei Geral de

[110] *Ementa*: Responsabilidade contratual. Subsidiária. Contrato com a administração pública. Inadimplência negocial do outro contraente. Transferência consequente e automática dos seus encargos trabalhistas, fiscais e comerciais, resultantes da execução do contrato, à administração. Impossibilidade jurídica. Consequência proibida pelo art., 71, §1º, da Lei federal nº 8.666/93. Constitucionalidade reconhecida dessa norma. Ação direta de constitucionalidade julgada, nesse sentido, procedente. Voto vencido. É constitucional a norma inscrita no art. 71, §1º, da Lei federal nº 8.666, de 26 de junho de 1993, com a redação dada pela Lei nº 9.032, de 1995 (ADC 16, Relator Min. Cezar Peluso, Tribunal Pleno, julgado em 24.11.2010, publicado em 09.09.2011). Disponível em: <http://www.stf.jus.br/portal/jurisprudencia/listarJurisprudencia.asp?s1=%2816%2ENUME%2E+OU+16%2EACMS%2E%29&base=baseAcordaos >. Acesso em: 05 mar. 2012.

Licitações, pelo menos no que diz com a satisfação da novel finalidade licitatória: a promoção do desenvolvimento nacional (sustentável).

Ora! Como o *caput* do art. 3º da Lei nº 8.666/93 revela-se de cunho substancialmente principiológico e, demais disso, expressamente afirma a vocação legal do processo administrativo para tríplice finalidade — "a licitação *destina-se a garantir a observância do princípio constitucional da isonomia, a seleção da proposta mais vantajosa para a administração e a promoção do desenvolvimento nacional sustentável* e será processada e julgada em estrita conformidade com os *princípios básicos da legalidade, da impessoalidade, da moralidade, da igualdade, da publicidade, da probidade administrativa, da vinculação ao instrumento convocatório, do julgamento objetivo* e dos que lhes são correlatos" — não parece faltar nada para que o aplicador do direito aplique "o" Direito.

Melhor dizendo, os três fins reciprocamente considerados expressam, com perfeição, o caráter instrumental da licitação perante os interesses públicos que com ela se pretende satisfazer. Isso não elide, entretanto, a intervenção conveniente daquele que exerce a função administrativa no sentido de priorizá-los em cada caso concreto ou, de preferência, de forma genérica e antecipada. Isto por meio da expedição de ato normativo infralegal, de caráter geral e abstrato.

Foi o que fez o Governo do Estado do Paraná ao preferir a questão ambiental sobre a econômica, no que se viu seguido pelo Governo Federal, por meio da normativa da SLTI-MPOG, dispondo sobre os critérios de sustentabilidade ambiental na aquisição de bens, contratação de serviços ou obras.

E tudo numa época em que as finalidades legais da licitação nem passavam perto da promoção do desenvolvimento nacional (sustentável), o que não significa dizer, entretanto, que essa não fosse sua "função social" desde sempre.

Como demonstrado, várias iniciativas normativas, de índole legal e infralegal, se prestaram à estimulação de outros fins não coincidentes com a seleção da proposta mais vantajosa mediante competição isonômica. E mais, a isso se somam as incontáveis situações em que os editais de licitação, sozinhos, deram conta de colocar o Brasil no rumo do desenvolvimento, considerando e realçando qualidades intrínsecas de proponentes, de bens e de serviços, por ocasião da estipulação do seu objeto.

Em grosseira síntese, não é de hoje que a lei atribui ao administrador público — *e apenas a ele* — a competência para escolher o quê, quando, como e em que condições eventualmente contratar junto à iniciativa privada, tendo em vista um ou mais fins públicos que podem, ou não, se exaurir com a satisfação da necessidade ou da utilidade, administrativa ou coletiva.

Essa é a essência da discricionariedade administrativa, mas que em nada se confunde com a interpretação do Direito, mesmo que operada a partir de conceitos vagos, imprecisos ou de valor.

Discricionariedade essa, ademais, que tem por fundamento político

> *a absoluta impossibilidade lógica e material* de o estado existir e atuar sem que fosse possível aos órgãos que exercem a função administrativa concentrar, em alguma medida, mas sempre sob as medidas impostas pelo direito, uma liberdade de escolha e ação a serem deflagradas diante do caso concreto. (...)
>
> Sob o *fundamento jurídico* a competência discricionária do Poder Público justifica-se pela necessidade de efetivar a identidade do Poder Executivo. Em outros termos (...) haveria o comprometimento do estado de Direito, da divisão de poderes, se a lei pudesse deixar de ser, como regra, uma norma geral e abstrata para atuar em todo e qualquer caso concreto de execução de suas próprias orientações normativas. Em última análise, o Legislativo açambarcaria a competência atribuída ao Executivo que reclama, para assegurar sua existência, de uma parcela de liberdade de atuação.[111]

*A discricionariedade administrativa na promoção do desenvolvimento nacional (sustentável) pela via das licitações públicas.*

De outra banda, a esta altura o uso da expressão "desenvolvimento nacional sustentável" na LGL se faz tranquila — ainda que se revele por meio de conceitos vagos e de valor — porque o sentido, conteúdo e alcance foram esposados em capítulo apartado. E o foram nas suas dimensões econômica, social e ambiental, o que, por si só, reclama composição necessária, no sentido de as três não poderem, em regra, ser precisa e simultaneamente prestigiadas, porque esse um impedimento de fato; não de Direito.

Com isso em mente, não causa espécie o fato de o objeto licitado sempre propender mais para um ou para outro viés do desenvolvimento, porque o seu estímulo exige prévia valoração de fatos, circunstâncias e contingências por quem legitimamente eleito para tanto. E por dever de ofício, portanto sem depender de qualquer tipo de provocação.

---

[111] PIRES. *Controle judicial da discricionariedade administrativa*: dos conceitos jurídicos indeterminados às políticas públicas, p. 156-157.

Nada obstante, existem certas questões fugidias à liberdade nos limites da lei, portanto no contexto da discricionariedade, porque inexiste *in concreto*. E a relação como fomento ao desenvolvimento nacional sustentável (como finalidade da licitação) não muda esse cenário.

Para situações como essa, o Poder Judiciário pode e deve intervir, sem que isso configure qualquer atentado ao princípio da separação dos poderes. É o caso de referir editais de licitação, na atualidade, que não considerem a questão ambiental como dirigente da especificação do objeto licitado, seja por indiferença, ignorância ou má-valoração das oportunidades. Com esta ressalva não se pretende ver o juiz substituindo o gestor público, porém determinado que ele cumpra seu dever de ofício, tão só.

Sustenta-se assim, por exemplo, que a notícia de aquisição indiferente[112] de veículo automotor altamente poluente e com rendimento de combustível sofrível em comparação com os ordinariamente disponíveis no mercado não se amolda ao novo "marco legal" das licitações, sendo passível de impugnação por ir de encontro ao desenvolvimento nacional (sustentável). Não é que a opção eleita não promova o desenvolvimento; é que o objeto assim estipulado no edital de licitação mostra-se grosseiramente inconciliável com o desenvolvimento.

Talvez por medida de cautela é que as licitações ditas verdes ou sustentáveis tenham sido objeto de regulamentação junto a diversos entes, órgãos e entidades, estipulando parâmetros e impondo obrigações e proibições; talvez para fins de padronização, que podem expressar, até mesmo, valoração subjetiva da autoridade máxima, que, fazendo uso da hierarquia, ordena comportamentos.

Entretanto, isso nada tem a ver com a função normativa propriamente dita da Administração Pública de expedir regulamentos para fiel execução da lei.

## O regulamento (no que) necessário para a promoção do desenvolvimento nacional sustentável como finalidade da licitação

Várias leis aqui referidas, em especial a Lei nº 8.666/93 — com a redação dada pela Lei nº 12.349/2010 — exigem um regulamento

112 Leia-se imotivada ou desprovida de justa causa – assim necessária e previamente invocada e provada na fase interna da licitação.

propriamente dito para fins de sua fiel execução, ainda que para atender certas particularidades, apenas.

Como visto, para cumprir a nova finalidade legal do processo administrativo licitatório em sua perspectiva diretiva, substancial, isso não se faz necessário.

O mesmo não se pode dizer, todavia, acerca dos critérios de aferição de vantajosidade das propostas que a lei reclama utilizar.

Em reprise:

> Art. 3º A licitação destina-se a garantir a observância do princípio constitucional da isonomia, a seleção da proposta mais vantajosa para a administração e a promoção do desenvolvimento nacional sustentável e será processada e julgada em estrita conformidade com os princípios básicos da legalidade, da impessoalidade, da moralidade, da igualdade, da publicidade, da probidade administrativa, da vinculação ao instrumento convocatório, do julgamento objetivo e dos que lhes são correlatos.
>
> §1º É vedado aos agentes públicos:
>
> I – admitir, prever, incluir ou tolerar, nos atos de convocação, cláusulas ou condições que comprometam, restrinjam ou frustrem o seu caráter competitivo, inclusive nos casos de sociedades cooperativas, e estabeleçam preferências ou distinções em razão da naturalidade, da sede ou domicílio dos licitantes ou de qualquer outra circunstância impertinente ou irrelevante para o específico objeto do contrato, ressalvado o disposto nos §§5º a 12 deste artigo e no art. 3º da Lei nº 8.248, de 23 de outubro de 1991;
>
> II – estabelecer tratamento diferenciado de natureza comercial, legal, trabalhista, previdenciária ou qualquer outra, entre empresas brasileiras e estrangeiras, inclusive no que se refere a moeda, modalidade e local de pagamentos, mesmo quando envolvidos financiamentos de agências internacionais, ressalvado o disposto no parágrafo seguinte e no art. 3º da Lei nº 8.248, de 23 de outubro de 1991.
>
> §2º Em igualdade de condições, como critério de desempate, será assegurada preferência, sucessivamente, aos bens e serviços:
>
> II – produzidos no País;
>
> III – produzidos ou prestados por empresas brasileiras.
>
> IV – produzidos ou prestados por empresas que invistam em pesquisa e no desenvolvimento de tecnologia no País.
>
> §3º A licitação não será sigilosa, sendo públicos e acessíveis ao público os atos de seu procedimento, salvo quanto ao conteúdo das propostas, até a respectiva abertura.
>
> §4º (Vetado).

> §5º Nos processos de licitação previstos no *caput, poderá ser estabelecido margem de preferência para produtos manufaturados e para serviços nacionais que atendam a normas técnicas brasileiras.*
>
> §6º A margem de preferência de que trata o §5º *será estabelecida com base em estudos revistos periodicamente, em prazo não superior a 5 (cinco) anos,* que levem em consideração:
>
> I – geração de emprego e renda;
>
> II – efeito na arrecadação de tributos federais, estaduais e municipais;
>
> III – desenvolvimento e inovação tecnológica realizados no País;
>
> IV – custo adicional dos produtos e serviços; e
>
> V – em suas revisões, análise retrospectiva de resultados.
>
> §7º Para os produtos manufaturados e serviços nacionais resultantes de desenvolvimento e inovação tecnológica realizados no País, *poderá ser estabelecido margem de preferência adicional àquela prevista no §5º.*
>
> §8 *As margens de preferência* por produto, serviço, grupo de produtos ou grupo de serviços, a que se referem os §§5º e 7º, ***serão definidas pelo Poder Executivo federal****, não podendo a soma delas ultrapassar o montante de 25% (vinte e cinco por cento) sobre o preço dos produtos manufaturados e serviços estrangeiros.* (grifos nossos)

Ou seja, sem um regulamento "necessário",[113] não será possível *a qualquer ente político* dar concreção à margem de preferência referida nos §§5º e 7º do art. 3º da Lei nº 8.666/93, porque por ela determinado expressamente que compete ao Poder Executivo fixá-las. E por produto, serviço ou grupo de produtos ou serviços, observado o teto de 25% sobre o preço dos similares estrangeiros.

Melhor dizendo, na passagem a lei prescreve (i) quem *deve*, (ii) o que *deve* e (iii) em quais limites *deve* expedir o regulamento, empregando deliberadamente o termo "serão" ao invés da expressão "poderão ser", ao indicar a conduta reclamada do Poder Executivo Federal.

Portanto, o papel do princípio da legalidade em nosso ordenamento jurídico deve ser reavivado.

> Para avaliar corretamente o princípio da legalidade e captar-lhe o sentido profundo cumpre atentar para o fato de que ele é a tradução jurídica de um propósito político: o de submeter os exercentes do poder em concreto — o administrativo — a um quadro normativo de que embargue

---

[113] Portanto, daqueles destinados a complementar e mais bem explicitar o conteúdo da lei, sem inovar a ordem jurídica em caráter inicial.

> favoritismos, perseguições ou desmandos. Pretende-se através da norma geral, abstrata e por isso mesmo impessoal, a lei, editada, pois, pelo Poder Legislativo — que é o colégio representativo de todas as tendências (inclusive minoritárias) do corpo social —, garantir que a atuação do Executivo nada mais seja senão a concretização desta vontade geral. (...) Assim, o princípio da legalidade é o da completa submissão da Administração às leis. Esta deve tão-somente obedecê-las, cumpri-las, pô-las em prática. Daí que a atividade de todos os seus agentes, desde o que lhe ocupa a cúspide, isto é, o Presidente da República, até o mais modesto dos servidores, só pode ser a de dóceis, reverentes, obsequiosos cumpridores das disposições gerais fixadas pelo Poder Legislativo, pois esta é a posição que lhes compete no Direito brasileiro.[114]

Com efeito, é preciso cumprir a lei e o Direito no sentido de, pelo menos, viabilizar-se a promoção do desenvolvimento nacional sustentável mediante estipulação regulamentar das margens de preferência a serem adotadas pelo aparato administrativo.[115]

Demais disso, e a despeito do silêncio, a determinação legislativa contida no §8º do art. 3º da LGL urge ser entendida como dirigida, por igual, aos demais entes políticos, e nas mesmas condições, porque Estados e Municípios não se obrigam ao cumprimento de atos normativos da União de caráter regulamentar. Isso não desconstitui, naturalmente, a mesma imposição legal a eles dirigida no sentido da promoção do desenvolvimento nacional (sustentável).

Sem exceções.

> A decisão a respeito do exercício ou não da função normativa não estará ao livre arbítrio da autoridade competente, mas caracterizará verdadeiro *dever*, necessário à operatividade e harmonia do ordenamento. Nota-se, mais uma vez, a inconveniência de se falar em poder normativo, pois o foco principal deve mirar as finalidades que devem ser alcançadas e, em conseqüência, ressaltar a instrumentalidade no uso das competências.[116]

O governo federal iniciou os trabalhos.

---

[114] BANDEIRA DE MELLO, Celso A. *Curso de direito administrativo*, p. 100-101.

[115] Outro não foi o entendimento do C. Tribunal de Contas da União: (...) "a aplicação da lei, neste caso, não é de efeito imediato, uma vez que carece de definição pelo Poder Executivo Federal o estabelecimento do percentual referente à margem de preferência e que, portanto, demandará certo tempo para ser implementada, conforme o art. 1º, §8º da referida legislação: (...)" (TCU, TC-003.320/2011-1, Min. Relator Ubiratan Aguiar, Plenário, julgado em 23.03.2011). Disponível em: <https://contas.tcu.gov.br/juris/Web/Juris/ConsultarTextual2/Jurisprudencia.faces;jsessionid=6DBCE6A6CF7B5B75AB64883664DE24AD>. Acesso em: 1º mar. 2012.

[116] MOTTA. *Função normativa da Administração Pública*, p. 135.

*Decreto nº 7.546/2011*[117]

Aos 2 de agosto de 2011, a Presidenta da República, no uso das atribuições que lhe confere o art. 84, incisos IV, alínea "a", da Constituição da República, baixou decreto por meio do qual regulamentou, muito abstratamente, o disposto nos §§5º a 12 do art. 3º da Lei nº 8.666/93 e institui a Comissão Interministerial de Compras Públicas.

Por meio desse regulamento — para fiel execução da lei — assegurou-se nas licitações federais, na forma prevista *em regulamentos específicos*, margem de preferência para produtos manufaturados e serviços nacionais, que atendam, além dos regulamentos técnicos pertinentes, a normas técnicas brasileiras, limitada a vinte e cinco por cento do preço dos estrangeiros (art. 3º).

Ou seja, concretamente, o regulamento nada disciplinou acerca da proteção conferida à indústria nacional, porém deixou assentado que competiria a cada decreto específico estabelecer as margens de preferência e abrangência de aplicação, podendo fixar o universo de normas técnicas brasileiras aplicáveis por produto, serviço, grupo de produtos e grupo de serviços (art. 5º).

Na ocasião despertou interesse a instituição da Comissão Interministerial de Compras Públicas - CI-CP, constituída em caráter temporário, e com espeque no inciso VI do art. 84 da Constituição Federal. Àquele órgão se reservou atribuições específicas atinentes à proposição e ao acompanhamento da aplicação da margem de preferência para produtos manufaturados nacionais e serviços nacionais e das medidas de compensação comercial, industrial, tecnológica ou de acesso a condições vantajosas de financiamento.

Num primeiro súbito cogitou-se de delegação inconstitucional à CI-CP, mas que restou infirmada pelo próprio regulamento quando, no §7º de seu art. 8º, deixou claro, após arrolar, uma a uma, as competências desse colegiado, que "as proposições" seriam encaminhadas à Presidência da República.

Portanto, continuava imaculada a observância do órgão competente (a Chefia do Executivo) para a expedição dos regulamentos, os quais, entretanto, seriam mentados por um corpo técnico especializado inicialmente.

A técnica empregada para proposição soa séria, e com boas chances de êxito, porque expressa apreço pela colaboração e pela consensualidade. E o faz prevendo que a CI-CP poderá convidar especialistas,

---

[117] Confira o teor do decreto no ANEXO P.

pesquisadores e representantes de outros órgãos e entidades públicas ou privadas para apoiar a execução dos trabalhos (§6º do art. 9º), bem como criar comitês e subcomitês, com o intuito de prover subsídios técnicos necessários ao exercício das suas atribuições (§7º do mesmo dispositivo).[118]

Em suma, o rumo ao desenvolvimento pela via das limitações tende a ser democrático, pelo menos no plano do executivo federal.

E num ato bem intencionado, o próprio regulamento "supostamente autoriza" os Estados, o Distrito Federal, os Municípios, bem como os demais poderes da União, a adotar as margens de preferência estabelecidas pelo Poder Executivo federal (§2º do art. 3º).

Sem dúvida, uma facilidade, mas que pode não revelar a valoração dos interesses públicos (coletivos, difusos ou gerais) como reclamada em cada estrutura de poder, localidade e região.

Dito de modo simples, dificilmente uma decisão federal relativa à promoção do desenvolvimento nacional pela via das licitações se mostrará convergente àquela requerida por um município do interior de Santa Catarina e cuja estrutura econômica se desenvolva no entorno da produção, industrialização e comercialização da uva e seus derivados.

Então, o desenvolvimento ecossocioambiental do Brasil — em cada localidade, região e em todo o território nacional — deve seguir em várias direções e o traçado urge ser necessariamente estipulado por quem competente, sob pena de usurpação manifesta, delegação descabida ou inércia injustificável.

No plano da indústria de vestuário e de calçados, por exemplo, a proteção com viés de fomento começa a aparecer.

*Decreto nº 7.601/2011 – Estabelece a aplicação de margem de preferência para aquisição de produtos de confecções, calçados e artefatos no âmbito federal*

No final de 2011 o Decreto nº 7.601[119] foi editado com o fito de proteger a indústria do vestuário e de calçados, bem como os empregos por elas gerados, flagrantemente prejudicados pelo ingresso no mercado interno de produtos estrangeiros indevidamente favorecidos pela existência de uma enorme disparidade de encargos sociais e ambientais em relação aos nacionais.

---

[118] MOREIRA NETO. *Mutações do direito administrativo*, p. 42-43.

[119] *Vide* o ANEXO Q. No mesmo sentido seguem os Decretos nº 7.709 e 7.713, de 3 de abril de 2012, estabelecendo margem de preferência para aquisição de (i) retroescavadeiras (10%), (ii) motoniveladoras (18%) e (iii) fármacos e medicamentos (de 8% e de 20%), respectivamente. Confira o teor em: <http://www4.planalto.gov.br/legislacao/legislacao-1/decretos1/2012-decretos#content>. Acesso em: 9 abr. 2012.

Logo, à margem das críticas que o decreto possa receber, sem mais essa intervenção, dentre tantas, a produção continuaria a diminuir e postos de trabalho tenderiam a desaparecer.

Essa empreitada faz parte do "Plano Brasil Maior", idealizado no âmbito do Ministério do Desenvolvimento, da Indústria e Comércio Exterior para o período 2011-2014 e que tem por objetivo "aumentar a competitividade da indústria nacional, a partir do incentivo à inovação tecnológica e à agregação de valor".[120]

Isso não causa qualquer estranheza, especialmente quando se percebe que o ministro da pasta tem assento na Comissão Interministerial de Compras Públicas, o comitê técnico responsável por sugerir à Presidência da República, por intermédio do Ministério do Planejamento, aqueles setores da economia que estão a reclamar proteção ou fomento, objetivando a retomada, estabilização ou maximização do seu desenvolvimento, econômico, social e ambiental — repita-se.

Na rotina de sua aplicação a normativa traz uma novidade no sentido de exigir o preenchimento de declaração específica, pelo licitante, como requisito para fazer jus à preferência. Isto é, trabalha-se com a perspectiva inversa, de que a ausência de informação faz supor seja a proposta baseada no fornecimento de produto alienígena ou mesmo nacional, mas que não obedece aos critérios de origem necessários para fruição do benefício.

Demais disso e apenas a título de informação, embora a Lei nº 8.666/93 e o Decreto nº 7.546/2011 permitam margem de preferência de até 25% (vinte e cinco por cento), as vestimentas e os calçados nacionais, constantes do Anexo I do decreto setorial, receberam incentivo "equalizador" da ordem de 8% (oito por cento). Portanto, ao que tudo indica a indústria nacional não parece estar sendo e nem vir a ser beneficiada indiscriminadamente.

Sempre haverá critério, e objetivo, tanto para seleção dos setores, dos bens e dos serviços estimulados como para a própria estipulação das vantagens, mediante critérios técnicos eleitos de forma participativa e consensual. Na falta, será arbítrio, passível de reprimenda judicial.

De conseguinte, qualquer crítica afoita e generalizante não tem cabimento, menos ainda de cogitação de superfaturamento ou de protecionismo incompatível com os princípios da eficiência e da eficácia que devem nortear o mercado.

---

[120] Disponível em: <http://www.brasilmaior.mdic.gov.br/oplano/brasilmaior/> Acesso em: 1º mar. 2012.

Por outro lado, também é de se rechaçar, *a priori*, quaisquer ilações desairosas a manifestações de políticas públicas porque se a livre iniciativa é fundamento da ordem econômica, também o é a valorização do trabalho humano. Não por acaso, ela (a ordem econômica) tem por fim assegurar a todos existência digna, conforme os ditames da justiça social, mediante observância dos princípios da função social da propriedade, da redução das desigualdades regionais e sociais e da busca do pleno emprego — tudo como previsto no art. 170 da Constituição da República.

Fica assim assentada a expectativa, justa e séria, da proliferação urgente de regulamentos como esse, tanto no âmbito da União como, em especial, dos Estados e dos Municípios, pela concretização diuturna do direito fundamental ao desenvolvimento nacional, portanto num processo sempre evolutivo e rumo ao futuro sustentável.

> Desse modo, o princípio da eficiência no exercício das funções integra a noção jurídica de interesse público, uma vez que a Administração, ao desempenhar as competências que lhe são atribuídas pelo sistema normativo de modo diligente e voltado à plena satisfação da finalidade prevista na norma, dirige-se ao alcance exitoso de um resultado ínsito ao interesse da coletividade. Se o interesse público primário, como já asseverado, reside no direito positivo, o Poder Público, ao agir com eficiência para cumprir a finalidade das normas inscritas no ordenamento, nada mais faz do que conduzir-se diligentemente em direção à realização plena do interesse público.[121]

Daí porque a simples inércia ou mesmo o atraso injustificado na regulamentação dos §§5º a 8º da Lei nº 8.666/93, com a redação dada pela Lei nº 12.349/2010, tendem a configurar desrespeito a direito fundamental — individual e difuso — que autoriza, *rectius*, exige intervenção judicial. Aliás, como em tantas outras situações, das quais se passa a tratar.

---

[121] BACELLAR FILHO. A noção jurídica de interesse público no direito brasileiro. *In*: BACELLAR FILHO; HACHEM. *Direito administrativo e interesse público*: estudos em homenagem ao Professor Celso Antônio Bandeira de Mello, p.111.

CAPÍTULO IV

# O CONTROLE ADMINISTRATIVO E JUDICIAL DA PROMOÇÃO DO DESENVOLVIMENTO NACIONAL PELA VIA DAS LICITAÇÕES

*Uma questão de premissa*

Como já se afirmou no Capítulo II,

> O desenvolvimento não é um prêmio. Constitui ele um direito fundamental reconhecido na "Declaração sobre o Direito ao Desenvolvimento" – adotada pela Resolução nº 41/128 da Assembléia Geral das Nações Unidas, de 1986.
>
> Isso não equivale a dizer, contudo, que todo e qualquer sujeito tenha direito a ele indiferentemente, ou seja, mesmo aquele em injustificada inércia. É preciso fazer-se merecedor dele e, ao mesmo tempo, permitir-se que as pessoas possam almejar alcançá-lo, não de forma a perpetuar as desigualdades materiais, mas de modo a propiciar meios de igualização substancial, por intermédio de ações afirmativas, expressivas de políticas públicas e/ou de determinações normativas constitucionais, legais e mesmo regulamentares.

Partindo disso é possível afirmar que há um direito fundamental de cada um de nós ao desenvolvimento e de todos nós ao desenvolvimento de todos, portanto que se expressa individualmente, por primeiro; perpassa pela realização familiar, constrói-se na comunidade e toma dimensões de nação.

Tudo que exprima e instrumentalize esse direito, na sua feição individual ou coletiva, merece proteção e, ao mesmo tempo, propicia reação em caso de descumprimento. Aliás, como assim também se deixou consignado e que agora merece replicação:

> Contudo, o problema para o desenvolvimento está na falta de efetividade das normas, quer por falta de interesse político e da insuficiente iniciativa da sociedade civil no controle dos atos públicos. No entanto, *existem instrumentos jurídicos que podem direcionar a atuação estatal rumo ao desenvolvimento, a exemplo da adoção de políticas públicas* aliadas à transparência na gestão pública e ao controle do Judiciário que podem ser o elo entre a positivação constitucional e a efetivação do direito ao desenvolvimento.[122]

Ou seja, o desatendimento a esse direito fundamental, ademais de erigido à condição de objetivo fundamental da República Federativa do Brasil, não apenas autoriza como exige reação e que se faz possível pretender tanto no âmbito intestino da Administração Pública como perante as Cortes de Contas e de Justiça.

Ocorre que ele também configura um dever legal, imposto pela Lei nº 8.666/93, com a redação dada pela Lei nº 12.349/2010, e daqueles que orienta a produção de uma série cronologicamente concatenada de atos administrativos tendentes à produção de um único resultado: viabilizar a contratação administrativa como uma potencialidade, mas não sem garantir (i) a isonomia, (ii) a seleção da proposta mais vantajosa e (iii) promover o desenvolvimento nacional (sustentável).

Adicione-se, ainda, o fato de que no âmbito do Regime Diferenciado de Contratações Públicas (RDC) a lei esparsa (Lei nº 12.462/2011) foi além e o elevou ao patamar de princípio da licitação.

Consequentemente, é de se supor que o descumprimento desse direito fundamental, e, ao mesmo tempo, dever legal e princípio licitatório, enseje consequências.

---

[122] PEIXINHO; FERRARO. Direito ao desenvolvimento como direito fundamental. *In*: CONGRESSO NACIONAL DO CONPEDI, 16., p. 6971.

## Efeitos do descumprimento do dever legal de promoção do direito fundamental ao desenvolvimento nacional por meio das licitações

*Antes da MP nº 495 e da Lei nº 12.349/2010*

Anteriormente às modificações havidas, em 2010, na Lei nº 8.666/93, o eventual descumprimento da "função social"[123] latente dos processos licitatórios redundaria, como não poderia deixar de ser, em certas certos efeitos jurídicos, porém certamente menos contundentes que os atuais.

Naqueles tempos a discussão ficava praticamente restrita a questões envolvendo o descumprimento ou o mau-cumprimento da LC nº 123 (o Estatuto da Microempresa e da Empresa de Pequeno Porte), das Leis versando sobre Meio Ambiente (em especial versando sobre a PNMC e a PRS) e de opções políticas ou hierárquicas (como o Decreto do Estado do Paraná) e quase sempre tomavam por base as "faculdades" legais descumpridas. Ainda não havia, pois, conscientização de que as medidas afirmativas constantes do ordenamento jurídico não configuravam liberdade propriamente dita, mas um dever legal a ser exercido, conforme o caso.[124]

Contudo, é de somenos importância estudar os efeitos dos erros de outrora, porque aqueles atos normativos, embora coletivamente desejados, ainda não sofriam a compulsória e eloquente influência da Lei Geral de Licitações, que hodiernamente impõe a promoção do desenvolvimento nacional sustentável também como finalidade da licitação. Não como residual fim, nem mesmo como alternativa possibilidade finalística. Como terceira, lado a lado com a garantia da isonomia e da seleção da proposta mais vantajosa.

Portanto, é para o cenário atual que se traz a lume algumas considerações e se propõem, ao menos por enquanto, algumas conclusões.

---

[123] FERREIRA. Função social da licitação pública: o desenvolvimento nacional sustentável (*no* e *do* Brasil, antes e depois da MP nº 495/2010). *Fórum de Contratação e Gestão Pública – FCGP.*

[124] E assim se sustentou, inclusive, no *3º CIUDAD – Congreso Internacional de Derecho Administrativo,* sob os auspícios da *Universidad Michoacana de San Nicolás de Hidalgo,* realizado em novembro de 2010, na Cidade de Morélia, Estado de Michoacan, México. Confira, no Apêndice a esta obra, a palestra proferida, em forma de artigo e na língua espanhola.

*Descumprimento da finalidade legal de promoção do direito fundamental ao desenvolvimento nacional por meio das licitações e seus efeitos*

Exercitar uma competência administrativa sem dar cabo de cumprir o fim que a legitima não torna o seu exercício regular. Ao contrário, o simples cumprimento de um dever-poder alheio às suas próprias razões de existir é como dirigir sem rumo — assumindo o passeio como um fim em si mesmo e os riscos de não chegar a lugar algum. O problema é que no plano das licitações isso não é possível, pelo menos juridicamente, porque essa atividade se dá no exercício de função administrativa.

Uma vez distinguido o objeto licitado da satisfação da necessidade ou da utilidade, administrativa ou coletiva, em tese fica desfeita a confusão potencial entre adquirir um veículo e atender a necessidade de transportar pessoas (por meio dele).

É preciso assimilar, ademais e principalmente, que a licitação não tem apenas um, mas três fins a serem cumpridos regularmente. Assim sendo, todos têm de ser atendidos em regra, ainda que de forma parcial ou potencial, sob pena de nulidade do certame e do próprio contrato porventura decorrente.

*Potencialmente* porque, por exemplo, numa licitação instaurada na modalidade de concorrência pública, pode ser que apenas um licitante dela participe e, afinal, veja para si adjudicado seu objeto — e sem irregularidades. No caso, a falta de materiais competidores, ainda que possa parecer estranha, não conduz à conclusão inexorável de violação do princípio da isonomia e da competitividade, porque esta foi formal e regularmente atendida.

De outra banda, ainda que num processo licitatório se apresentem vários licitantes e acirrada competitividade, mediante apresentação de propostas aptas a cotejo, assim autorizando a seleção da mais vantajosa (e não da única economicamente admissível), pode ser que ele esteja viciado, mediante dirigismo do objeto a um fabricante. É que a isonomia não se propõe como princípio a ser observado apenas em relação aos efetivamente licitantes, mas aos interessados em firmar parcerias negociais com a Administração Pública.

Ou seja, a comprovação da isonomia e da competição requeridas por lei como finalidades da licitação se provam em concreto, tanto quanto assim se comprovam as causas de justificação legítima para seu desatendimento.

Enfim, quando não for possível dar concreção simultânea aos dois princípios, em todos os momentos do certame, então que pelo menos o sobranceiro se veja atendido, tal como ocorre em caso de empate real entre propostas: nada mais isonômico que reconhecer o "vencedor" por sorteio. Aliás, como inteligentemente previsto em lei (art. 45, §2º da LGL).

E tudo isso, ainda, sem qualquer consideração acerca da novel finalidade, que bem expressa — e exemplifica intrinsecamente — a razão pela qual o atendimento dela mesma pode ocorrer apenas em parte (e como regra).

Reitere-se: o desenvolvimento, para ser assim reconhecido, precisa ser ecossocioambiental, e num cenário auto-ajustável, daqueles que se vai modificando consoante se modificam as condições para sua realização.

Nesta linha, as suas vertentes intrínsecas, não pouca vez, repelem-se mutuamente. Qualquer sujeito percebe que a aquisição de um produto qualificado ecologicamente exige maior desembolso, mas que, ao longo do tempo, tende a diminuir, porque passa a configurar um *standard* de consumo ou porque o similar, desprovida dos caracteres de sustentabilidade ambiental passa a ser desestimulado e, afinal, proibido. O exemplo da obrigatoriedade padronizada de aquisição de computadores verdes é eloquente.[125]

[125] *Planejamento disponibiliza especificações de computadores verdes*. Publicado em 19 de março de 2010.
Já estão disponíveis na internet as especificações para a aquisição de computadores verdes pelo governo federal. As características desses equipamentos estão descritas no endereço <http://www.governoeletronico.gov.br/sisp-conteudo/especificacoes-tic> e são recomendadas aos órgãos da administração federal, autarquias e fundações. De acordo com a Portaria n° 2, publicada ontem no Diário Oficial da União, os órgãos devem, preferencialmente, contemplar esses requisitos que vão da melhoria da eficiência energética a restrições quanto à utilização de substâncias nocivas na composição dos equipamentos. Os órgãos que seguirem essas orientações deverão exigir, no edital, a ausência de substâncias perigosas como mercúrio, chumbo, cromo hexavalente, cádmio, bifenil polibromados, éteres difenil-polibromados em concentração acima da recomendada pela diretiva da Comunidade Econômica Europeia Restriction of Certain Hazardous Substances. Outra característica é que a eficiência dos computadores deve ser superior a 80% no fator de potência do seu desempenho (Power Factor Correction). Assim, há redução no consumo de energia elétrica. Essas recomendações foram disponibilizadas para consulta pública entre 14 de dezembro passado e janeiro deste ano e também integram a Instrução Normativa nº 1, de 19 de janeiro de 2010. Por meio dessa norma, o Ministério do Planejamento regulamentou a utilização de critérios sustentáveis na aquisição de bens e na contratação de obras e serviços pelos órgãos do governo federal. A Secretaria de Logística e Tecnologia da Informação (SLTI) do Ministério do Planejamento também disponibilizou na internet as especificações de estações de trabalho básica, padrão e avançada e de notebooks. Essas características devem ser observadas pelos órgãos do governo federal, conforme determinou a Portaria n° 2. A norma determina ainda que as aquisições de bens nessa área devem estar de acordo com o Plano Diretor de Tecnologia de Tecnologia da Informação (PDTI) do órgão. A partir de julho, esse planejamento deverá conter também a política de aquisição, substituição e descarte de equipamentos." Disponível em: <http://www.governoeletronico.gov.br/noticias-e-eventos/noticias/planejamento-disponibiliza-especificacoes-de-computadores-verdes>. Acesso em: 2 mar. 2012.

Logo, apenas por conta da necessidade de precisar o objeto licitado, ou da sua escolha dentre tantos outros que poderiam similarmente satisfazer o interesse público, a Administração Pública sempre se vê *entre a cruz e a espada*. Ela tem de sopesar a mitigação da economia em prol do meio ambiente, do econômico em detrimento do social, ou, ainda, do social que impacta de forma negativa o meio ambiente.

Destarte, para cumprir os fins legais, é preciso compor em sede de licitações isonomia, vantajosidade e desenvolvimento; este, ainda, nos aspectos econômico, social e ambiental.

Nesse espaço é que a discricionariedade se propõe, repita-se: não na escolha entre indiferentes, tomando um por outro e vice-versa, mas na verificação em cada caso concreto de qual forma o interesse *geral* será otimamente atendido. Ou seja, aquele que empreste o maior número de benefícios indistintamente, ainda que para tanto se dirija de forma mais direta e imediata a um interesse coletivo ou difuso.

É por isso que, hodiernamente, estimular a indústria nacional do vestuário e dos calçados faz sentido, ainda mais quando se considera o fator "geração de empregos"[126] para fins de tomada da decisão.

Desse modo, o fomento à promoção do desenvolvimento especialmente em uma de suas facetas, e mesmo que viabilizada por uma opção de governo (por um decreto hierárquico, como no caso do Paraná) ou por uma decisão puramente administrativa (edital de licitação), *deve* acontecer, porém de forma motivada, razoável e proporcional.

Não há nenhuma faculdade nisso, menos ainda de fazer ou de não fazer.

> Integra a compostura das medidas de fomento, é certo, a preponderância dada ao desempenho de certa atividade dos particulares em homenagem

[126] "A indústria de couro também pode ser caracterizada pela intensidade no uso de trabalho humano, contribuindo de forma relevante para a geração de emprego industrial. Sua importância na geração de emprego, contudo, foi atenuada ao longo dos últimos anos. (...) Portanto, existem certamente vários desafios competitivos que devem ser enfrentados pela indústria brasileira de couro, principalmente por suas pequenas e médias empresas. As dificuldades existentes acabam levando, por um lado, a produtos de baixa qualidade, e, por outro lado, a custos e preços mais elevados e, consequentemente, à perda de espaço das pequenas e médias empresas no ambiente competitivo, bem como às dificuldades de enfrentamento da concorrência internacional e das barreiras comerciais e técnicas impostas por importantes consumidores externos. A perspectiva de sustentação do crescimento econômico nos próximos anos serve de incentivo para o enfrentamento das fragilidades e para o aproveitamento das oportunidades que se colocam para a indústria de couro brasileira. A contribuição das políticas públicas ao setor produtivo nos pontos levantados acima tende a adquirir fundamental importância." Disponível em: <http://www.abdi.com.br/Estudo/Couro_Relat%C3%B3rio%20de%20Acompanhamento%20Setorial_mar%C3%A7o2011_vers%C3%A3o%20eletr%C3%B4nica.pdf%20copy.pdf>. Acesso em: 2 mar. 2012.

> a específicos fins públicos, de obrigatório acolhimento no Texto Constitucional. (...)
>
> Para não gerar uma contraditoriedade com a própria finalidade legal, vigora uma *proibição de excesso*, bem como uma *proibição de insuficiência*, na fixação do perfil ou da dimensão das medidas fomentadoras. Qualquer manifestação dessas patologias no marco normativo acarreta invalidade. No plano administrativo, a administração tem o dever de não reproduzir o *excesso*, sob pena de responsabilidade. Todavia, a mesma correção é indevida, no caso de *insuficiência* do marco legal, sob pena de afronta à legalidade.[127]

Assim que, visando cumprir os três fins legais num processo administrativo licitatório, a Administração está proibida de atuar desarrazoadamente — seja por falta, seja por excesso — na escolha da finalidade a ser prestigiada.[128] Demais disso, uma vez fixada a prioridade, também ela deverá se mostrar proporcional, valendo lembrar o parâmetro adotado para os calçados e para outros itens de vestuário brasileiros como margem de preferência em relação aos estrangeiros (8% - no Decreto nº 7.601/2011), num máximo de 25% permitido pela Lei Geral de Licitações.

Para evitar equívocos, ainda que bem intencionados, o planejamento da promoção do desenvolvimento nacional sustentável como finalidade das licitações é providência que se impõe. E não apenas para evitar a solução de continuidade de políticas públicas relevantes, mas para servir de parâmetro administrativo ou judicial, se e quando necessário, na apuração de equívocos (por insuficiência ou por excesso) e de responsabilidades.

*Descumprimento da finalidade legal de promoção do direito fundamental ao desenvolvimento nacional em licitações, pela não adoção da margem de preferência por falta de regulamentação*

Agora surge um problema de ordem diversa.

Se por um lado a lei facilitou o atuar administrativo exigindo a promoção do desenvolvimento nacional sustentável como (mais um) fim legal das licitações, erigindo-o à condição de princípio, ainda, no RDC, por outro trouxe dificuldade. Ela criou uma obrigação ao Chefe do Executivo de cada esfera de poder, qual seja a de regulamentar a

---

127 OLIVEIRA. *Os princípios da razoabilidade e da proporcionalidade no direito administrativo brasileiro*, p. 528.

128 NIEBHUR. *Licitação pública e contrato administrativo*, p. 304-305.

margem de preferência concedida a bens, serviços ou segmentos (de bens e serviços) nacionais como prevista nos §§5º a 7º do art. 3º da LGL. Para facilitar:

> Art. 3º A licitação destina-se a garantir a observância do princípio constitucional da isonomia, a seleção da proposta mais vantajosa para a administração e a promoção do desenvolvimento nacional sustentável e será processada e julgada em estrita conformidade com os princípios básicos da legalidade, da impessoalidade, da moralidade, da igualdade, da publicidade, da probidade administrativa, da vinculação ao instrumento convocatório, do julgamento objetivo e dos que lhes são correlatos. (...)
>
> §5º Nos processos de licitação previstos no *caput*, poderá ser estabelecido margem de preferência para produtos manufaturados e para serviços nacionais que atendam a normas técnicas brasileiras.
>
> §6º A margem de preferência de que trata o §5º será estabelecida com base em estudos revistos periodicamente, em prazo não superior a 5 (cinco) anos, que levem em consideração:
>
> I – geração de emprego e renda;
>
> II – efeito na arrecadação de tributos federais, estaduais e municipais;
>
> III – desenvolvimento e inovação tecnológica realizados no País;
>
> IV – custo adicional dos produtos e serviços; e
>
> V – em suas revisões, análise retrospectiva de resultados.
>
> §7º Para os produtos manufaturados e serviços nacionais resultantes de desenvolvimento e inovação tecnológica realizados no País, poderá ser estabelecido margem de preferência adicional àquela prevista no §5º.
>
> *§8º As margens de preferência por produto, serviço, grupo de produtos ou grupo de serviços, a que se referem os §§5º e 7º, serão definidas pelo Poder Executivo federal, não podendo a soma delas ultrapassar o montante de 25% (vinte e cinco por cento) sobre o preço dos produtos manufaturados e serviços estrangeiros.* (grifos nossos)

E nem se cogite de faculdade, ainda mais mediante invocação do termo "poderá" previsto no §5º, porque a utilização da margem de preferência é instrumento hábil, previsto em lei, à realização de um direito constitucionalmente previsto, o direito fundamental ao desenvolvimento (nas perspectivas de direito individual, coletivo ou difuso).

Porém, como visto, ele depende de regulamentação, tanto quanto dela também depende a efetivação do fomento às micro e às empresas de pequeno porte.[129] É, por igual, atribuição vinculada, que urge ser exercida — não apenas para atender aos objetivos da República, mas especialmente para amoldar-se à nova finalidade legal da licitação — e para a qual a omissão injustificada reclama providências.

É chegado o momento de se analisar, mui rapidamente, quais são os instrumentos de mais fácil compreensão[130] e manejo à disposição no ordenamento jurídico brasileiro e que se mostram prestantes para invocar o controle administrativo ou judicial na seara.

## Mecanismos não judiciais de controle da promoção do direito fundamental ao desenvolvimento nacional por meio das licitações

### *Controle Preventivo*

#### *Impugnação de Edital de Licitação*

O meio não judicial mais simples para provocar a Administração Pública, no sentido da efetiva promoção do desenvolvimento nacional pela via das licitações, parece ser a impugnação ao instrumento convocatório. Tal possibilidade está assim prevista na LGL desde sua origem:

> Art. 41. A Administração não pode descumprir as normas e condições do edital, ao qual se acha estritamente vinculada.
>
> §1º Qualquer cidadão é parte legítima para impugnar edital de licitação por irregularidade na aplicação desta Lei, devendo protocolar o

---

[129] LC nº 123/2006
Art. 47. Nas contratações públicas da União, dos Estados e dos Municípios, poderá ser concedido tratamento diferenciado e simplificado para as microempresas e empresas de pequeno porte objetivando a promoção do desenvolvimento econômico e social no âmbito municipal e regional, a ampliação da eficiência das políticas públicas e o incentivo à inovação tecnológica, desde que previsto e regulamentado na legislação do respectivo ente.

[130] Com esta observação não se está a duvidar da capacidade dos leitores, mas a referir que mesmo alguns dos mais letrados em Direito ainda não se aperceberam das várias possibilidades (de pedidos e de efeitos) para correção de vícios e somente no âmbito administrativo. "Não custa repetir: não há apenas duas possibilidades de corrigir o vício: a invalidação e a convalidação. Há oito possibilidades: invalidação retroativa ou irretroativa, convalidação, conversão, redução e invalidação e concomitante edição de outro ato com conteúdo total ou parcialmente idêntico ou diferente. Diante de tantas soluções, não há como pretender que sempre haja apenas uma solução razoável e justa. A possibilidade de uma conversão discricionária ou vinculada estende-se para os outros meios de correção. Afirmar para todos os casos a existência de apenas uma decisão jurídica razoável atenta contra a indiscutível complexidade da vida, a relatividade dos valores e o princípio do pluralismo" (MARTINS. *Efeitos dos vícios do ato administrativo*, p. 401). Em suma, cada caso é um caso e de ser assim considerado, analisado e decidido. Não há fórmulas generalizantes.

> pedido até 5 (cinco) dias úteis antes da data fixada para a abertura dos envelopes de habilitação, devendo a Administração julgar e responder à impugnação em até 3 (três) dias úteis, sem prejuízo da faculdade prevista no §1º do art. 113.
>
> §2º Decairá do direito de impugnar os termos do edital de licitação perante a administração o licitante que não o fizer até o segundo dia útil que anteceder a abertura dos envelopes de habilitação em concorrência, a abertura dos envelopes com as propostas em convite, tomada de preços ou concurso, ou a realização de leilão, as falhas ou irregularidades que viciariam esse edital, hipótese em que tal comunicação não terá efeito de recurso.

Isto é, quem se encontra no pleno gozo dos direitos políticos pode controlar as licitações públicas na sua vocação de promover o desenvolvimento nacional (sustentável). Esta nova realidade leva a cidadania a outro patamar, de controle não apenas da Administração Pública no que diz com o fiel cumprimento da lei, mas do seu cumprimento na direção do futuro almejado para o Brasil e para os brasileiros em 1988.

O mesmo se pode dizer dos licitantes que têm expectativa de contratar com os poderes públicos, mas que não verificam, por exemplo, o instrumento convocatório a minimamente prestigiar o impacto ambiental de uma escolha em detrimento de outra, refira-se ela ao objeto licitado ou ao potencial rol de fornecedores. Pior ainda, num caderno licitatório que não contém sequer uma linha, escrita na fase interna e por quem competente, justificando a omissão ou, ao revés, a falta de opção (por insuficiência de recursos).

Como visto, a partir de agora a suposta discricionariedade administrativa na definição do objeto da licitação ou mesmo do meio eleito para satisfação da necessidade ou da utilidade, administrativa ou coletiva, reduz-se em muito e incrementa, como nunca, o controle popular.

Mas todo direito tem limites, inclusive de impugnar instrumentos convocatórios, de modo que o exercício personalíssimo de direitos políticos e mesmo do devido processo legal por licitantes potenciais deve ser razoável, com a consciência necessária de que eventual abuso reclama responsabilidade e pode exigir reparação de dano.

Apenas uma ressalva, até mesmo pretensões aparentemente egoísticas, daquelas que se propõe apresentar em proveito "pessoal", encontram guarida na impugnação, de modo que ela é instrumento mais do que adequado para um microempresário, por exemplo, exigir da Administração a reserva de mercado prevista em lei. E no plano federal isso é ainda mais fácil, porquanto qualquer exceção ao dever legal regulamentado deva ser prévia, adequada e documentalmente provada para que o fomento — compulsório — não se dê. Sintetizando, aqui a regra federal é garantir a reserva de mercado. A exceção não justificada, justificada de forma deficiente ou erroneamente motivada pode ser combatida com lastro no princípio da autotutela, aquele mesmo que obriga à reintegração da ordem jurídica violada pela própria Administração, quando alertada do erro.

*Representação às Cortes de Contas*

Mas a própria Lei de Licitações vai além e prevê que qualquer um, qualquer um mesmo, inclusive um estrangeiro ou uma ONG voltada à proteção do meio ambiente, pode representar às Cortes de Contas por descumprimento da Lei nº 8.666/93.

Assim se extrai de seu art. 113: "o controle das despesas decorrentes dos contratos e demais instrumentos regidos por esta Lei será feito pelo Tribunal de Contas competente, na forma da legislação pertinente, ficando os órgãos interessados da Administração responsáveis pela demonstração da legalidade e regularidade da despesa e execução, nos termos da Constituição e sem prejuízo do sistema de controle interno nela previsto". E mais, que (§1º) "qualquer licitante, contratado ou pessoa física ou jurídica poderá representar ao Tribunal de Contas ou aos órgãos integrantes do sistema de controle interno contra irregularidades na aplicação desta Lei, para os fins do disposto neste artigo".

Nesse sentido todos estão legitimados a pretender e requerer o desenvolvimento nacional sustentável como finalidade legal da licitação também perante os órgãos de controle constitucionalmente previstos, que não podem se fazer indiferentes a isso e que devem, inclusive e se for o caso, tomar as medidas necessárias para *suspensão* do certame e retificação do edital para sua conformação à Lei nº 8.666/93. É que

> O controle social exercido pelo cidadão não se esgota em si mesmo, nem possui a função de substituir o controle oficial regulado constitucionalmente. O controle social é complementar ao controle oficial e depende deste último para ter eficácia. O controle social, para fazer valer as suas constatações contra irregularidades praticadas pelo Poder Público deve buscar a própria Administração para correção das falhas encontradas, representar aos integrantes do sistema de controle interno, denunciar os fatos ao Tribunal de Contas ou representante do Ministério Público. (...)
>
> Nessa linha de aperfeiçoamento que devem seguir os organismos de controle externo, no meu entendimento deverão ser atingidos objetivos ainda um pouco avaliados e discutidos, tais como: os órgãos de controle

transformarem-se em elementos imprescindíveis para implantação de novas políticas públicas; incorporarem definitivamente a função pedagógica; e tornarem-se elementos de influência no planejamento de políticas públicas.[131]

Desse modo, cada um tem seu papel na condução do Brasil rumo à ecossocioeconomia. Os Tribunais de Contas tem o próprio, inclusive de prevenção,[132] e que pode ser lembrado — se, quando e como necessário — por qualquer um.

*Direito Constitucional de Petição*

Pode ser, entretanto, que um pessoalmente "interessado" em reverter uma licitação anunciada para ocorrer ou, ainda, em curso não tenha em mãos seu título de eleitor e os comprovantes de votação para fins de demonstrar, de plano, sua condição de cidadão. E, ainda, que não queira se dirigir ao órgão de controle externo para tanto.

Então, teria ele o que fazer já que, nessa situação, ele está, em tese, impedido de impugnar o edital de licitação conforme disposto no art. 41 da Lei nº 8.666/93? Sim, poderia ele dirigir uma petição à Administração que promove o certame, com *expressa indicação* de fundamento no art. 5º, inciso XXXIV, alínea "a", da Constituição da República, que assim prevê: "todos são iguais perante a lei, sem distinção de qualquer

---

[131] MILESKI. Tribunal de Contas: evolução, natureza, funções e perspectivas futuras. *In*: FREITAS. (Coord.). *Tribunais de Contas*: aspectos polêmicos: estudos em homenagem ao Conselheiro João Féder, p. 107, 113.

[132] Sumário: Representações formuladas por equipe de auditoria e pelo Ministério Público Federal. Falhas na área ambiental, verificadas no Projeto de Integração do Rio São Francisco com Bacias Hidrográficas do Nordeste Setentrional. Instauração de procedimentos licitatórios prescindindo-se da Outorga de Direito de Uso de Recursos Hídricos, por parte da ANA, atestando a viabilidade técnica e o adequado tratamento da questão ambiental do Projeto. Emissão de Licença Prévia para o empreendimento, por parte do IBAMA, a despeito da existência de omissões e deficiências no estudo de impacto ambiental (EIA). Diligências. Esclarecimentos preliminares apresentados não são suficientes para justificar as omissões e suprir as deficiências apontadas pela equipe de auditoria e pelo Ministério Público Federal, em suas representações. Pedido de suspensão cautelar dos procedimentos licitatórios em andamento, justificado pela proximidade da data marcada para recebimento das propostas dos Editais nº 01/2005 e nº 02/2005, relativos à supervisão e obras de engenharia, respectivamente. Conhecimento. Prorrogação das datas de recebimento das propostas comerciais, referentes aos editais mencionados, desnatura o periculum in mora no qual se lastreou a cautela pretendida. Determinação relativamente à Concorrência nº 02/2004. Diligência ao Ministério da Integração Nacional para que se manifeste acerca das irregularidades apontadas, indicando as providências já adotadas e que se pretende adotar. Comunicações (TCU, TC-011.659/2005-0, Relator Min. Benjamin Zymler, Plenário, julgamento em 10.08.2005). Disponível em: <https://contas.tcu.gov.br/juris/Web/Juris/ConsultarTextual2/Index.faces>. Acesso em: 04 mar. 2012.

natureza, garantindo-se aos brasileiros e aos estrangeiros residentes no País a inviolabilidade do direito à vida, à liberdade, à igualdade, à segurança e à propriedade, nos termos seguintes: (...) XXXIV – são a todos assegurados, independentemente do pagamento de taxas: a) o direito de petição aos Poderes Públicos em defesa de direitos ou contra ilegalidade ou abuso de poder."

Logo, é a própria Lei das leis que legitima qualquer um, na defesa de direito próprio, coletivo ou difuso — como o direito fundamental ao desenvolvimento — apresentar-se perante quaisquer dos Poderes Públicos para reclamar a reintegração da ordem jurídica violada. A eles, os Poderes Públicos, não resta alternativa outra que não receber o petitório, analisar o pleito e decidir, motivadamente inclusive, pelo seu acolhimento ou não, porquanto a provocação reclame atendimento ao princípio da autotutela administrativa.

Como bem se sabe,

> A Administração Pública comete equívocos no exercício de sua atividade, o que não é nem um pouco estranhável em vista das múltiplas tarefas a seu cargo. Defrontando-se com esses erros, no entanto, pode ela mesma revê-los para restaurar a situação de regularidade. Não se trata apenas de uma faculdade, mas também de um *dever*, pois que não se pode admitir que, diante de situações irregulares, permaneça inerte e desinteressada. Na verdade, só restaurando a situação de regularidade é que a Administração observa o princípio da legalidade, do qual a autotutela é um dos mais importantes corolários.[133]

Fica claro, pois, que para a Administração Pública não há alternativa outra que não cumprir a lei sob pena de se ver compelida a tanto. E por qualquer um, especialmente em relação à promoção do desenvolvimento nacional (sustentável), porque esse é um direito de cada um e de todos, além de finalidade legal do processo administrativo licitatório (conforme o *caput* do art. 3º da Lei nº 8.666/93), ademais de princípio licitacional (art. 3º do RDC – Lei nº 12.462/2011).

E o direito de petição pode ser manejado de forma prévia ou *a posteriori*, portanto para prevenir ou para reprimir a ilegalidade ou abuso de poder. Assim sendo, no âmbito preventivo, ele também se distingue da impugnação do edital de licitação alusivo a pregão (regido pela Lei nº 10.520/2002 e regulamentado, no âmbito federal, pelo Decreto nº 5.450/2005) porque nesta hipótese se determina a resolução

---

[133] CARVALHO FILHO. *Manual de direito administrativo*, p. 31.

do imbróglio antes da realização do certame. Ou, dito de outra forma, porque a impugnação "suspende" a licitação.[134]

*Controle Repressivo*

*Recurso Administrativo e Representação – à luz da Lei nº 8.666/93 – e Interessado para a Lei nº 9.784/99*

Mas o controle acerca do cumprimento dos fins da licitação não se dá apenas preventivamente. No contexto, é possível recorrer de uma decisão que nega a finalidade legal de promoção do desenvolvimento nacional sustentável. Por exemplo, aquela que indefere o pedido de impugnação feito por licitante microempresário por falta de "reserva de mercado" do convite instaurado no plano federal. Neste caso, a lei não prevê recurso, mas viabiliza o devido processo legal por meio da representação, *sempre no prazo de lei,* à qual se poderá atribuir efeito suspensivo na forma da lei,[135] para fins de se suspender o certame ou, pelo menos, a contratação correlata.

---

[134] Decreto nº 5.450/2005
Art. 18. Até dois dias úteis antes da data fixada para abertura da sessão pública, qualquer pessoa poderá impugnar o ato convocatório do pregão, na forma eletrônica. §1º Caberá ao pregoeiro, auxiliado pelo setor responsável pela elaboração do edital, decidir sobre a impugnação no prazo de até vinte e quatro horas. §2º Acolhida a impugnação contra o ato convocatório, será definida e publicada nova data para realização do certame.

[135] Lei nº 8.666/93
Art. 109. Dos atos da Administração decorrentes da aplicação desta Lei cabem: I – recurso, no prazo de 5 (cinco) dias úteis a contar da intimação do ato ou da lavratura da ata, nos casos de: (a) habilitação ou inabilitação do licitante; (b) julgamento das propostas; (c) anulação ou revogação da licitação; (d) indeferimento do pedido de inscrição em registro cadastral, sua alteração ou cancelamento; (e) rescisão do contrato, a que se refere o inciso I do art. 79 desta Lei; (f) aplicação das penas de advertência, suspensão temporária ou de multa;II – representação, no prazo de 5 (cinco) dias úteis da intimação da decisão relacionada com o objeto da licitação ou do contrato, de que não caiba recurso hierárquico; III – pedido de reconsideração, de decisão de Ministro de Estado, ou Secretário Estadual ou Municipal, conforme o caso, na hipótese do §4º do art. 87 desta Lei, no prazo de 10 (dez) dias úteis da intimação do ato. §1º A intimação dos atos referidos no inciso I, alíneas "a", "b", "c" e "e", deste artigo, excluídos os relativos a advertência e multa de mora, e no inciso III, será feita mediante publicação na imprensa oficial, salvo para os casos previstos nas alíneas "a" e "b", se presentes os prepostos dos licitantes no ato em que foi adotada a decisão, quando poderá ser feita por comunicação direta aos interessados e lavrada em ata. §2º O recurso previsto nas alíneas "a" e "b" do inciso I deste artigo terá efeito suspensivo, podendo a autoridade competente, motivadamente e presentes razões de interesse público, atribuir ao recurso interposto eficácia suspensiva aos demais recursos. §3º Interposto, o recurso será comunicado aos demais licitantes, que poderão impugná-lo no prazo de 5 (cinco) dias úteis. §4º O recurso será dirigido à autoridade superior, por intermédio da que praticou o ato recorrido, a qual poderá reconsiderar sua decisão, no prazo de 5 (cinco) dias úteis, ou, nesse mesmo prazo, fazê-lo subir, devidamente informado, devendo, neste caso, a decisão ser proferida dentro do prazo de 5 (cinco) dias úteis, contado do recebimento do recurso, sob pena de responsabilidade. §5º Nenhum prazo de recurso, representação

Contudo, embora não previsto expressamente, a LGL limita o exercício do direito ao recurso e à representação aos por ela considerados interessados, quais sejam os licitantes efetivamente participantes no certame e aqueles que porventura impugnaram o edital (cidadão ou licitante) e apenas em relação aos atos que lhes digam respeito direto.

Todavia, forçoso lembrar que a Lei nº 9.784/99 (que regula o processo administrativo no âmbito federal e que se aplica supletivamente a Estados e Municípios na falta de lei específica)[136] oferece opção diversa, quase hercúlea.[137] Em verdade, ela viabiliza o controle da Administração

---

ou pedido de reconsideração se inicia ou corre sem que os autos do processo estejam com vista franqueada ao interessado. §6º Em se tratando de licitações efetuadas na modalidade de "carta convite" os prazos estabelecidos nos incisos I e II e no parágrafo 3º deste artigo serão de dois dias úteis.

[136] *Ementa*: Administrativo. Processual civil. Servidores públicos estaduais inativos. Art. 54 da Lei nº 9.784/99. Administração estadual. Aplicação. Possibilidade. Decadência administrativa. Configurada. Termo *a quo*. Vigência da lei. 1. Ausente lei específica, os comandos normativos contidos na Lei nº 9.784/99 são aplicáveis no âmbito das Administrações Estadual e Municipal, os quais estabelecem o prazo de 5 (cinco) anos para a Administração rever seus próprios atos. (...) 3. Recurso ordinário em mandado de segurança conhecido e provido (STJ, RMS 24.423/RS, Rel. Ministra Laurita Vaz, quinta turma, julgado em 23.08.2011, publicado em 08.09.2011). Disponível em: <http://www.stj.jus.br/SCON/jurisprudencia/toc.jsp?tipo_visualizacao=null&livre=lei+9.784&b=ACOR#DOC1>. Acesso em: 04 mar. 2012.

[137] Lei nº 9.784/99 – Regula o processo administrativo no âmbito da Administração Pública Federal.

Do Início do Processo

Art. 5º O processo administrativo pode iniciar-se de ofício ou a pedido de interessado.

Art. 6º O requerimento inicial do interessado, salvo casos em que for admitida solicitação oral, deve ser formulado por escrito e conter os seguintes dados: I – órgão ou autoridade administrativa a que se dirige;II – identificação do interessado ou de quem o represente; III – domicílio do requerente ou local para recebimento de comunicações; IV – formulação do pedido, com exposição dos fatos e de seus fundamentos; V – data e assinatura do requerente ou de seu representante.Parágrafo único. É vedada à Administração a recusa imotivada de recebimento de documentos, devendo o servidor orientar o interessado quanto ao suprimento de eventuais falhas.

Art. 7º Os órgãos e entidades administrativas deverão elaborar modelos ou formulários padronizados para assuntos que importem pretensões equivalentes.

Art. 8º Quando os pedidos de uma pluralidade de interessados tiverem conteúdo e fundamentos idênticos, poderão ser formulados em um único requerimento, salvo preceito legal em contrário.

Dos Interessados

Art. 9º São legitimados como interessados no processo administrativo: I – pessoas físicas ou jurídicas que o iniciem como titulares de direitos ou interesses individuais ou no exercício do direito de representação; II – aqueles que, sem terem iniciado o processo, têm direitos ou interesses que possam ser afetados pela decisão a ser adotada; III – as organizações e associações representativas, no tocante a direitos e interesses coletivos; IV – as pessoas ou as associações legalmente constituídas quanto a direitos ou interesses difusos. (...)

Do Recurso Administrativo e da Revisão

Art. 56. Das decisões administrativas cabe recurso, em face de razões de legalidade e de mérito. §1º O recurso será dirigido à autoridade que proferiu a decisão, a qual, se não a reconsiderar no prazo de cinco dias, o encaminhará à autoridade superior. §2º Salvo

por aqueles direta ou indiretamente afetados por seus atos de forma pessoal, por meio de representação ou, ainda, de substituição. E, sem sombras de dúvida, no caso da promoção do desenvolvimento nacional pela via das licitações, ela consagra o *controle social* por excelência — e no bojo do processo administrativo,[138] portanto com as garantias que lhe são inerentes.

---

exigência legal, a interposição de recurso administrativo independe de caução. §3º Se o recorrente alegar que a decisão administrativa contraria enunciado da súmula vinculante, caberá à autoridade prolatora da decisão impugnada, se não a reconsiderar, explicitar, antes de encaminhar o recurso à autoridade superior, as razões da aplicabilidade ou inaplicabilidade da súmula, conforme o caso.
Art. 57. O recurso administrativo tramitará no máximo por três instâncias administrativas, salvo disposição legal diversa.
Art. 58. Têm legitimidade para interpor recurso administrativo: I – os titulares de direitos e interesses que forem parte no processo; II – aqueles cujos direitos ou interesses forem indiretamente afetados pela decisão recorrida; III – as organizações e associações representativas, no tocante a direitos e interesses coletivos; IV – os cidadãos ou associações, quanto a direitos ou interesses difusos.
Art. 59. Salvo disposição legal específica, é de dez dias o prazo para interposição de recurso administrativo, contado a partir da ciência ou divulgação oficial da decisão recorrida. §1º Quando a lei não fixar prazo diferente, o recurso administrativo deverá ser decidido no prazo máximo de trinta dias, a partir do recebimento dos autos pelo órgão competente. §2º O prazo mencionado no parágrafo anterior poderá ser prorrogado por igual período, ante justificativa explícita.
Art. 60. O recurso interpõe-se por meio de requerimento no qual o recorrente deverá expor os fundamentos do pedido de reexame, podendo juntar os documentos que julgar convenientes.
Art. 61. Salvo disposição legal em contrário, o recurso não tem efeito suspensivo. Parágrafo único. Havendo justo receio de prejuízo de difícil ou incerta reparação decorrente da execução, a autoridade recorrida ou a imediatamente superior poderá, de ofício ou a pedido, dar efeito suspensivo ao recurso.
Art. 62. Interposto o recurso, o órgão competente para dele conhecer deverá intimar os demais interessados para que, no prazo de cinco dias úteis, apresentem alegações.
Art. 63. O recurso não será conhecido quando interposto: I – fora do prazo; II – perante órgão incompetente; III – por quem não seja legitimado; IV – após exaurida a esfera administrativa. §1º Na hipótese do inciso II, será indicada ao recorrente a autoridade competente, sendo-lhe devolvido o prazo para recurso. §2º O não conhecimento do recurso não impede a Administração de rever de ofício o ato ilegal, desde que não ocorrida preclusão administrativa.

[138] "O processo administrativo é, assim, uma garantia fundamental que se revela como instrumento seguro de prevenção ao arbítrio e á tirania, revelando-se um meio apto a controlar o iter da formação da vontade estatal. É, enfim, um instrumento de defesa dos cidadãos em face das prerrogativas estatais, mormente porque, inserido dentro de um núcleo mínimo processual comum de observância inarredável e obrigatória, o processo cumpre com sua função de evitar o arbítrio e assegurar a concretização de direitos (...) de fato, por intermédio do regular processo administrativo obtêm-se, simultaneamente, a eficácia da atuação da Administração e a garantia dos direitos dos administrados" (FINGER. A feição democrática do processo administrativo como instrumento de proteção do cidadão. *In*: BACELLAR FILHO; GABARDO; HACHEM (Coord.). *Globalização, direitos fundamentais e direito administrativo*: novas perspectivas para o desenvolvimento econômico e socioambiental: ..., p. 233).

É que ela permite, exemplificativamente, que aquele licitante microempresário que desistiu da reserva de mercado pelo indeferimento da impugnação se veja substituído, para fins de interposição de recurso/representação — por outro (art. 58, II). Ainda mais, por associação (art. 58, III), ou, até mesmo, pelo cidadão (art. 58, IV), haja vista tratar-se o direito fundamental ao desenvolvimento, repita-se, um direito de dimensão individual, coletiva e difusa.

*Direito Constitucional de Petição*

Portanto, o rol de legitimados para recorrer no âmbito das licitações se amplia sobremaneira quando invocada a Lei de Processo Administrativo, mas que se acrescenta — por medida de cautela — seja igualmente atrelado ao exercício do direito constitucional de petição. Em síntese, que no expediente referido à Administração Pública se albergue, de uma só vez, e como fundamentos de direito para legitimação do postulante, o constante nas leis de licitação (Lei nº 8.666/93, Lei nº 10.520/2002, RDC etc.), na Lei nº 9.784/99 (art. 6º, 8º, 9º e 58, em especial) e na Carta Magna (art. 5º, inciso XXXIV, alínea "a" — direito constitucional de petição).

Com tudo isso ficará muito difícil, se não mesmo impossível, à Administração Pública esquivar-se de responder, preventiva ou repressivamente, a provocações voltadas ao cumprimento dos fins da licitação, mormente da promoção do desenvolvimento nacional.

Anote-se, por derradeiro, que o direito de petição pode ser manejado quando o interessado perde o prazo da lei especial para, com base nela, recorrer. O prejuízo, como se sabe, seria perder o efeito suspensivo eventual e automaticamente atribuído, mas que, outra vez, a Lei nº 9.784/99 supera. E supera porque, no §2º do seu art. 63, estipula que o não conhecimento do recurso, porque intempestivo, não impede a Administração de rever de ofício o ato ilegal, desde que não ocorrida preclusão administrativa. Ou seja, ela faz remissão implícita ao princípio da autotutela — e também como dever.

De qualquer sorte, o exercício do direito de petição não é substituto do recurso administrativo próprio,[139] mas pode e deve se prestar

[139] *Ementa*: Pretendido fornecimento de cópia das notas taquigráficas referentes ao julgamento dos primeiros embargos de declaração opostos pelo recorrente – Inocorrência das hipóteses autorizadoras (RISTF, Art. 96, §§4º E 5º, c/c A Instrução Normativa nº 28/2005) – Recurso de agravo improvido. Notas taquigráficas e fornecimento de cópias. – Não se darão cópias de notas taquigráficas não revisadas, pertinentes aos votos e intervenções dos Ministros que houverem participado do julgamento da causa, sem que tal importe em ofensa ao direito de petição (CF, art. 5º, inciso XXXIV), exceto se — ressalvado o cancelamento

para restauração do estado de legalidade — de do rumo ao desenvolvimento — se necessário.

*Tribunais de Contas*

O mesmo se diga em relação ao controle externo exercido pelas Cortes de Contas, que têm competência, como visto, para prevenir ou mesmo para reprimir irregularidades no cumprimento da LGL e correlatas.

Apenas uma ressalva: se o contrato contaminado por irregularidade no cumprimento dos fins da licitação já estiver em andamento, então a Constituição da República determina que a suspensão se dê por determinação da Casa Legislativa e não do seu órgão auxiliar.[140]

---

tempestivo de tais manifestações pelo próprio Ministro que as houver proferido — referidas notas taquigráficas não forem por ele devolvidas no prazo regimental (RISTF, art. 96, §§4º e 5º). Precedentes. Possibilidade, no entanto, sempre que houver sustentação oral realizada em sessão de julgamento do Pleno e das Turmas, de fornecimento, "por escrito, em áudio, vídeo ou meio eletrônico", de cópia desse mesmo pronunciamento oral (Instrução Normativa nº 28, de 31.08.2005). Direito de petição e observância, quanto ao seu exercício, das normas legais e regimentais. – A mera invocação do direito de petição, por si só, não basta para assegurar, à parte interessada, o acolhimento da pretensão que deduziu em sede processual. Precedentes. – O direito de petição, fundado no art. 5º, XXXIV, "a", da Constituição, não pode ser invocado, genericamente, para exonerar qualquer das partes do dever de observar, em sede processual, as exigências, os pressupostos e os requisitos fixados pela legislação comum e pelos regimentos internos dos Tribunais em geral (STF, RE 406432 AgR-ED-AgR, Relator Min. Celso De Mello, Segunda Turma, julgado em 27.03.2007, publicado em 26.04.2007). Disponível em: <http://www.stf.jus.br/portal/jurisprudencia/listarJurisprudencia.asp?s1=%28%22DIREITO+DE+PETI%C7%C3O%22%29&pagina=3&base=baseAcordaos>. Acesso em: 04 mar. 2012.

[140] *Constituição da República*
Art. 71. O controle externo, a cargo do Congresso Nacional, será exercido com o auxílio do Tribunal de Contas da União, ao qual compete: I – apreciar as contas prestadas anualmente pelo Presidente da República, mediante parecer prévio que deverá ser elaborado em sessenta dias a contar de seu recebimento; II – julgar as contas dos administradores e demais responsáveis por dinheiros, bens e valores públicos da administração direta e indireta, incluídas as fundações e sociedades instituídas e mantidas pelo Poder Público federal, e as contas daqueles que derem causa a perda, extravio ou outra irregularidade de que resulte prejuízo ao erário público; III – apreciar, para fins de registro, a legalidade dos atos de admissão de pessoal, a qualquer título, na administração direta e indireta, incluídas as fundações instituídas e mantidas pelo Poder Público, excetuadas as nomeações para cargo de provimento em comissão, bem como a das concessões de aposentadorias, reformas e pensões, ressalvadas as melhorias posteriores que não alterem o fundamento legal do ato concessório; IV – realizar, por iniciativa própria, da Câmara dos Deputados, do Senado Federal, de Comissão técnica ou de inquérito, inspeções e auditorias de natureza contábil, financeira, orçamentária, operacional e patrimonial, nas unidades administrativas dos Poderes Legislativo, Executivo e Judiciário, e demais entidades referidas no inciso II; V – fiscalizar as contas nacionais das empresas supranacionais de cujo capital social a União participe, de forma direta ou indireta, nos termos do tratado constitutivo; VI – fiscalizar a aplicação de quaisquer recursos repassados pela União mediante convênio, acordo, ajuste ou outros instrumentos congêneres, a Estado, ao Distrito Federal ou a Município; VII –

Mas o controle da finalidade legal da licitação, de estimular o desenvolvimento nacional, pode ocorrer mediante intervenção judicial, independentemente ou depois mesmo de provocações administrativas inexitosas.

## Mecanismos judiciais de controle da promoção do direito fundamental ao desenvolvimento nacional por meio das licitações

Muitas são as hipóteses processuais para a provocação do Poder Judiciário na realização de cada um e de todos pela via das licitações. Contudo, só há lugar nesta obra para aquelas de uso mais comezinho e que não se vejam por demais restringidas pelo restritíssimo universo de legitimados para tanto, como se dá no entorno do controle concentrado de (in)constitucionalidade. Da Ação Direta de Inconstitucionalidade por Omissão e similares, enfim.

*Mandado de Segurança (Individual e Coletivo)*

Por evidente que este pequeno livro não se destina a investigar o mandado de segurança ou qualquer outra ação judicial. No entanto, ainda assim é preciso informar qual a serventia do *mandamus*, individual ou coletivo, no cumprimento da finalidade legal da licitação de sempre direcionar o Brasil ao desenvolvimento.

Como remédio constitucional, sua previsão, sozinha, faz alardear seu cabimento e utilidade (conforme disposto no art. 5º): "LXIX – conceder-se-á mandado de segurança para proteger direito líquido e certo, não amparado por 'habeas-corpus' ou 'habeas-data', quando

---

prestar as informações solicitadas pelo Congresso Nacional, por qualquer de suas Casas, ou por qualquer das respectivas Comissões, sobre a fiscalização contábil, financeira, orçamentária, operacional e patrimonial e sobre resultados de auditorias e inspeções realizadas; VIII – aplicar aos responsáveis, em caso de ilegalidade de despesa ou irregularidade de contas, as sanções previstas em lei, que estabelecerá, entre outras cominações, multa proporcional ao dano causado ao erário; IX – *assinar prazo para que o órgão ou entidade adote as providências necessárias ao exato cumprimento da lei, se verificada ilegalidade;* X – *sustar, se não atendido, a execução do ato impugnado*, comunicando a decisão à Câmara dos Deputados e ao Senado Federal; XI – representar ao Poder competente sobre irregularidades ou abusos apurados. §1º *No caso de contrato, o ato de sustação será adotado diretamente pelo Congresso Nacional, que solicitará, de imediato, ao Poder Executivo as medidas cabíveis.* §2º Se o Congresso Nacional ou o Poder Executivo, no prazo de noventa dias, não efetivar as medidas previstas no parágrafo anterior, o Tribunal decidirá a respeito. §3º As decisões do Tribunal de que resulte imputação de débito ou multa terão eficácia de título executivo. §4º O Tribunal encaminhará ao Congresso Nacional, trimestral e anualmente, relatório de suas atividades (grifos nossos).

o responsável pela ilegalidade ou abuso de poder for autoridade pública ou agente de pessoa jurídica no exercício de atribuições do Poder Público; LXX – o mandado de segurança coletivo pode ser impetrado por: (a) partido político com representação no Congresso Nacional; (b) organização sindical, entidade de classe ou associação legalmente constituída e em funcionamento há pelo menos um ano, em defesa dos interesses de seus membros ou associados".

Nessa toada, a Lei nº 12.016/2009 vem apenas a esmiuçar as condições de sua utilização, que *caem como uma luva* relativamente à proteção do direito fundamental ao desenvolvimento nacional — de cada um e de todos, portanto — e de sua promoção como finalidade legal da licitação. Logo, a ser validamente invocado como direito líquido e certo: "aquele que não demanda a produção de prova posterior, uma vez que o direito já está comprovado documentalmente a ser apresentado anexo à petição inicial ou reconhecido pela autoridade coatora".[141]

Como visto, até se admite como inviável materialmente que todo e qualquer edital de licitação se preste a cumprir, por igual, o seu desiderato de garantir a isonomia, a seleção da proposta mais vantajosa e a promoção do desenvolvimento nacional (sustentável). Aliás, o cumprimento deste último desde logo mitiga o primeiro (de isonomia), porquanto a promoção exija, desde logo, uma discriminação afirmativa juridicamente qualificada. Melhor dizendo, para haver fomento, algo ou alguém tem de ser beneficiado e, por suposição, com sacrifício de outrem.

Destarte, quem se sentir prejudicado pelo excesso ou mesmo por insuficiência no cumprimento dos fins legais da licitação pode buscar socorro junto ao Poder Judiciário pela via mandamental.

Não há requisito especial para ser impetrante: pode ser pessoa física ou jurídica, brasileiro ou estrangeiro — no que diz direitos individuais. Se for coletivo, o direito pode ser tutelado por quem legitimado nos termos do inciso LXX do art. 5º da Constituição de 1988, inclusive pelo próprio Ministério Público. E quando for difuso, este mesmo órgão estará legitimado para a impetração,[142] junto com a Defensoria Pública.

---

[141] BITTENCOURT. *Mandado de segurança*, p. 40.

[142] *Ementa*: Processual civil. administrativo. Ação civil pública. Telefonia móvel. Cláusula de fidelização. Direito consumerista. Legitimidade ativa do Ministério Público. Arts. 81 e 82, do Código de Defesa do Consumidor. Art. 129, III, Da CF. Lei Complementar n.º 75/93. Ilegitimidade passiva da União ou quaisquer dos entes elencados no Artigo 109, da CF/88. Processual civil. Agravo de instrumento. Antecipação de tutela. Preenchimento dos pressupostos do artigo 273, do CPC. Súmula 07/STJ. Julgamento *extra petita*. Inocorrência. Violação do Art. 535, I e II, do CPC. Não configurada.

Assim sendo, a absoluta ausência de cautela com a sustentabilidade ambiental no bojo de um processo licitatório e, demais disso, a falta de motivação suficiente, clara, congruente e sedimentada na fase interna para sua não confirmação positiva, autorizam a impetração do *mandamus*, tanto para suspendê-la como para anulá-la. Imagine-se, no contexto e exemplificativamente, a aquisição de veículos extremamente poluentes, movidos a combustível derivado do petróleo e que tenham eficiência pífia em cotejo com outros existentes no mercado, de custo equivalente.

---

1. O Ministério Público ostenta legitimidade para a propositura de Ação Civil Pública em defesa de direitos transindividuais, como sói ser a pretensão de vedação de inserção de cláusulas de carência e fidelização, que obrigam a permanência do contratado por tempo cativo, bem como a cobrança de multa ou valor decorrente de cláusula de fidelidade (nos contratos vigentes) celebrados pela empresa concessionária com os consumidores de telefonia móvel, ante a ratio essendi do art. 129, III, da Constituição Federal, arts. 81 e 82, do Código de Defesa do Consumidor e art. 1º, da Lei 7.347/85. Precedentes do STF (AGR no RE 424.048/SC, *DJ*, 25 nov. 2005) e STJ (REsp 806304/RS, Primeira Turma, *DJ*, 17 dez. 2008; REsp 520548/MT, Primeira Turma, *DJ*, 11 maio 2006; REsp 799.669/RJ, Primeira Turma, *DJ*, 18 fev. 2008; REsp 684712/DF, Primeira Turma, *DJ*, 23 nov. 2006 e AgRg no REsp 633.470/CE, Terceira Turma, *DJ*, 19 dez. 2005). 2. *In casu*, a pretensão veiculada na Ação Civil Pública ab origine relativa à vedação de inserção de cláusulas de carência e fidelização, que obrigam a permanência do contratado por tempo cativo, bem como a cobrança de multa ou valor decorrente de cláusula de fidelidade (nos contratos vigentes) celebrados pela Concessionária com os consumidores de telefonia móvel, revela hipótese de interesses nitidamente transindividuais e por isso apto à legitimação do *Parquet*. 3. A nova ordem constitucional erigiu um autêntico "concurso de ações" entre os instrumentos de tutela dos interesses transindividuais e, *a fortiori*, legitimou o Ministério Público para o manejo dos mesmos. 4. *O novel art. 129, III, da Constituição Federal habilitou o Ministério Público à promoção de qualquer espécie de ação na defesa de direitos difusos e coletivos não se limitando à ação de reparação de danos*. 5. Hodiernamente, *após a constatação da importância e dos inconvenientes da legitimação isolada do cidadão*, não há mais lugar para o veto da legitimatio ad causam do MP para a Ação Popular, a Ação Civil Pública ou o *Mandado de Segurança coletivo*. 6. Em conseqüência, legitima-se o Parquet a toda e qualquer demanda que vise à defesa dos interesses difusos e coletivos, sob o ângulo material ou imaterial. 7. Deveras, o Ministério Público está legitimado a defender os interesses transindividuais, quais sejam os difusos, os coletivos e os individuais homogêneos. 8. *Nas ações que versam interesses individuais homogêneos, esses participam da ideologia das ações difusas, como sói ser a ação civil pública. A despersonalização desses interesses está na medida em que o Ministério Público não veicula pretensão pertencente a quem quer que seja individualmente, mas pretensão de natureza genérica, que, por via de prejudicialidade, resta por influir nas esferas individuais*. 9. A assertiva decorre do fato de que a ação não se dirige a interesses individuais, mas a coisa julgada in utilibus poder ser aproveitada pelo titular do direito individual homogêneo se não tiver promovido ação própria. 10. A ação civil pública, na sua essência, versa interesses individuais homogêneos e não pode ser caracterizada como uma ação gravitante em torno de direitos disponíveis. O simples fato de o interesse ser supra-individual, por si só já o torna indisponível, o que basta para legitimar o Ministério Público para a propositura dessas ações. (...) 20. Recurso Especial parcialmente conhecido e, nesta parte, desprovido (REsp 700.206/MG, Rel. Ministro Luiz Fux, Primeira Turma, .do em 09.03.2010, publicado em 19.03.2010). Disponível em: <http://www.stj.jus.br/SCON/jurisprudencia/toc.jsp?tipo_visualizacao=null&livre=seguran%E7a+e+%22direito+difuso%22&b=ACOR#DOC10>. Acesso em: 04 mar. 2012.

A partir desse exemplo e depois do advento da Lei nº 12.349/2010 (que introduziu o desenvolvimento nacional sustentável como finalidade legal da licitação), podem figurar como legitimados para impetração, dentre outros: (i) qualquer brasileiro — consciente de seus direitos e dos seus correlatos deveres, enquanto "ser social", por se tratar de violação a direito individual;[143] (ii) uma ONG de âmbito estadual, legalmente constituída e em funcionamento há pelo menos um ano, em defesa dos interesses de seus membros ou associados,[144] porque todos eles (dentre todos) serão afetados pela omissão ilegal e abusiva de autoridade pública; (iii) o Ministério Público — pelas razões expostas.[145]

Registre-se, ainda, que a nova Lei do Mandado de Segurança literalmente ampliou a sua utilização, ao prever que:

> Art. 1º Conceder-se-á mandado de segurança para proteger direito líquido e certo, não amparado por *habeas corpus* ou *habeas data*, sempre que, ilegalmente ou com abuso de poder, qualquer pessoa física ou jurídica sofrer violação ou houver justo receio de sofrê-la por parte de autoridade, seja de que categoria for e sejam quais forem as funções que exerça. (...)
>
> §3º Quando o direito ameaçado ou violado couber a várias pessoas, qualquer delas poderá requerer o mandado de segurança. (...)
>
> Art. 3º O titular de direito líquido e certo decorrente de direito, em condições idênticas, de terceiro poderá impetrar mandado de segurança a favor do direito originário, se o seu titular não o fizer, no prazo de 30 (trinta) dias, quando notificado judicialmente.

---

[143] Dado que qualquer um tem direito de ver a licitação conduzida na forma da lei, portanto para promover um direito seu e de todos: o direito ao desenvolvimento, inclusive pautado pela sustentabilidade ambiental, como dever e fim. Ou seja, apontando-se como ato ilegal e abusivo a omissão não justificada de cumprimento do disposto no *caput* do art. 3º da Lei nº 8.666/93, com a redação dada pela Lei nº 12.349/2010.

[144] Porque a sustentabilidade ambiental em relação à promoção do desenvolvimento constitui uma pauta individual, local, regional, nacional e global.

[145] Pelo próprio perfil desta obra, não se faz útil ou necessário esmiuçar as distinções entre *direito individual, direito individual homogêneo, direito coletivo* e *direito difuso*, ainda que a Lei nº 12.016/2009 trate disso. Entretanto, pode-se afirmar que: "'direitos *difusos*' — assim como os 'coletivos' e os 'individuais homogêneos' — não podem ser compreendidos como 'classes' ou 'tipos' de direitos estanques, não interpenetráveis ou relacionáveis entre si. São — esta é a única forma de entender,para aplicar escorreitamente a classificação feita pela lei brasileira — apenas modelos apriorísticos, preconcebidos, que justificam, na visão abstrata do legislador, a *necessidade* de tutela jurisdicional coletiva. Assim, um 'direito difuso' também é passível de ser tutelado jurisdicionalmente pelo mandado de segurança coletivo na exata medida em que algum dos legitimados para a impetração comprove sua aptidão de representar adequadamente em juízo todos aqueles que, em alguma medida, podem vir a ser afetados pelo ato que se quer questionar perante o Estado-juiz" (BUENO. *Curso sistematizado de direito processual civil*: direito processual coletivo e direito processual público. t. III, v. 2, p. 266).

Por tudo isso o mandado de segurança, seja ele individual ou coletivo, é instrumento mais do que adequado, é indisfarçadamente útil para reconduzir o Brasil ao rumo certo, aquele preordenado pela estipulação legal da promoção do desenvolvimento nacional sustentável com finalidade da licitação.

Simplificando, toda e qualquer licitação que se mostre desabridamente indiferente a esse seu novo fim legal é potencialmente nula, sendo objetável pela via mandamental. Isto não significa dizer, entretanto, que o Estado-juiz poderá substituir o administrador público no manejo da competência discricionária nos limites da lei. Destarte, a sentença mandamental tratando de ato ilegal e abusivo por omissão poderá, desde logo, "dar o direito requerido" quando vinculado e objetivamente previsto na lei, mas estará limitada a determinação de atuação administrativa compulsória nos demais casos, e nos limites da lei.[146] Assim que, por falta de consideração dos fatores ambientais na fase interna, a autoridade coatora poderá ser compelida a repetir o certame e a fazê-lo. Todavia, isso não elide a possibilidade de, outra vez, porém mediante motivação prévia, justificar-se a desatenção a tais fatores porque entendidos impertinentes ou inaptos ao cumprimento da finalidade legal do certame ou da necessidade/utilidade administrativa

[146] Mas é preciso considerar outra hipótese. Por exemplo, a não exigência da CNDT – que, a nosso juízo, tem de ser exigida sempre, tal qual ocorre em relação às certidões de regularidade perante o INSS — comporta a impetração do *mandamus* por omissão ilegal e abusiva patrocinada por outro licitante. *In casu*, o direito líquido e certo invocado será o de atendimento aos primados da isonomia, da legalidade e, até mesmo, da livre concorrência, porque não podem concorrer em igualdade sujeitos que cumprem e que não cumprem para com suas obrigações trabalhistas. Isso coloca em risco potencial de suspensão descabida um futuro contrato administrativo a ser firmado em prol da coletividade. O direito (líquido e certo) sempre será o de se ver a licitação conduzida na forma da lei. Ademais, a sentença, neste caso, será mandamental e limitada no sentido de obrigar a Administração a incluir a exigência no edital de licitação que porventura substituir o anulado judicialmente. Sintetizando e exemplificando:
*Ementa*: Remessa de Ofício. Mandado de Segurança. Licitação Pública. Direito Líquido e Certo. Ordem concedida. Remessa desprovida. A impetrante tem o direito líquido e certo de ver a licitação ser deflagrada, conduzida e julgada de acordo com as normas do edital e com as disposições legais pertinentes à espécie (TJDF, ROF61892/DF, 3ª T., Cível, Des. Nívio Geraldo Gonçalves, julgado em 15.02.1993, publicado em 31.03.1993). Disponível em: <http://tjdf19.tjdft.jus.br/cgi-bin/tjcgi1?DOCNUM=1&PGATU=1&l=20&ID=62521,33596,31056&MGWLPN=SERVIDOR1&NXTPGM=jrhtm03&OPT=&ORIGEM=INTER&pq1=%20VER%20A%20LICITA%C7%C3O%20SER%20DEFLAGRADA,%20CONDUZIDA%20E%20JULGADA%20DE%20ACORDO%20COM%20AS%20NORMAS%20DO%20EDITAL%20E%20COM%20AS%20DISPOSI%C7%D5ES%20LEGAIS%20PERTINENTES%20%C0%20ESP%C9CIE>. Acesso em: 05 mar. 2012.

ou coletiva que se almeja satisfazer. Cada caso será um caso e a solução judicial nem sempre será fácil.[147]

De outra banda, o prestígio desarrazoado conferido a tais fatores também comporta repúdio judicial, como seria de se cogitar no caso de um município sabidamente em dificuldades econômicas e financeiras decidir substituir todos os seus veículos por outros elétricos, porque de preços ainda insuportáveis no Brasil para quase todos.

O que se recomenda, sempre, é cautela na impetração para que não ocorra abuso de direito e que a ação mandamental seja instruída, dentre outros documentos, com cópia de toda a fase interna da licitação. Aquela intestina, e que poucas vezes os olhos privados têm a oportunidade de conhecer, mas que deve revelar, motivadamente, o porquê da estipulação do objeto licitado, a razão da limitação (ou não) do rol de licitantes e os requisitos eventualmente exigidos para aceitabilidade das propostas. Aliás, da mesma forma que *sempre* deveria se apresentar em relação aos índices econômico-financeiros exigidos para comprovação da boa situação econômico-financeira dos licitantes.[148]

Quando o documento necessário à prova do alegado se achar em repartição, estabelecimento público ou em poder de autoridade que se recusa a fornecê-lo por certidão, ou, ainda, de terceiro, o juiz ordenará a exibição e juntada aos autos, o que poderá redundar na

---

[147] "Quanto à caracterização da licitação sustentável como direito subjetivo do cidadão, (...), entende-se que ela pode ser exigida do Estado, de maneira reflexa, em lides individuais e coletivas. Embora ela tenha limites na discricionariedade administrativa (*v.g.*, que determina o interesse da Administração no produto ou serviço a ser adquirido), também o tem no estado da técnica, na vedação de custo excessivo, dentre outros caso (*v.g.*, produto esteja competitivamente disponível dentro de um prazo razoável ou não tem padrões de desempenho apropriados). De qualquer maneira, pela variedade técnica que envolve a licitação sustentável,sua operacionalização judicial pode ser complicada." (BIM. Considerações sobre a juridicidade e os limites da licitação sustentável. *In*: SANTOS; BARKI. *Licitações e contratações públicas sustentáveis*, p. 214).

[148] Lei nº 8.666/93
Art. 31. A documentação relativa à qualificação econômico-financeira limitar-se-á a: I – balanço patrimonial e demonstrações contábeis do último exercício social, já exigíveis e apresentados na forma da lei, que comprovem a boa situação financeira da empresa, vedada a sua substituição por balancetes ou balanços provisórios, podendo ser atualizados por índices oficiais quando encerrado há mais de 3 (três) meses da data de apresentação da proposta(...) §1º A exigência de índices limitar-se-á à demonstração da capacidade financeira do licitante com vistas aos compromissos que terá que assumir caso lhe seja adjudicado o contrato, vedada a exigência de valores mínimos de faturamento anterior, índices de rentabilidade ou lucratividade. (...) §5º A comprovação de boa situação financeira da empresa será feita de forma objetiva, através do cálculo de índices contábeis *previstos no edital e devidamente justificados no processo administrativo da licitação que tenha dado início ao certame licitatório*, vedada a exigência de índices e valores não usualmente adotados para correta avaliação de situação financeira suficiente ao cumprimento das obrigações decorrentes da licitação (grifos nossos).

"fabricação tardia" de motivos dantes inexistentes. Daí reiterar-se a utilidade e a necessidade de prévia obtenção de cópia autenticada de *todo* o processo licitatório.

Mas que não se confunda ferimento a direito líquido e certo com direito fundamental que não se pode exercitar por falta de regulamentação, legislativa ou administrativa. Para este há outro remédio constitucional.

*Mandado de Injunção*

Como o mandado de segurança, o mandado de injunção pressupõe a existência de um *direito subjetivo* para fins de sua impetração, ou seja, um direito subjetivo assim reconhecido e não apenas uma expectativa de direito.

Então, de nada adianta a um revendedor ou fabricante de veículos elétricos impugnar edital de licitação ou impetrar mandado de segurança para tentar impingir à Administração o dever (supostamente descumprido) de adquirir veículos de tais características, pela suposição de serem eles os únicos ambientalmente aptos à promoção do desenvolvimento nacional. Ademais, sobre isso o Tribunal de Contas da União já decidiu.[149]

---

[149] *Sumário*: Representação. Licitação. Possíveis Irregularidades. Pedido de Medida Cautelar. Inexistência do *fumus boni juris* e do *periculum in mora*. Diligência. Conhecimento. Improcedência. Ciência. Arquivamento. (...)
Proposta de Deliberação
Preliminarmente, entendo que o TCU pode conhecer da presente representação, formulada com fundamento no art. 113, §1º, da Lei nº 8.666, de 21 de junho de 1993, por estarem atendidos os requisitos de admissibilidade. 2. No mérito, vejo que a representante pleiteia a desconstituição do pregão eletrônico conduzido pelo Ibama, uma vez que estaria *"maculado em sua essência pela discriminação, restrição à ampla participação, falta de motivação dos atos ensejadores de sua legalidade, atitudes anti-econômicas e anti-ecológicas, bem como sua inadequação"*. 3. O questionamento apresentado envolve as exigências, constante do edital, de fornecimento, além do clipping em versão eletrônica, de doze cópias impressas de clipping de segunda a sexta-feira e de três cópias impressas aos sábados, domingos e feriados nas residências de dirigentes e assessores, e exigência de que os recortes das matérias devam ser colados em seu formato original em folha de papel A4. 4. Além de invocar o impacto sócio-ambiental derivado da exigência de cópias impressas, questão que deveria ser observada pela autarquia, entidade executora das políticas governamentais de proteção ao meio-ambiente, o representante levantou o aspecto econômico das exigências e a restrição à competitividade imposta pela obrigatoriedade de entrega diária dos impressos, tanto no Ibama, quanto na residência de três dirigentes, fator que impediria a participação de empresas radicadas fora do Distrito Federal. 5. A Abemi observou que faltaria motivação para tais exigências, as quais, no seu entender, seriam desarrazoadas, aduzindo que o próprio Ministério do Meio Ambiente, em licitação com o mesmo objeto, teria exigido apenas a apresentação do clipping em forma eletrônica. 6. Ao ser questionado acerca de tais objeções, o Ibama apresentou elementos que demonstram que a opção adotada foi devidamente motivada, inclusive com o aval do seu Conselho Gestor. 7. Nesse sentido,

Nada obstante, há direito fundamental (individual, coletivo e difuso) ao desenvolvimento e um direito-dever de promoção do

---

a análise procedida pela unidade técnica mostra-se pertinente, de modo que a incorporo como minhas razões de decidir. 8. Além de os atos adotados terem sido devidamente justificados e motivados, cabe ressaltar que a matéria tratada nos autos está inserida na seara da discricionariedade do gestor público. E, ante os elementos constantes dos autos, não foi observado nenhum ato ilegal ou ilegítimo no procedimento licitatório conduzido pela entidade. 9. Registro, de todo modo, minha preocupação com a questão ambiental. De fato, são pertinentes alguns argumentos trazidos aos autos pela representante em relação à matéria. É de conhecimento geral o grave problema relativo ao consumo de papel verificado no âmbito de toda a administração pública, além do consumo de energia elétrica e de água. 10. As medidas mais relevantes adotadas pelo governo nessa área remontam a 1999, com a implantação da Política Nacional da Educação Ambiental pela Lei nº 9.745, de 27 de abril de 1999, regulamentada pelo decreto nº 4.281, de 25 de junho de 2002, e mais especificamente, pela Agenda Ambiental da Administração Pública, mais conhecida como A3P, que envolve, em sua essência, ações de conscientização dos órgãos e entidades. 11. Em data mais recente, em 19 de janeiro de 2010, foi editada a Instrução Normativa nº 1, pela Secretaria de Logística e Tecnologia da Informação do Ministério do Planejamento, Orçamento e Gestão, que dispõe sobre os critérios de sustentabilidade ambiental na aquisição de bens, contratação de serviços ou obras pela administração pública federal direta, autárquica e fundacional. 12. A partir de uma primeira leitura desse normativo, observa-se o foco maior em novas obras, abrangendo medidas para redução do consumo de energia elétrica e água, e, em relação à aquisição de bens e serviços, exigências a serem cumpridas pelas empresas contratadas. 13. Em decorrência dessa análise preliminar da questão, concluo ser adequada neste momento uma atuação desta Corte para avaliar em que medida as ações adotadas pela administração pública nesta área têm atingido os objetivos inicialmente propostos: metas fixadas, acompanhamento, ações objetivas e concretas implementadas, marcos legais fixados, perspectivas, dentre outras questões julgadas relevantes pelas unidades técnicas envolvidas. E, no caso, entendo que deveria haver uma ação conjunta da Secretaria de Fiscalização e Avaliação de Programas de Governo – Seprog com a 8ª Secex, responsável pela análise das matérias afetas a questões de natureza ambiental. 14. Ante todo o exposto, proponho que seja adotado o Acórdão que ora submeto à deliberação deste Colegiado. (...) Acordam os Ministros do Tribunal de Contas da União, reunidos em Sessão da 2ª Câmara, ante as razões expostas pelo Relator, em: 9.1. conhecer da presente representação, com fundamento no art. 113, §1º, da Lei nº 8.666, de 1993 c/c o art. 237, inciso VII, do RITCU, para, no mérito, considerá-la improcedente; 9.2. indeferir o pedido de medida cautelar pleiteada, ante a inexistência dos pressupostos fixados no art. 276, *caput*, do RITCU; 9.3. dar ciência deste Acórdão, acompanhado do Relatório e da Proposta de Deliberação que o fundamenta, ao representante e ao Ibama; 9.4. recomendar à Secretaria-Geral de Controle Externo que avalie a conveniência e oportunidade de orientar a Secretaria de Fiscalização e Avaliação de Programas de Governo – Seprog e a 8ª Secex a incluírem em seu planejamento a realização de trabalho conjunto para avaliar em que medida as ações adotadas pela administração pública nas áreas de redução de consumo próprio de papel, energia elétrica e de água atingiram os objetivos propostos inicialmente: metas fixadas, acompanhamento, ações objetivas e concretas implementadas, marcos legais fixados, perspectivas, dentre outras questões julgadas relevantes pelas referidas unidades técnicas, podendo as ações serem desenvolvidas separadamente por área; e 9.5. arquivar o presente processo. 10. Ata n° 8/2010 – 2ª Câmara. 11. Data da Sessão: 23.3.2010 – Extraordinária (TCU, TC 001.066/2010-2, Rel. Min. André Luis de Carvalho, 2ª Câmara, julgamento em 23.03.2010). Disponível em: <https://contas.tcu.gov.br/juris/Web/Juris/ConsultarTextual2/Index.faces;jsessionid=2BC015A0C209D358F4DF85F1126163DA >. Acesso em: 05 mar. 2012.

desenvolvimento nacional sustentável por meio das licitações porque (também) finalidade legal delas.

Esse direito, como previsto no *caput* do art. 3º da LGL vigente, autoriza sua concretização por meio da estipulação de margem de preferência que "poderá" ser estabelecida para produtos manufaturados e para serviços nacionais que atendam a normas técnicas brasileiras. Isso se dá mediante combinação dos §§5º a 9º do mesmo dispositivo de lei.

Contudo, a mesma lei decidiu que as margens de preferência por produto, serviço, grupo de produtos ou grupo de serviços, a que se referem os §§5º e 7º, serão definidas pelo Poder Executivo federal, não podendo a soma delas ultrapassar o montante de 25% (vinte e cinco por cento) sobre o preço dos produtos manufaturados e serviços estrangeiros.

Ou seja, a concreção desse direito pode, conforme o caso, depender dessa regulamentação que, num primeiro momento, poderia supor-se discricionária. Não parece ser assim. A despeito de já existir um regulamento tratando disso (Decreto nº 7.546/2011) ele também se faz reportar a outros, para fins de estipulação concreta das vantagens competitivas em cada caso.

Dessa maneira, é possível que alguém — fabricante ou prestador de serviços, grupo de fabricantes ou de prestadores de serviço, ou mesmo de uma dada categoria econômica — sinta-se prejudicado pela não regulamentação de benefícios, tal qual ocorrido em favor dos *produtos de confecções, calçados e artefatos,* no âmbito federal (Decreto nº 7.601/2011) e busque socorro perante o Estado-Juiz. Para tais casos, o mandado de injunção é o remédio constitucional por excelência, porque assim previsto seu cabimento: "conceder-se-á mandado de injunção sempre que a falta de norma regulamentadora torne inviável o exercício dos direitos e liberdades constitucionais e das prerrogativas inerentes à nacionalidade, à soberania e à cidadania".

De modo ainda mais direto, "o mandado de injunção apresenta-se como um meio de controle da inércia do Poder Público em expedir as regras necessárias, obviando obstáculos decorrentes de sua omissão, quando a norma faltante seja uma lei ou regulamento nela presumido".[150]

Assim sendo, como o desenvolvimento nacional constitui objetivo da República e é referido (ainda que implicitamente) como direito (e difuso) em diversas passagens da Carta Magna, então o mandado de

[150] BANDEIRA DE MELLO, Celso A. *Curso de direito administrativo*, p. 964.

injunção bem se pode empregar para suprir a omissão administrativa de expedir regulamento para fixar a margem de preferência.[151]

A prova do direito, que também ter de se mostrar líquido e certo, dá-se do mesmo modo que exigido no mandado de segurança[152] e, por igual, o mandado de injunção pode ser impetrado individual ou coletivamente.

Enfim, ao menos em tese o direito ao desenvolvimento pode ser tutelado pela via do mandado de injunção. O problema é que, *mutatis mutandis*,

> Este instrumento mostra-se muito relevante na esfera ambiental, direito difuso que tutela a vida em todas as suas formas, de modo que a sociedade não pode ficar exposta à boa vontade e efetividade dos nossos legisladores para regular certa matéria de direito, que esteja inviabilizado seu exercício no caso concreto, face à falta de norma no mundo jurídico.
>
> No entanto, até o presente momento, não existe qualquer decisão proferida em sede de mandado de injunção concernente à matéria ambiental. Infelizmente, os operadores do direito, em pleno século XXI, ainda não absorveram a importância desse instrumento quando utilizado para tutelar o meio ambiente.[153]

Então, talvez seja o caso de se começar uma nova experiência, e se necessário para por o Brasil no rumo da ecossocioeconomia, na

---

151 "(...) a expressão 'norma regulamentadora' deve ser interpretada extensivamente para abranger não só os atos legislativos, mas também toda e qualquer medida necessária para tornar efetiva norma constitucional, a teor do §2º do art. 103 da Constituição Federal, seja ela de natureza legislativa ou não (leis, regulamentos, decretos, portarias, instruções, resoluções, despachos administrativos e outros atos legais e administrativos), abstrata ou concreta, jurídica ou material, desde que sua ausência torne inviável o exercício dos direitos e liberdades constitucionais e das prerrogativas inerentes à nacionalidade, à soberania e à cidadania" (CUNHA JÚNIOR. *Controle judicial das omissões do poder público*: em busca de uma dogmática constitucional transformadora à luz do direito fundamental à efetivação da Constituição, p. 533).

152 *Ementa*: Agravo Regimental no Mandado de Injunção. Aposentadoria Especial. Art. 40, §4º, da Constituição da República. Pressupostos de Cabimento. 1. Constituem pressupostos de cabimento do mandado de injunção a demonstração pelo Impetrante de que preenche os requisitos para a aposentadoria especial e a impossibilidade de usufruí-la pela ausência da norma regulamentadora do art. 40, §4º, da Constituição da República. Precedentes. 2. Agravo regimental ao qual se nega provimento (STF, MI 3583 AgR, Relator Min. Cármen Lúcia, Tribunal Pleno, julgado em 07.12.2011, publicado em 06.02.2012). Disponível em: <http://www.stf.jus.br/portal/jurisprudencia/listarJurisprudencia.asp?s1=%28injun%E7%E3o+%29&base=baseAcordaos>. Acesso em: 04 mar. 2012.

153 ARAGÃO NETO; COSTA FILHO. Instrumentos judiciais e administrativos de participação do cidadão na defesa da saúde e do meio ambiente. *Revista Jurídica Cesumar – Mestrado*, p. 161.

hipótese de a regulamentação da margem de preferência não se dar em prazo razoável,[154] causando prejuízos a quem provar ter direito líquido e certo ao benefício.

E tudo isso com fundamento nos termos dos arts. 3º, inciso II; 21, inciso IX; parágrafo único do 23; 43, §1º, incisos I e II; 48, inciso IV; 151, inciso I; 159, inciso I, alínea "d"; 174, §1º; 205; 215, §3º; 218, *caput* e §2º, 219; 225 e 239, §1º (dentre outros mais) da Constituição Federal combinados com os §§5º a 9º do art. 3º da LGL atualizada e consolidada.

O imbróglio que se adiciona, aqui, refere-se à prova do direito (líquido e certo) ao fomento e, ademais, a regulamentação da preferência que se reclama obter. Como não há lei regendo o Mandado de Injunção, ele segue a do Mandado de Segurança.

---

[154] No caso de omissão legislativa, o Supremo Tribunal já entendeu, como razoável, o prazo de dezoito meses. Para uma regulamentação administrativa, por certo o prazo seria bastante inferior.

*Ementa*: Ação direta de inconstitucionalidade por omissão. Inatividade do legislador quanto ao dever de elaborar a lei complementar a que se Refere o §4º do Art. 18 da Constituição Federal, na redação dada pela emenda constitucional nº 15/1996. Ação julgada procedente. 1. A emenda constitucional n° 15, que alterou a redação do §4º do art. 18 da Constituição, foi publicada no dia 13 de setembro de 1996. Passados mais de 10 (dez) anos, não foi editada a lei complementar federal definidora do período dentro do qual poderão tramitar os procedimentos tendentes à criação, incorporação, desmembramento e fusão de municípios. Existência de notório lapso temporal a demonstrar a inatividade do legislador em relação ao cumprimento de inequívoco dever constitucional de legislar, decorrente do comando do Art. 18, §4º da Constituição. 2. Apesar de existirem no Congresso Nacional diversos projetos de lei apresentados visando à regulamentação do art. 18, §4º, da Constituição, é possível constatar a omissão inconstitucional quanto à efetiva deliberação e aprovação da lei complementar em referência. As peculiaridades da atividade parlamentar que afetam, inexoravelmente, o processo legislativo, não justificam uma conduta manifestamente negligente ou desidiosa das Casas Legislativas, conduta esta que pode pôr em risco a própria ordem constitucional. A inertia deliberandi das Casas Legislativas pode ser objeto da ação direta de inconstitucionalidade por omissão. 3. A omissão legislativa em relação à regulamentação do art. 18, §4º, da Constituição, acabou dando ensejo à conformação e à consolidação de estados de inconstitucionalidade que não podem ser ignorados pelo legislador na elaboração da lei complementar federal. 4. Ação .da procedente para declarar o estado de mora em que se encontra o Congresso Nacional, a fim de que, *em prazo razoável de 18 (dezoito) meses*, adote ele todas as providências legislativas necessárias ao cumprimento do dever constitucional imposto pelo art. 18, §4º, da Constituição, devendo ser contempladas as situações imperfeitas decorrentes do estado de inconstitucionalidade gerado pela omissão. Não se trata de impor um prazo para a atuação legislativa do Congresso Nacional, mas apenas da fixação de um parâmetro temporal razoável, tendo em vista o prazo de 24 meses determinado pelo Tribunal nas ADI n°s 2.240, 3.316, 3.489 e 3.689 para que as leis estaduais que criam municípios ou alteram seus limites territoriais continuem vigendo, até que a lei complementar federal seja promulgada contemplando as realidades desses municípios (ADI 3682, Relator Min. Gilmar Mendes, Tribunal Pleno, julgado em 09.05.2007, publicado em 06.09.2007). Disponível em: <http://www.stf.jus.br/portal/jurisprudencia/listarJurisprudencia.asp?s1=%28injun%E7%E3o+e+%22prazo+razo%E1vel%22%29&base=baseAcordaos>. Acesso em: 04 mar. 2012.

Todavia, isso não afasta, se for o caso, o dever-poder de o Juiz decidir pelo reconhecimento do direito (no caso, ao benefício de preferência) e, desde logo, fixar os parâmetros para seu exercício (patamar da preferência como dantes feito: *e.g.*, 8% no caso de calçados e afins), até que a autoridade coatora regulamente a questão por si.[155] Melhor dizendo, como entender de Direito, e, por suposição, de forma motivada e dentro dos limites estipulados na Lei nº 8.666/93, superando e se sobrepondo, com o regulamento administrativo superveniente, a normativa precária de índole judicial.[156]

O que importa é que "o Mandado de Injunção também poderia, neste diapasão, servir a um juízo de mérito e de controle de políticas publicas ou de suas ausências qualificadas".[157]

Afinal, anote-se que será autoridade coatora aquela que não se desincumbiu do dever de regulamentar o direito constitucional ao desenvolvimento, acolhido no plano legal como (terceira) finalidade da licitação e que remete aos Chefes do Executivo tal incumbência, pelo menos em relação aos §§5º a 9º do art. 3º da LGL. Tudo porque a lei estipula critérios para fruição do direito constitucionalmente garantido, mas remete a regulamento do Chefe do Executivo o estabelecimento dos critérios, nos limites da lei.

E nem se alegue que, na presença da lei, o mandado de injunção seria cabível, porquanto a própria Corte Constitucional já decidiu em contrário, tratando de previsão constitucional que não se exauriu na lei para fins de tornar exequível o direito garantido constitucionalmente:

---

155 *Ementa*: Agravo regimental. Mandado de injunção. Aposentadoria especial do servidor público. Artigo 40, §4º, III, da Constituição da República. Aplicação do Art. 57 da Lei 8.213/1991. Precedentes. Legitimidade passiva. Agravo improvido. I – A orientação do Supremo Tribunal Federal firmou-se no sentido de que apenas a autoridade, órgão ou entidade que tenha o dever de regulamentar a norma constitucional dispõe de legitimidade passiva ad causam no mandado de injunção. Precedentes. II – A jurisprudência desta Corte, após o julgamento dos Mandados de Injunção 721/DF e 758/DF, Rel. Min. Marco Aurélio, passou a adotar a tese de que o mandado de injunção *destina-se à concretização, caso a caso, do direito constitucional não regulamentado, assentando, ainda, que com ele não se objetiva apenas declarar a omissão legislativa, dada a sua natureza nitidamente mandamental* (...) (STF, MI 1231 AgR, Relator Min. Ricardo Lewandowski, Tribunal Pleno, julgado em 16.11.2011, publicado em 30.11.2011 – grifos nossos). Disponível em: <http://www.stf.jus.br/portal/jurisprudencia/listarJurisprudencia.asp?s1=%28injun%E7%E3o+%29&pagina=2&base=baseAcordaos>. Acesso em: 04 mar. 2012.

156 "Em síntese, reitere-se que a ordem injuncional jamais terá o condão de violar o princípio da separação orgânica de funções, subtraindo ao Legislativo sua função típica. O que se terá, em qualquer caso, será uma regulamentação provisória de direitos que foram criados pela Constituição" (MELLO. *O mandado de injunção e a Hidra de Lerna*: a tutela dos direitos e interesses difusos como um novo trabalho ao Juiz Hércules. *In*: CONGRESSO NACIONAL DO CONPEDI, 18).

157 SILVA. *Direito ao desenvolvimento*, p. 215.

> *Ementa*: Agravo regimental. Mandado de injunção. Artigo 135 da Constituição Federal. – Texto constitucional não se regulamenta originariamente por ato administrativo normativo, mas, sim, por lei, ou ato normativo a esta equivalente. Não se confunde com regulamentação — que só e necessária quando o dispositivo constitucional não é auto-aplicável – O ato normativo expedido pela Administração Pública para disciplinar sua conduta interna na aplicação de lei vigente ou de texto constitucional auto-aplicável. E o mandado de injunção só é cabível quando o dispositivo constitucional, por não ser auto-aplicável, demanda regulamentação. *É certo que essa regulamentação pode não exaurir-se com a lei regulamentadora, por exigir esta decreto que, por sua vez, a regulamente, e até, as vezes, por necessitar o decreto regulamentador da lei, que regulamenta o dispositivo constitucional, de ato normativo por parte da Administração que o torne exequível.* Nessa hipótese, que pressupõe sempre a existência de lei que visa a aplicabilidade do texto constitucional, o mandado de injunção será cabível, por ter sido insuficiente a regulamentação feita pela lei. (...) Agravo regimental a que se nega provimento. (STF, MI 304 AgR, Relator Min. Moreira Alves, Tribunal Pleno, julgado em 17.06.1993, publicado em 13.08.1993 – grifos nossos)[158]

Inquestionavelmente, o mesmo se dá relativamente à margem de preferência a bens e serviços nacionais (§§5º a 9º do art. 3º da Lei nº 8.666/93) e ao fomento devido às microempresas e às empresas de pequeno porte na esfera estadual e municipal,[159] consoante garantido constitucionalmente.[160]

*Ação Popular e Ação Popular Ambiental*

Tanto a ação popular "comum" como a ambiental (que visa a tutelar o meio ambiente, preventiva ou repressivamente) se mostram instrumentos eficazes para exercício do direito de cidadania. Apenas

---

[158] Disponível em: <http://www.stf.jus.br/portal/jurisprudencia/listarJurisprudencia.asp?s1=%28injun%E7%E3o+e+decreto%29&pagina=2&base=baseAcordaos>. Acesso em: 04 mar. 2012.

[159] LC 123
Art. 47. Nas contratações públicas da União, dos Estados e dos Municípios, poderá ser concedido tratamento diferenciado e simplificado para as microempresas e empresas de pequeno porte objetivando a promoção do desenvolvimento econômico e social no âmbito municipal e regional, a ampliação da eficiência das políticas públicas e o incentivo à inovação tecnológica, desde que previsto e regulamentado na legislação do respectivo ente.

[160] *Constituição da República*
Art. 179. A União, os Estados, o Distrito Federal e os Municípios dispensarão às microempresas e às empresas de pequeno porte, assim definidas em lei, tratamento jurídico diferenciado, visando a incentivá-las pela simplificação de suas obrigações administrativas, tributárias, previdenciárias e creditícias, ou pela eliminação ou redução destas por meio de lei.

cidadãos — no gozo dos direitos políticos — podem acionar o Judiciário, nos termos do art. 5º da Carta Magna, para (LXXIII) propor "ação popular que vise a anular ato lesivo ao patrimônio público ou de entidade de que o Estado participe, à moralidade administrativa, ao meio ambiente e ao patrimônio histórico e cultural". A isso se somam as disposições da Lei nº 4.717/1965.

Ocorre que a doutrina e a jurisprudência não são uniformes acerca do entendimento dos requisitos para cabimento da ação: fala-se em ato lesivo (ao erário), combinado com atentado contra a moralidade, ao meio ambiente ou ao patrimônio histórico e cultural. Contudo, há quem sustente — e desde muito — bastar a imoralidade para cabimento da ação,[161] corrente à qual aderimos.[162]

Para fins de promoção do desenvolvimento nacional (sustentável), pela via das licitações, é possível cogitar de ilegalidade por omissão que se vê agravada por imoralidade decorrente, por exemplo, de promessa de vantagem para que a Administração Pública não implemente a reserva de mercado (para as microempresas) ou que decida não agregar valores ambientais ou exigir certificação ambiental (no Amazonas).

Em tais hipóteses, poder-se-ia cogitar do descabimento da ação por falta de dano patrimonial. Todavia, seria preciso considerar que, em certas hipóteses, a economia ao curto prazo importa em prejuízo descabido a longo. Por exemplo, e por suposição, o baixo rendimento de veículo movido a diesel somado ao nível de poluição por ele gerado em pouco mais de dois ou três anos transforma a economia da aquisição em prejuízo, mormente se considerada a pequena margem de diferença exigida para aquisição de carro *flex*.

De qualquer modo, é a imoralidade que dá a nota de reprovação jurídica necessária para utilização da ação popular, tanto preventiva

---

[161] BEZNOS. *Ação popular e Ação Civil Pública*, p. 27.

[162] Em sentido contrário:
*Ementa*: Administrativo. Ação popular. Cabimento. Ilegalidade do ato ADMINISTRATIVO. Lesividade ao patrimônio público. Comprovação do prejuízo. Necessidade. 1. O fato de a Constituição Federal de 1988 ter alargado as hipóteses de cabimento da ação popular não tem o efeito de eximir o autor de comprovar a lesividade do ato, mesmo em se tratando de lesão à moralidade administrativa, ao meio ambiente ou ao patrimônio histórico e cultural. 2. Não há por que cogitar de dano à moralidade administrativa que justifique a condenação do administrador público a restituir os recursos auferidos por meio de crédito aberto irregularmente de forma extraordinária, quando incontroverso nos autos que os valores em questão foram utilizados em benefício da comunidade. 3. Embargos de divergência providos (STJ, EREsp 260.821/SP Relator p/ Acórdão Ministro João Otávio de Noronha, Primeira Seção, julgamento em 13.02.2006). Disponível em: <http://www.stj.jus.br/SCON/jurisprudencia/toc.jsp?tipo_visualizacao=null&processo=260821&b=ACOR>. Acesso em: 04 mar. 2012.

como repressivamente. Sem esse requisito de índole subjetiva, isso é impossível juridicamente, pelo fato de que

> Nem todo ato ilegal é imoral. Mas não se pode reconhecer como ofensivo á moralidade administrativa ato que não seja ilegal. Não existe ato que seja legal e ofensivo à moralidade administrativa porque ofende certos valores juridicizados. E porque ofende valores juridicizados é ilegal. Ofender certos valores torna o ato especialmente viciado. Não será apenas qualificado como ilegal, mas também ofensivo à moralidade administrativa.[163]

O que chama atenção, entretanto, é que o cenário do controle (administrativo ou judicial) das licitações vem mudando muito pouco ao longo dos anos, valendo transcrever desabafo lúcido, feito nos idos da década de noventa, que bem esboçava a realidade de outrora, mas estranhamente ainda de hoje:

> Como conclusão, cabe insistir na necessidade de um controle externo da licitação. Além do controle exercido pelo próprio Executivo, pela própria entidade licitante, na fase de aprovação, é preciso um controle externo, exercido tanto pelo Tribunal de Contas quanto pelo Poder Judiciário. Em face das circunstâncias atuais, enquanto o Poder Judiciário não exorcizar o demônio de discricionariedade, o papel preponderante deve ser exercido pelo Tribunal de Contas que, expressamente, tem o poder-dever de examinar a legalidade e o mérito da licitação.[164]

*Outros meios judiciais*

Por certo há ainda outros meios idôneos para provocação do Poder Judiciário com vistas à promoção do desenvolvimento nacional sustentável pela via das licitações.

A *Ação Civil Pública* seria importante de referir. Contudo, como ela é atribuída a alguns legitimados — Defensoria Pública, Pessoas Administrativas e Associações, mas ordinariamente ao Ministério Público (o "fiscal da lei") —, uma simples representação a ele por irregularidade no cumprimento de um dos três fins da licitação, dentre os quais o da promoção do desenvolvimento nacional sustentável se mostra suficiente, em tese, para o fim pretendido. Pelo menos, para resultar na

---

163 CAMMAROSANO. *O princípio constitucional da moralidade e o exercício da função administrativa*, p. 102.

164 DALLARI. *Aspectos jurídicos da licitação*, p. 132.

instauração de um inquérito civil para apurar a denúncia e, uma vez confirmada, autorizar a proposição da ação.

E, quem sabe ainda, para o ajuizamento de outra, de uma *ação de improbidade administrativa*, seja por assim se frustrar a licitude do certame, violar os princípios da Administração ou por retardar ou deixar de praticar, indevidamente, ato de ofício,[165] mas de forma a redundar no desfazimento da falha, na reparação do dano (se houver) e na responsabilização dos responsáveis e dos beneficiados indevidamente.

Mas ainda seriam cabíveis ações relativas ao controle concentrado de constitucionalidade (Ação Direta de Inconstitucionalidade, Ação Declaratória de Constitucionalidade e Arguição de Descumprimento de Preceito Fundamental), mas cujo estudo fica postergado para outra oportunidade, em especial pelas restritas hipóteses de cabimento e pelo universo reduzidíssimo de legitimados para sua propositura.

É que, como este livro se dirige a todos — sem exceções —, acredita-se que os instrumentos administrativos e judiciais elencados se mostram suficientes para auxiliar na construção e manutenção de nosso Estado Democrático de Direito. Aquele que busca fundamento na cidadania, por conta da qual não se permite a ninguém ser indiferente ao amanhã que se constrói a cada dia.

Portanto, ao fim e ao cabo fica consignado que a promoção do desenvolvimento nacional sustentável como finalidade legal da licitação impõe ao agente administrativo um dever-poder e, por outro lado, um direito: de se poder exigir o cumprimento desse dever também como um direito fundamental: individual, coletivo e difuso — tanto administrativa como judicialmente. E, como visto vários são os legitimados para exigi-lo, variando conforme cada instrumento colocado à disposição. Logo, não há desculpas para a indiferença, seja ela da Administração, de cada um ou de todos nós. Portanto, naquela perspectiva de 1988,

---

[165] Lei nº 8.429/92 – Lei de Improbidade Administrativa
Art. 10. Constitui ato de improbidade administrativa que causa lesão ao erário qualquer ação ou omissão, dolosa ou culposa, que enseje perda patrimonial, desvio, apropriação, malbaratamento ou dilapidação dos bens ou haveres das entidades referidas no art. 1º desta lei, e notadamente: (...) VIII – frustrar a licitude de processo licitatório ou dispensá-lo indevidamente; (...).
Art. 11. Constitui ato de improbidade administrativa que atenta contra os princípios da administração pública qualquer ação ou omissão que viole os deveres de honestidade, imparcialidade, legalidade, e lealdade às instituições, e notadamente: I – praticar ato visando fim proibido em lei ou regulamento ou diverso daquele previsto, na regra de competência; II – retardar ou deixar de praticar, indevidamente, ato de ofício; (...).

de construção de uma sociedade livre, justa e solidária, assentada nas vigas-mestras da liberdade, igualdade e fraternidade.[166]

O que importa é que o rumo ao desenvolvimento ecossocioambiental, do Brasil e de todos os brasileiros, não é um devaneio. Ele *deve* ser necessariamente viabilizado em cada licitação e pelo menos como finalidade legal — por todos os órgãos da administração direta, indireta, autárquica e fundacional, além dos fundos especiais e demais entidades controladas direta ou indiretamente pela União, Estados, Distrito Federal e Municípios — sob pena de fulminação do certame e reprimenda de quem, por ação ou omissão, dolosa ou culposa, a isso der causa.

---

[166] PIRES. *O Estado social e democrático e o serviço público*: um breve ensaio sobre liberdade, igualdade e fraternidade, p. 116.

Como anunciado, esta obra nunca teve por pretensão redundar em conclusões propriamente ditas. Seu objetivo foi — e continua sendo — mais de informar do que oferecer soluções concretas, jurídicas ou materiais, até mesmo porque, se e quando existentes, têm elas pouco tempo de vida.

É que o desenvolvimento, em sua forma pluridimensional por natureza, deve ser entendido ao mesmo tempo como um *projeto* (uma *norma*) e como o *caminho* histórico em direção a ele.[167] Configura, assim, um processo que se renova a cada dia com a experiência do ontem no rumo do amanhã. Por isso mesmo é que o direito ao desenvolvimento gera uma expectativa *sem limites* em cada indivíduo, em todos nós e na própria nação brasileira.

Além de configurar direito — e fundamental: de índole individual, coletiva e difusa —, o desenvolvimento se impõe aos Poderes Públicos. Primeiro porque diversas vezes "reclamado" na Constituição da República e, hoje, pelo fato de explicitamente exigido por lei. E deve sê-lo simultaneamente à garantia da isonomia e da seleção da proposta mais vantajosa como finalidade de qualquer licitação pública promovida no âmbito da União, dos Estados, do Distrito Federal e dos Municípios. Portanto, alcançando órgãos de todos os poderes, além da administração indireta, autárquica e fundacional.

Assim se deu porque a Lei nº 12.349/2010 alterou a Lei nº 8.666/93 — aquela que se reconhece como Lei Geral de Licitações e que veicula "normas gerais", dentre as quais o seu art. 3º. Com essa modificação se agregou ao processo administrativo licitatório, compulsoriamente e como condição de validade, um papel dantes referido como "função social", "função regulatória" ou mesmo "função macroeconômica". Aquela latente no sistema jurídico brasileiro e que, de vez em quando, era reclamada pelo legislador, pelo governante ou pelo próprio administrador público para incrementar a satisfação da necessidade ou da

[167] SACHS; VIEIRA (Org.). *Rumo à ecossocioeconomia*: teoria e prática do desenvolvimento, p. 352.

utilidade, administrativa ou coletiva com uma benesse legitimada por um interesse público *geral*.

Não é mais assim. Não pode mais ser assim. Não se admite mais "escolha neutra" na definição do objeto ou do rol de potenciais fornecedores, devendo se considerar fatores econômicos, ambientais e sociais — em geral (por lei e por regulamento) e concretamente (em cada edital de licitação) — para regular cumprimento da ordem jurídica. E cada escolha pública deve expressar um sem número de circunstâncias que só podem ser valoradas caso a caso, uma a uma, em abstrato ou em concreto.

Daí porque, recentemente, estipulou-se — por meio de regulamento específico e nos limites da lei — que os calçados nacionais se fazem merecedores de gozar de margem de preferência nas licitações instauradas no plano federal. Aliás, do mesmo modo que os microempresários têm direito à ordinária reserva de mercado (para despesas estimadas de até R$80.000,00). Assim é que se protege, por exemplo, a indústria nacional e se promove o microempreendedorismo — gerando empregos e renda —, além de permitir a aquisição de bens e a prestação de serviços que, ademais, devem causar o menor impacto ambiental possível.

Logo, *a promoção do desenvolvimento nacional pela via das licitações não é devaneio*; revela — isto sim — a concretização de um objetivo da República, a satisfação de um direito fundamental e o cumprimento de um dever legal.

*Só não há mais espaço,* ***nem perdão****, para os que ignoram a lei, para os que mal cumprem a lei e para os que voluntariamente descumprem a lei, por ação ou por omissão*. Para todos esses a lei e o Direito reservam resposta, bem como para as provocações feitas junto à própria Administração, aos Tribunais de Contas e ao Poder Judiciário e que visam a conduzir o Brasil à ecossocioeconomia por meio das licitações públicas.

Em suma, o desafio proposto na introdução fica justificado e *renovado*: é preciso abandonar a indiferença, a neutralidade que infirma valores e direitos fundamentais, porque o desejo de acerto comprometido apenas com a experiência do passado jamais será suficiente em si para garantir o desenvolvimento. Menos ainda para satisfazê-lo como direito fundamental — individual, coletivo e difuso —, e que reclama inovação, arrojo e assunção de *riscos*. Por cada um e por todos, pela sociedade, pelo empresariado, pelos governos e pelo Estado. De se errar, inclusive, mas na justa expectativa de seguir sempre em frente e com a certeza de que ao amanhã se reserva muito mais do que havido e vivido em data de ontem.

Então, que cada um cumpra o seu papel.

# REFERÊNCIAS


ALVES, Angela M. Uso do poder de compra governamental no setor brasileiro de *softwares* e serviços. *Espaços*, v. 28, n. 3, p. 45-64, dez. 2007. Disponível em: <http://www2.scielo.org.ve/scielo.php?script=sci_arttext&pid=S0798-10152007000300004&lng=es&nrm=iso>. Acesso em: 24 fev. 2012.

ARAGÃO NETO, Dario; COSTA FILHO, Adilson da. Instrumentos judiciais e administrativos de participação do cidadão na defesa da saúde e do meio ambiente. *Revista Jurídica Cesumar – Mestrado*, v. 10, n. 1, p. 151-166, jan./jun. 2010.

BACELLAR FILHO, Romeu Felipe. A noção jurídica de interesse público no direito brasileiro. *In*: BACELLAR FILHO, Romeu Felipe; HACHEM, Daniel Wunder. *Direito administrativo e interesse público*: estudos em homenagem ao Professor Celso Antônio Bandeira de Mello. Belo Horizonte: Fórum, 2010.

BAGNOLI, Vicente. *Direito e poder econômico*. Rio de Janeiro: Elsevier, 2009.

BANDEIRA DE MELLO, Celso Antônio. *Conteúdo jurídico do princípio da igualdade*. 3. ed. 10. tiragem. São Paulo: Malheiros, 2002.

BANDEIRA DE MELLO, Celso Antônio. *Curso de direito administrativo*. 28. ed. São Paulo: Malheiros, 2011.

BANDEIRA DE MELLO, Oswaldo Aranha. *Da licitação*. São Paulo: José Bushatsky Editor, 1978.

BARROS, Sérgio Resende de. *Liberdade e contrato*: a crise da licitação. Piracicaba: UNIMEP, 1995.

BERCOVICI, Gilberto. *Constituição econômica e desenvolvimento*: uma leitura a partir da Constituição de 1988. São Paulo: Malheiros, 2005.

BEZNOS, Clovis. *Ação popular e Ação Civil Pública*. São Paulo: Revista dos Tribunais, 1984.

BIM, Eduardo Fortunato. Considerações sobre a juridicidade e os limites da licitação sustentável. *In*: SANTOS, Murilo Giordan; BARKI, Teresa Villac Pinheiro. *Licitações e contratações públicas sustentáveis*. Belo Horizonte: Fórum, 2011.

BINENBOJM, Gustavo. *A era do direito administrativo como religião já era*. Disponível em: <http://www.conjur.com.br/2011-mai-25/voto-luiz-fux-organizacoes-sociais-direito-administrativo>. Acesso em: 25 fev. 2012.

BITTENCOURT, Marcus Vinicius Corrêa. *Mandado de Segurança*. Belo Horizonte: Fórum, 2010.

BONAVIDES, Paulo. *Curso de direito constitucional*. 14. ed. São Paulo: Malheiros, 2004.

BOÓ, Daniel; VILLAR, Ariel. *El derecho humano al medio ambiente*. Buenos Aires: Némesis, 1999.

BREUS, Thiago Lima. *Políticas públicas no estado constitucional*: problemática da concretização dos direitos fundamentais pela Administração Pública contemporânea. Belo Horizonte: Fórum, 2007.

BUCCI, Maria Paula Dallari. *Direito administrativo e políticas públicas*. São Paulo: Saraiva, 2002.

BUENO, Cássio Scarpinella. *Curso sistematizado de direito processual civil*: direito processual coletivo e direito processual público. São Paulo: Saraiva, 2010. v. 2, t. III.

CAMMAROSANO, Márcio. *O princípio constitucional da moralidade e o exercício da função administrativa*. Belo Horizonte: Fórum, 2006.

CANOTILHO, J. J. Gomes. *Direito constitucional e teoria da Constituição*. 2. ed. Coimbra: Almedina, 1998.

CARVALHO FILHO, José dos Santos. *Manual de direito administrativo*. 21. ed. Rio de Janeiro: Lumen Juris, 2009.

CLÈVE, Clèmerson Merlin. A eficácia dos direitos fundamentais sociais. *Crítica Jurídica – Revista Latinoamericana de Política, Filosofia y Derecho*, n. 22, p. 18-29, jul./dez. 2003.

CORTIÑAS-PELÁEZ, León. Estudio Preliminar. Del horizonte mexicano del derecho de la licitación pública. *In*: LOPES ELÍAZ, José Pedro. *Aspectos jurídicos de la licitación pública en México*. Ciudad do México: Universidad Nacional Autónoma de México, 1999.

CUNHA JÚNIOR, Dirley da. *Controle judicial das omissões do poder público*: em busca de uma dogmática constitucional transformadora à luz do direito fundamental à efetivação da Constituição. 2. ed. rev. e atual. São Paulo: Saraiva, 2008.

D'ISEP, Clarissa Ferreira Macedo. *Direito ambiental econômico e a ISO 14000*: análise jurídica do modelo de gestão ambiental e certificação ISO 14000. 2. ed. São Paulo: Revista dos Tribunais, 2009.

DALLARI, Adilson Abreu. *Aspectos jurídicos da licitação*. 3. ed. atual e ampl. São Paulo: Saraiva, 1992.

DE NEGRI, João Alberto *et al*. (Coord.). *Poder de compra da Petrobras*: impactos econômicos nos seus fornecedores. Brasília: IPEA, Petrobras, 2010.

DERANI, Cristiane. *Direito ambiental econômico*. 3. ed. São Paulo: Saraiva, 2008.

DI PIETRO, Maria Sylvia Zanella. *Direito administrativo*. 25. ed. São Paulo: Atlas, 2012.

DI PIETRO, Maria Sylvia Zanella. *Discricionariedade administrativa na Constituição de 1988*. 2. ed. 4. reimp. São Paulo: Atlas, 2007.

FACHIN, Melina Girardi. Direito fundamental ao desenvolvimento: uma possível ressignificação entre a Constituição Brasileira e o Sistema Internacional de Proteção dos Direitos Humanos. *In*: PIOVESAN, Flávia; SOARES, Inês Virgínia Prado (Coord.). *Direito ao desenvolvimento*. Belo Horizonte: Fórum, 2010. p. 179-198.

FARIA, Ana Maria Jara Boton. Licitação e compras sustentáveis. *Revista Zênite – ILC Informativo de Licitações e Contratos*, Curitiba, n. 172, p. 585-596, jun. 2008.

FERRAZ, Luciano. Função regulatória da licitação. *Revista Eletrônica de Direito Administrativo Econômico – REDAE*, Salvador, n. 19, ago./set./out. 2009. Disponível em: <http://www.direitodoestado.com/revista/REDAE-19-AGOSTO-2009-LUCIANO-FERRAZ.pdf>. Acesso em: 25 fev. 2012.

FERREIRA, Daniel. Função social da licitação pública: o desenvolvimento nacional sustentável (*no* e *do* Brasil, antes e depois da MP n. 495/2010). *Fórum de Contratação e Gestão Pública – FCGP*, Belo Horizonte, ano 9, n. 107, p. 49-64, 2010.

FERREIRA, Daniel. Inovações para a responsabilidade socioambiental das empresas: o papel das licitações e dos contratos administrativos. *In*: DOTTA, Alexandre Godoy; HACHEM, Daniel Wunder; REIS, Luciano Elias. (Org.) *Anais do I Seminário Ítalo-Brasileiro em Inovações Regulatórias em Direitos Fundamentais, Desenvolvimento e Sustentabilidade*. Curitiba: Negócios Públicos, 2011. p. 42-65.

FERREIRA, Daniel. *Sanções administrativas*. São Paulo: Malheiros, 2001.

FERREIRA, Daniel. *Teoria geral da infração administrativa a partir da Constituição Federal de 1988*. Belo Horizonte: Fórum, 2009

FERREIRA, Daniel; SANTOS, José Anacleto. Licitações para a Copa do Mundo e Olimpíadas: comentários sobre algumas inovações da Lei n. 12.462/2011. *Revista Zênite – ILC Informativo de Licitações e Contratos*, Curitiba, n. 216, p. 171-183, fev. 2012.

FINGER, Ana Cláudia. A feição democrática do processo administrativo como instrumento de proteção do cidadão. *In*: BACELLAR FILHO, Romeu Felipe; GABARDO, Emerson; HACHEM, Daniel Wunder (Coord.). *Globalização, direitos fundamentais e direito administrativo*: novas perspectivas para o desenvolvimento econômico e socioambiental: Anais do I Congresso da Rede Docente Eurolatinoamericana de Direito Administrativo. Belo Horizonte: Fórum, 2011. p. 227-240.

FREITAS, Juarez. *Sustentabilidade*: direito ao futuro. Fórum: Belo Horizonte, 2011.

FROMM, Erich. *A arte do amor*. São Paulo: Martins Fontes, 2000.

GABARDO, Emerson. *Interesse público e subsidiariedade*: o Estado e a sociedade civil para além do bem e do mal. Belo Horizonte: Fórum, 2009.

GALLI, Alessandra. *Educação ambiental como instrumento para o desenvolvimento sustentável*. 2. reimp. Curitiba: Juruá, 2011.

GATTI JUNIOR, Wilian. *35 anos da criação do Proálcool*: do álcool-motor ao veículo *flex fuel*. *In*: SEMEAD – Seminários em Administração, 13., Faculdade de Economia, Administração e Contabilidade da Universidade de São Paulo, set. 2010. Disponível em: <http://www.ead.fea.usp.br/semead/13semead/resultado/trabalhosPDF/179.pdf>. Acesso em: 26 fev. 2012.

GIUSTI, Anna Flávia Camilli Oliveira. *A licitação como instrumento de fomento ao desenvolvimento nacional sustentável*. 2011. Dissertação (Mestrado em Direito Empresarial e Cidadania) – UNICURITIBA, Curitiba, 2011.

GRAU, Eros Roberto. *Elementos de direito econômico*. São Paulo: Revista dos Tribunais, 1981.

GUILLARDI, Catia Roberta. *Certificação social*: um estudo sobre os benefícios da norma SA8000 em empresas certificadas. Disponível em: <http://www.ead.fea.usp.br/semead/9semead/resultado_semead/trabalhosPDF/76.pdf>. Acesso: 26 fev. 2012.

HACHEM, Daniel Wunder. *O princípio constitucional da supremacia do interesse público*. Belo Horizonte: Fórum, 2011.

JABBOUR, Elias Marco Khalil. *China hoje*: projeto nacional, desenvolvimento e socialismo de mercado. São Paulo, João Pessoa: Anita Garibaldi Ed., Editora da Universidade Estadual da Paraíba – EDUEPB, 2011. v. 1.

JACOBY FERNANDES, Jorge Ulisses. *O município contratando com a micro e pequena empresa*: o estatuto da micro e pequena empresa fomentando a economia dos municípios. Brasília: SEBRAE, 2009. Disponível em: <http://www.sebrae.com.br/customizado/lei-geral/O%20municipio%20contratando%20com%20a%20micro%20e%20pequena%20 empresa_Jacobi.pdf>. Acesso em: 4 mar. 2012.

JUSTEN FILHO, Marçal *Curso de direito administrativo*. 5. ed. São Paulo: Saraiva, 2010.

JUSTEN FILHO, Marçal. A LC n. 123 e os benefícios para pequenas empresas nas licitações públicas. *In*: BACELLAR FILHO, Romeu Felipe; SILVA, Guilherme Amintas Pazinato da. (Coord.). *Direito administrativo e integração regional*: Anais do V Congresso da Associação de Direito Público do Mercosul e do X Congresso Paranaense de Direito Administrativo. Belo Horizonte: Fórum, 2010. p. 159-166.

JUSTEN FILHO, Marçal. Catálogo eletrônico de padronização. *In*: JUSTEN FILHO, Marçal; PEREIRA, Cesar A. Guimarães (Coord.). *O regime diferenciado de contratações públicas (RDC)*: comentários à Lei n. 12.462 e ao Decreto n. 7.581. Belo Horizonte: Fórum, 2012. p. 357-360.

JUSTEN FILHO, Marçal. *Comentários à Lei de licitações e contratos administrativos*. 8. ed. São Paulo: Dialética, 2001.

JUSTEN FILHO, Marçal. *Comentários à Lei de licitações e contratos administrativos*. 11. ed. São Paulo: Dialética, 2005.

JUSTEN FILHO, Marçal. Desenvolvimento nacional sustentado: contratações administrativas e o regime introduzido pela Lei n. 12.349/2010. *Revista Zênite – ILC Informativo de Licitações e Contratos*, Curitiba, n. 210, p. 745-751, ago. 2010.

JUSTEN FILHO, Marçal. *O estatuto da microempresa e as licitações públicas*. São Paulo: Dialética, 2007.

KOLADICZ, Aline Cristina. *A atividade empresarial socioambientalmente responsável e sustentável pela via do fomento estatal*. Curitiba. 2009. 134 f. Dissertação (Mestrado em Direito Empresarial e Cidadania) – UNICURITIBA, 2011. Disponível em: <http://tede.unicuritiba.edu.br/dissertacoes/AlineKoladicz.pdf>. Acesso em: 08 out. 2011.

LOCATELLI, Liliana. Desenvolvimento na Constituição Federal de 1988. *In*: BARRAL, Welber. (Org). *Direito e desenvolvimento*: análise da ordem jurídica brasileira sob a ótica do desenvolvimento. São Paulo: Singular, 2005.

MARTINS, Ricardo Marcondes. *Efeitos dos vícios do ato administrativo*. São Paulo: Malheiros, 2008.

MELLO, Célia Cunha. *O fomento da Administração Pública*. Belo Horizonte: Del Rey, 2003.

MELLO, Tanya Kristyane Kozicki de. *O Mandado de Injunção e a Hidra de Lerna*: a tutela dos direitos e interesses difusos como um novo trabalho ao Juiz Hércules. *In*: CONGRESSO NACIONAL DO CONPEDI, 18., 2009, São Paulo. *Anais*... São Paulo, Florianópolis: Fundação Boiteux, 2009. p. 2189-2210. Disponível em: <http://www.publicadireito.com.br/conpedi/manaus/arquivos/Anais/sao_paulo/2188.pdf>. Acesso em: 06 mar. 2012.

MELLO, Thiago de. *Poemas preferidos pelo autor e seus leitores*. 4. ed. Rio de Janeiro: Bertrand Brasil, 2009.

MILESKI, Hélio Saul. Tribunal de Contas: evolução, natureza, funções e perspectivas futuras. *In*: FREITAS, Ney José de (Coord.). *Tribunais de Contas*: aspectos polêmicos: estudos em homenagem ao Conselheiro João Féder. Belo Horizonte: Fórum, 2009.

MOREIRA NETO, Diogo de Figueiredo. *Mutações do direito administrativo*. Rio de Janeiro: Renovar, 2000.

MORIN, Edgar. *Introdução ao pensamento complexo*. Tradução de Eliane Lisboa. Porto Alegre: Sulina, 2005.

MOTTA, Carlos Pinto Coelho; BICALHO, Alécia Paolucci N. Licitações nacionais como instrumento da efetivação dos princípios constitucionais do desenvolvimento nacional e do incentivo ao mercado interno. *Fórum de Contratação e Gestão Pública – FCGP*. Belo Horizonte, ano 9, n. 107, nov. 2010.

MOTTA, Fabrício. *Função normativa da Administração Pública*. Belo Horizonte: Fórum, 2007.

MUÑOZ, Guillermo Andrés. *Direito administrativo e interesse público*, Belo Horizonte: Fórum, 2010.

NIEBHUR, Joel de Menezes. *Licitação pública e contrato administrativo*. 2. ed. Belo Horizonte: Fórum, 2011.

NUSDEO, Fábio. *Curso de economia*: introdução ao direito econômico. 6. ed. São Paulo: Revista dos Tribunais, 2010.

NUSDEO, Fábio. Desenvolvimento econômico: um retrospecto e algumas perspectivas. *In*: SALOMÃO FILHO, Calixto (Coord.). *Regulação e desenvolvimento*. São Paulo: Malheiros, 2002.

OLIVEIRA, Gustavo Henrique Justino de. Direito ao desenvolvimento na Constituição Brasileira de 1988. *Revista Eletrônica de Direito Administrativo Econômico – REDAE*, Salvador, n. 16, nov./dez./jan. 2009. Disponível em: <http://www.direitodoestado.com.br/redae.asp>. Acesso em: 27 fev. 2012.

OLIVEIRA, José Roberto Pimenta. *Os princípios da razoabilidade e da proporcionalidade no direito administrativo brasileiro*. São Paulo: Malheiros, 2006.

PEIXINHO, Manoel Messias; FERRARO, Suzani Andrade. Direito ao desenvolvimento como direito fundamental. *In*: CONGRESSO NACIONAL DO CONPEDI, 16., 2007. Belo Horizonte. *Anais*... Florianópolis: Fundação Boiteux, 2008. p. 6952-6973. Disponível em: <http://www.conpedi.org.br/manaus/arquivos/anais/bh/manoel_messias_peixinho.pdf>. Acesso em: 27 fev. 2012

PIOVESAN, Flávia. Direitos sociais, econômicos, culturais e ambientais e direitos civis e políticos. *In*: SILVA, Letícia Borges da; OLIVEIRA, Paulo Celso de (Coord.). *Socioambientalismo*: uma realidade: homenagem a Carlos Frederico Marés de Souza Filho. Curitiba: Juruá, 2008.

PIRES, Luis Manuel Fonseca. *Controle judicial da discricionariedade administrativa*: dos conceitos jurídicos indeterminados às políticas públicas. Rio de Janeiro: Elsevier, Campus Jurídico, 2009.

PIRES, Luis Manuel Fonseca. *O Estado social e democrático e o serviço público*: um breve ensaio sobre liberdade, igualdade e fraternidade. Belo Horizonte: Fórum, 2011.

RECK, Janrié Rodrigues. Fundamentos filosóficos do direito ao desenvolvimento sustentável. *In*: BACELLAR FILHO, Romeu Felipe; GABARDO, Emerson; HACHEM, Daniel Wunder (Coord.). *Globalização, direitos fundamentais e direito administrativo*: novas perspectivas para o desenvolvimento econômico e socioambiental. Anais do I Congresso da Rede Docente Eurolatinoamericana de Direito Administrativo. Belo Horizonte: Fórum, 2011. p. 139-148.

REQUI, Érica Miranda dos Santos. Desenvolvimento sustentável e a agenda ambiental na Administração Pública A3P. *Revista Zênite – ILC Informativo de Licitações e Contratos*, Curitiba, n. 203, p. 36-41, jan. 2011.

RISTER, Carla Abrantkoski. *Direito ao desenvolvimento*: antecedentes, significados e conseqüências. Rio de Janeiro: Renovar, 2007.

ROCHA, Carmen Lúcia Antunes. *Princípios constitucionais da Administração Pública*. Belo Horizonte: Del Rey, 1994.

ROCHA, Sílvio Luís Ferreira da. *Terceiro setor*. São Paulo: Malheiros, 2003.

SACHS, Ignacy; VIEIRA, Paulo Freire (Org.). *Rumo à ecossocioeconomia*: teoria e prática do desenvolvimento. São Paulo: Garcez, 2007.

SEN, Amartya. *Desenvolvimento como liberdade*. São Paulo: Companhia das Letras, 2010.

SESÍN, Domingo Juan. *Administración Pública*: actividad reglada, discrecional y técnica: nuevos mecanismos de control judicial. Buenos Aires: Depalma, 1994.

SILVA, Guilherme Amorim Campos da. *Direito ao desenvolvimento*. São Paulo: Método, 2004.

SILVA, Lígia Neves da. *Os paradigmas da justiça social como referencial teórico da responsabilidade social empresarial*. Curitiba. 2011. Dissertação (Mestrado em Direito Empresarial e Cidadania) – UNICURITIBA, 2011.

SILVA, Mércia Consolação. *Subsídios para elaboração de um plano nacional de ações afirmativas no mundo do trabalho*. OIT – Igualdade Racial. Disponível em: <http://www.oit.org.br/sites/default/files/topic/discrimination/pub/oit_igualdade_racial_06_234.pdf>. Acesso em: 13 mar. 2012.

SILVA, Solange Teles. Desenvolvimento sustentável e florestas: reflexões iniciais. *In*: PIOVESAN, Flavia; SOARES, Inês Virginia Prado. (Org.). *Direito ao desenvolvimento*. Belo Horizonte: Fórum, 2010. (Coleção Fórum Direitos Humanos, 2). p. 395-422.

SUNDFELD, Carlos Ari. *Direito administrativo ordenador*. 2. tiragem. São Paulo: Malheiros, 1997.

SUNDFELD, Carlos Ari. *Licitação e contrato administrativo*: de acordo com as leis 8.666/93 e 8.883/94. 2. ed. São Paulo: Malheiros, 1995.

VEIGA, José Eli da. *A emergência socioambiental*. São Paulo: Senac, 2007.

VEIGA, José Eli da. *Desenvolvimento sustentável*: o desafio do século XXI. 3. ed. Rio de Janeiro: Garamond, 2008.

ZANIN, Luís Maurício Junqueira; BARRETO, Cláudio Pereira. *Cartilha do Comprador*: as compras públicas alavancando o desenvolvimento. Brasília; DF: CNM, SEBRAE, 2006.

# APÊNDICE

# FUNCIÓN SOCIAL DE LA LICITACIÓN PÚBLICA

## EL DESARROLLO NACIONAL SOSTENIBLE

## (*EN* Y *DE* BRASIL, ANTES Y DESPUÉS DE LA MP 495/2010)

## Introducción

Tratar genéricamente de las licitaciones públicas en Brasil es una tarea de las más difíciles, no solamente por la pluralidad de actos normativos (federales, estaduales, municipales e incluso "autónomos")[1] tratando del tema, sino también por los procedimientos jurídicamente admisibles — que mezclan tipos[2] con modalidades[3] y, más recientemente, llegan a invertir las fases.[4] Súmese a eso, en especial, el hecho de que

[1] Como el que creó la Agencia Nacional de Telecomunicaciones – ANATEL, Ley número 9.472/1997, y en él previó modalidades de licitación nuevas en aquel entonces ("consulta" y "pregão") aplicables solamente en el ámbito de la autarquía y sujetas a reglamentación propia.

[2] Son tipos de licitación y, por lo tanto, criterios de contraste de la propuesta *más ventajosa*, en los términos de la ley Federal número 8.666/93 (LGL: art. 45), los siguientes: (i) "menor preço"; (ii) "técnica e preço"; (iii) "melhor técnica"; e (iv) "maior lance ou oferta".

[3] Configuran modalidades de licitación: (i) "concorrência", (ii) "tomada de preços", (iii) "convite", (iv) "concurso" e (v) "leilão", en la forma del Art. 22 de la LGL. A ellas se suman el (vi) "pregão", vehiculado por la Ley Federal número 10.520/2002, en las versiones "presencial" y "eletrónica".

[4] Como se revela ordinariamente en la Ley Paranaense de Licitaciones (Ley número 15.608/2007) y en la propia ley que estableció, en ámbito nacional, la modalidad "pregão",

la propia población reconoce su utilidad y obligatoriedad usual para la satisfacción de una necesidad de carácter colectivo o administrativo (de la Administración Pública solamente), haciendo que su control no se lleve a cabo exclusivamente por el Poder Judicial y por las Cortes de Cuentas mediante provocación de los interesados, pero también por el ciudadano en el día a día.

Es decir, la expectativa que se tiene a partir de un procedimiento licitatorio cualquiera, como uno instaurado por el Gobierno Federal en la modalidad "concorrência pública" del tipo "melhor técnica" para la construcción de un hospital público de alta complejidad es muy semejante a aquella antevista en relación a un simple "convite" del tipo "menor preço" referente al abastecimiento de estampillas al menos populoso de los municipios brasileños,[5] siendo de menor importancia el impacto financiero de la contratación.

O sea, en los dos concursos ejemplificados se anhela, por igual, que la licitación haya sido conducida legítimamente, por lo tanto propiciando "igualdad de oportunidades" a los interesados que hayan reunido los requisitos, y aún garantizando la contratación "más ventajosa", en las condiciones objetivas fijadas por ley y por el instrumento convocatorio, aliando así aspectos económicos y técnicos, según el caso.

En fin, propiciando una contratación que *satisfaga directa e inmediatamente intereses públicos*[6] (de ámbito *primario* o *secundario*), mediante un previo proceso público marcado por la "idea de competencia, a ser trabada isonómicamente entre los que reúnan los atributos y aptitudes necesarios al buen cumplimiento de las obligaciones que se proponen asumir".[7]

---

mediante la inversión de fases, iniciándose la investigación por las propuestas técnico-comerciales y no por los documentos de habilitación de los proponentes, como de costumbre hasta entonces.

5 Borá, ubicado en el Estado de São Paulo, que posee solamente 852 habitantes, según datos oficiales de 2010.

6 Invocando el italiano Sabino Cassese, Marçal Justen Filho destaca el hecho de que no hay un interés público *único*, sino que varios intereses públicos, y que solamente en el caso concreto es que se mostrará superior, a punto de preponderar uno sobre el otro (JUSTEN FILHO. *Curso de direito administrativo*, p. 70-71). Dicha observación es de extrema importancia en este ensayo, porque la *economicidad de la contratación*, como "interés público", eventualmente puede venir a ser mitigada a causa de otro, por ejemplo, la *sostenibilidad ambiental* de la solución. Otro no es el magisterio de Maria Sylvia Zanella Di Pietro: "(...) no hay duda de que pueda haber conflictos entre intereses públicos de diferentes entes. Al Poder Judicial cabrá decidir cual el interés a proteger. Si antes el Poder Judicial se limitaba a resolver conflictos entre *intereses individuales*, hoy él puede tener que resolver conflictos entre diferentes *intereses públicos*" (*Discricionariedade administrativa na Constituição de 1988*, p. 228).

7 BANDEIRA DE MELLO. *Curso de direito administrativo*, p. 524.

El problema es que la efectiva concretización de esos principios (de la competitividad y de la isonomía), a lo largo de los procesos licitatorios, no siempre se muestra tranquila, sobre todo cuando la propia definición del objeto aparentemente comporta distintas alternativas y cuya elección es, en principio, reconocida como una atribución legalmente estipulada para el agente público. Por consiguiente, pautada por cierta margen de libertad en los límites de la ley, así, pues, caracterizadora de cierta fracción de discrecionalidad administrativa.

Es lo que sucede, por ejemplo, debido a la necesidad de transporte de bienes y de personas y la "administrativa escoja" entre licitar (i) la compra de automóviles, (ii) la locación de automóviles, o (iii) la contratación de una empresa transportadora — cuando estén presentes recursos presupuestarios suficientes e indiferentes entre sí — lo que *per se* puede proporcionar razonables dudas acerca de la economicidad e incluso de la moralidad de la opción eventualmente adoptada.

Imagínese, entonces, la dificultad teórica y práctica de agregar a esos dos parámetros uno "nuevo" (*sic*), cual sea el de hacer irrumpir una "función social" *de la* y *para la* licitación, con el objetivo de materializarla como "colectivamente útil", lo que no se confunde ni siquiera con la (potencial o concreta) satisfacción de las necesidades del "universo de usuarios" de un servicio de transporte público concedido del cual se exige la universalidad de acceso como condición de adecuación, entre otras.[8]

No obstante, es eso lo que nos proponemos hacer, demostrar que la licitación pública en Brasil siempre ha podido volcarse hacia otro fin — adicional secundario — que no la satisfacción de la necesidad directa e inmediata decurrente de la ejecución del objeto contratado. En suma, que los procesos licitatorios también podrían apuntar a otro objetivo, *indirecto y mediato*, sin embargo no menos importante, su vocación para el cumplimiento de una *función social*: ***latente***, *y de difícil precisión y delimitación*, desde el 15 de octubre de 1988 (fecha de la promulgación de la Constitución de la República Federativa de Brasil); *politizada en materia ambiental* con ocasión de la realización de la Conferencia de las Partes – COP-8, en el Estado de Paraná (Decreto Estadual número

---

[8] Lei nº 8.987/95
Art. 6º Toda concessão ou permissão pressupõe a prestação de serviço adequado ao pleno atendimento dos usuários, conforme estabelecido nesta Lei, nas normas pertinentes e no respectivo contrato.
§1º Serviço adequado é o que satisfaz as condições de regularidade, continuidade, eficiência, segurança, atualidade, generalidade, cortesia na sua prestação e modicidade das tarifas.

6252, de 22 de marzo de 2006); *económicamente segmentada* a partir de 14 de diciembre de 2006 (día de la publicación de la Ley Complementar número 123/2006 – el Estatuto Nacional de la Microempresa y de la Empresa de Pequeño Tamaño); *regionalmente dirigida hacia el desarrollo sostenible* (en la Amazonía, con la Ley Estadual número 135, de marzo de 2007;[9] y en São Paulo, con la Ley Estadual número 13.798, de noviembre de 2009,[10] entre otras); *nacionalmente especializada en materia ambiental* (Ley Nacional sobre el Cambio Climático – Ley número 12.187, de 29 de diciembre de 2009)[11] y, por fin — desde la edición de la Medida Provisoria número 495, de 19 de julio de 2010 (que alteró la Ley número 8.666/93) — *genérica y abstractamente dirigida hacia la promoción del desarrollo* (económico y social) *nacional,*[12] y como *condición de validez* a ser observada por todos los Poderes de la Unión, de los Estados, del Distrito Federal y de los Municipios, así como por los órganos de la administración directa, además de los fondos especiales, de las autarquías, de las fundaciones públicas, de las empresas públicas, de las sociedades de economía mixta y demás entidades controladoras directa o indirectamente por la Unión, Estados-Miembro, Distrito Federal y Municipios.

---

[9] Art. 25. As licitações para aquisição de produtos e serviços, pelo Estado do Amazonas poderão exigir dos licitantes, no que couber, certificação reconhecida pelo Estado, nos termos do edital ou do instrumento convocatório, que comprove a efetiva conformidade do licitante à Política Estadual de Mudanças Climáticas, Conservação Ambiental e Desenvolvimento Sustentável.
Art. 26. Fica proibida a utilização, em obras públicas, de madeira de desmatamento e, ainda, a utilização em construção de materiais que sejam considerados ambientalmente inapropriados pelo Estado, órgão ou entidade competente.

[10] Art. 33. O Governo do Estado, assumindo sua tarefa no enfrentamento do desafio das mudanças climáticas globais, compromete-se, dentro dos seguintes prazos, após a publicação desta lei, a: (...) VIII - organizar o modelo de licitação pública sustentável em até 1 (um) ano.

[11] Art. 6º São instrumentos da Política Nacional sobre Mudança do Clima: (...) XII - as medidas existentes, ou a serem criadas, que estimulem o desenvolvimento de processos e tecnologias, que contribuam para a redução de emissões e remoções de gases de efeito estufa, bem como para a adaptação, dentre as quais o estabelecimento de critérios de preferência nas licitações e concorrências públicas, compreendidas aí as parcerias público-privadas e a autorização, permissão, outorga e concessão para exploração de serviços públicos e recursos naturais, para as propostas que propiciem maior economia de energia, água e outros recursos naturais e redução da emissão de gases de efeito estufa e de resíduos.

[12] *Lei nº 8.666/93* (con la redacción de MP 495/2010 – los aspectos más destacados):
Art. 3º A licitação destina-se a garantir a observância do princípio constitucional da isonomia, a seleção da proposta mais vantajosa para a *administração* ***e a promoção do desenvolvimento nacional,*** e será processada e julgada em estrita conformidade com os princípios básicos da legalidade, da impessoalidade, da moralidade, da igualdade, da publicidade, da probidade administrativa, da vinculação ao instrumento convocatório, do julgamento objetivo e dos que lhes são correlatos.

## Función Social de la licitación: un deliberado *plus* a la satisfacción del Interés Público

No se tiene aquí cualquier pretensión de conceptuar "función social". El escopo de esta modesta investigación es solamente el de verificar si puede o debe haber una "función social" para la licitación pública, mayormente en el sistema judicial brasileño, con el objetivo de reconocer otra *potencial* o *compulsoria finalidad* para el concurso y que no se confunde con la satisfacción de la necesidad próxima, urgente — de cierta parcela de la colectividad o de la propia Administración Pública, que se reprise — a ser obtenida mediante regular ejecución del objeto contratado.

Mejor dicho, se busca constatar la admisión por el Derecho en vigor de *adicional* fin para ella — remoto: singular o plúrimo (según el caso) —,[13] de manera que no se posibilite la satisfacción sólo de un interés público con su exitosa realización, encapsulado como *primario* (de una particularizada colectividad) o *secundario* (del aparato administrativo), pero varios *intereses públicos*, en un sesgo *primario-primario* (colectivo-colectivo) o *secundario-primario* (administrativo-colectivo). Como ejemplo se asuma, desde ya, una licitación que estipule, por fuerza de la ley, un *criterio ficto de empate* entre propuestas con vistas a incentivar la formalización de la actividad microempresaria y facilitar su acceso a las contrataciones públicas.[14] [15] O aún la delimitación del objeto de

---

[13] "Puro", *por ejemplo*, sería el adicional, aunque delimitado, objetivo de fomentar el micro-emprendedorismo facilitando acceso a las licitaciones y a las contrataciones públicas (Ley Complementaria número 123/2006). "Plúrimo", a su vez, sería el agregado fin de promover el desarrollo nacional sostenible, por intermedio de la "protección" a las empresas nacionales y al medio ambiente, cumulativamente (Ley número 8666/93 con la redacción de la MP 495/2010 combinada con la Ley número 12.187/2009).

[14] En la estera de Renato Alessi, asumimos haber distinción jurídica entre *interés público primario* y *secundario*. Aquél equivaldría al interés *de la colectividad*, de cada uno y de todos como "ser-social"; éste representaría el interés de la propia Administración Pública, a fuer de "sujeto de derechos y de obligaciones", de "parte interesada", mejor dicho. Ambos, sin embargo y por regla, deben ser satisfechos mediante contratos administrativos precedidos de licitaciones públicas por la necesidad de *regular* dispendio de recursos públicos.

[15] Lei Complementar nº 123/2006
Art. 44. Nas licitações será assegurada, como critério de desempate, preferência de contratação para as microempresas e empresas de pequeno porte.
§1º Entende-se por empate aquelas situações em que as propostas apresentadas pelas microempresas e empresas de pequeno porte sejam iguais ou até 10% (dez por cento) superiores à proposta mais bem classificada.
§2º Na modalidade de pregão, o intervalo percentual estabelecido no §1º deste artigo será de até 5% (cinco por cento) superior ao melhor preço.
Y la realidad jurídica internacional no es muy diferente. Por ejemplo, las leyes del desarrollo económico de México:

la licitación, por fuerza de decreto jerárquico, a bienes y servicios ambientalmente sostenibles.[16]

Y en eso reside que la cogitada "función social de la licitación pública" se presente, siempre que posible y cumulativamente, como un instrumento para la concretización de los objetivos fundamentales de la República Federativa de Brasil, así como los demás valores, anhelos y derechos en ella encartados, sin perjuicio de otros, así reconocidos por ley o incluso por una política de gobierno.

---

DECRETO
EL CONGRESO DE LOS ESTADOS UNIDOS MEXICANOS, DECRETA:
LEY PARA EL DESARROLLO DE LA COMPETITIVIDAD DE LA MICRO, PEQUEÑA Y MEDIANA EMPRESA
CAPÍTULO PRIMERO
DEL ÁMBITO DE APLICACIÓN Y OBJETO DE LA LEY
Artículo 1. La presente Ley tiene por objeto promover el desarrollo económico nacional a través del fomento a la creación de micro, pequeñas y medianas empresas y el apoyo para su viabilidad, productividad, competitividad y sustentabilidad. Asimismo incrementar su participación en los mercados, en un marco de crecientes encadenamientos productivos que generen mayor valor agregado nacional.
Lo anterior, con la finalidad de fomentar el empleo y el bienestar social y económico de todos los participantes en la micro, pequeña y mediana empresa.
La Ley es de observancia general en toda la República y sus disposiciones son de orden público. (...)
Artículo 10. La planeación y ejecución de las políticas y acciones de fomento para la competitividad de las MIPYMES debe atender los siguientes criterios: (...)
IX. Promover que las dependencias y entidades de la Administración Pública Federal y sus delegaciones en las Entidades Federativas y en el Distrito Federal realicen la planeación de sus adquisiciones de bienes, contratación de servicios y realización de obra pública para destinarlas a las MIPYMES de manera gradual, hasta alcanzar un mínimo del 35%, conforme a la normativa aplicable.
Decreto Numero 104
LA H. "LII" Legislatura del Estado de México
Decreta: Ley para el Fomento Ecónomico del Estado de México
Artículo 1. La presente ley es de orden público e interés social y tiene por objeto establecer las bases para fomentar el desarrollo económico de la entidad. (...)
Artículo 30. Las dependencias, organismos auxiliares y fideicomisos de la administración pública estatal y municipal, podrán otorgar a las empresas inscritas en el registro empresarial mexiquense, algunos de los apoyos siguientes: (...)
III. En la adquisición de bienes, así como en la contratación de servicios, arrendamientos y obras públicas, se preferirán, en igualdad de circunstancias, a las empresas mexiquenses. En su caso, las convocatorias y bases de licitación podrán establecer porcentajes diferenciales en precio en favor de las mismas, el cual nunca podrá ser superior al 5%.

[16] Decreto nº 6.252/2006 (do Estado do Paraná):
Art. 2º A administração pública estadual deverá definir o objeto pretendido no instrumento convocatório e nos contratos administrativos, mediante a utilização de variantes que considere ambiental e socialmente sustentáveis, desde que esta escolha não venha em detrimento da competitividade.
Parágrafo único. As variantes referem-se à descrição alternativa do objeto pretendido que inclua, além dos requisitos mínimos, elementos que lhe atribuam sustentabilidade socioambiental.

## Función social de la licitación: fin remoto que puede o no ser condición de validez

Sin contrariar todo lo dicho, la referida función social de la licitación puede ser aprehendida en el ordenamiento jurídico brasileño, salvo mejor juicio, como un objetivo de Estado, como una expectativa de Gobierno, e/o todavía como manifestación del ejercicio de la función administrativa, a ser ejercitada, según el caso e *in concreto*, de modo vinculado o "discrecional" (en los términos de la ley y del reglamento eventualmente editado para su fiel ejecución).

Dicho raciocinio ni siquiera es novedoso o exclusivo de brasileños, porque así ya se vio revelado el año de 1999 y bajo los auspicios de la UNAM, por León Cortiñas-Peláez, en su *Estudio Preliminar*: Del horizonte mexicano del derecho de la licitación pública:

> 22. *La discutida instrumentalización*. Partiendo de la postura intervencionista de la administración nacional, tendente al aprovechamiento de masas ingentes de capital capaces de transformar horizontal y verticalmente resortes determinantes del mercado, de la sociedad y de la economía de un país, de ha planteado y aún se discute la posibilidad de *instrumentalización de las compras* del Estado. Así, destinando ingresos, por ejemplo, para la adquisición o promoción de empresas en zonas deprimidas, para la lucha contra la contaminación, para el fomento del pleno empleo de las mujeres en el mercado de trabajo, (...).[17]

Por consiguiente, el meollo de la cuestión — que aflige juristas de todo el mundo — parece residir en la verificación de la eventual (in)compatibilidad jurídica de alcance de un deliberado fin (aunque *indirecto* y *mediato*) a ser cumulativamente alcanzado por intermedio de "un dirigismo" de la licitación pública y sin afrontar el principio de competitividad. Principio ese, recuérdese, que proscribe cualesquiera exigencias de habilitación de los proponentes o incluso de requisitos técnicos de las propuestas técnico-comerciales en principio huidizas del contexto próximo y propio de la satisfacción de la necesidad administrativa o colectiva. Simplificando, en los términos de la Ley General de Licitaciones, *antes del advenimiento de la Medida Provisoria número 495/2010*, los límites de "la ley" eran los siguientes:

---

[17] CORTIÑAS-PELÁEZ. Estudio Preliminar. Del horizonte mexicano del derecho de la licitación pública. *In:* LOPES ELÍAZ. *Aspectos jurídicos de la licitación pública en México*, p. XXXIII-XXXIV.

> Art. 3º A licitação destina-se a garantir a observância do princípio constitucional da isonomia e a selecionar a proposta mais vantajosa para a Administração e será processada e julgada em estrita conformidade com os princípios básicos da legalidade, da impessoalidade, da moralidade, da igualdade, da publicidade, da probidade administrativa, da vinculação ao instrumento convocatório, do julgamento objetivo e dos que lhes são correlatos.
>
> §1º É vedado aos agentes públicos:
>
> I - admitir, prever, incluir ou tolerar, nos atos de convocação, cláusulas ou condições *que comprometam, restrinjam ou frustrem o seu caráter competitivo e estabeleçam preferências ou distinções em razão* da naturalidade, da sede ou domicílio dos licitantes ou *de qualquer outra circunstância impertinente ou irrelevante para o específico objeto do contrato;* (...)

De donde, en un primer súbito y exactamente debido a esa específica disposición normativa nacional, que estaba en vigor incólume desde el 1993, (aparentemente) no sería de admitirse cualquier pretensión finalística subalterna, subliminal, *a latere* — por mejor que fuera — solamente habiendo válido espacio de actuación administrativa para la destacada, objetivada y aislada satisfacción de la necesidad con la contratación, bajo pena de que el Poder Judicial "deber-poder" reintegre el orden jurídico violado, por cogitado desvío de finalidad o de poder. Aparentemente, nada más, porque el Derecho como puesto en Brasil — y desde el 1988 — tiene mucho más a revelar.

## Constitución Federal

En su redacción original, la Constitución trató de las licitaciones públicas, sobre todo en su "Artículo 37, inciso XXI",[18] demostrando ya su preocupación con la eventual restricción al carácter competitivo por medio de exigencias inoportunas que pudieran alejar los potenciales proponentes. Al mismo tiempo, sin embargo, trajo otras consideraciones evidentemente impactantes para la conducción de los procedimientos licitatorios.

[18] XXI - ressalvados os casos especificados na legislação, as obras, serviços, compras e alienações serão contratados mediante processo de licitação pública que assegure igualdade de condições a todos os concorrentes, com cláusulas que estabeleçam obrigações de pagamento, mantidas as condições efetivas da proposta, nos termos da lei, o qual somente permitirá as exigências de qualificação técnica e econômica indispensáveis à garantia do cumprimento das obrigações.

Por ejemplo, tratando del orden económico y financiero, estipuló, como *principios*, entre otros, la defensa del medio ambiente y la concesión de tratamiento favorecido a empresas de pequeño tamaño, bien como determinó al Poder Público distinguir, confiriendo preferencias y en los términos de la ley, las empresas brasileñas en lo que concierne a licitaciones y contrataciones públicas, reglas esas que, a lo largo del tiempo, sufrieron mutaciones e incluso supresiones. Algunas elogiables (en relación al medio ambiente), otras no tanto.[19]

Llama la atención, sin embargo, el hecho de que, antes incluso de esa embestida, la Carta Magna dio cuidados a lo que denominó "objetivos fundamentales" de la República, que, de tan relevantes, merecen transcripción:

> Art. 3º Constituem objetivos fundamentais da República Federativa do Brasil:
>
> I - construir uma sociedade livre, justa e solidária;
>
> II - garantir o desenvolvimento nacional;
>
> III - erradicar a pobreza e a marginalização e reduzir as desigualdades sociais e regionais;
>
> IV - promover o bem de todos, sem preconceitos de origem, raça, sexo, cor, idade e quaisquer outras formas de discriminação.

Por lo tanto, no parece difícil concluir en el sentido de que el ejercicio de la función administrativa siempre exigió, desde el 1998, atención de los gestores públicos (responsables por las licitaciones, incluso) con vistas a (i) "garantizar el desarrollo nacional", como objetivo republicano (¡de todos, por lo tanto!), reconocer (ii) "la defensa

---

[19] Da Ordem Econômica e Financeira
CAPÍTULO I
DOS PRINCÍPIOS GERAIS DA ATIVIDADE ECONÔMICA
Art. 170. A ordem econômica, fundada na valorização do trabalho humano e na livre iniciativa, tem por fim assegurar a todos existência digna, conforme os ditames da justiça social, observados os seguintes princípios: (...)
VI - defesa do meio ambiente, inclusive mediante tratamento diferenciado conforme o impacto ambiental dos produtos e serviços e de seus processos de elaboração e prestação; (Redação dada pela Emenda Constitucional nº 42, de 19.12.2003)
VII - redução das desigualdades regionais e sociais;
VIII - busca do pleno emprego;
IX - tratamento favorecido para as empresas de pequeno porte constituídas sob as leis brasileiras e que tenham sua sede e administração no País. (Redação dada pela Emenda Constitucional nº 6, de 1995)
Art. 171. (Revogado pela Emenda Constitucional nº 6, de 1995)

del medio ambiente" y (iii) "la búsqueda por el pleno empleo" como principios del orden económico, por lo tanto como nortes de producción e incluso de consumo de bienes y servicios.

De esa manera, en sed de licitaciones públicas, no se podría admitir *indiferencia administrativa* a tales comandos, mereciendo, *al mínimo,* la delimitación del objeto (y del futuro contrato) con respecto a tales dictámenes, tanto negativa como positivamente. Negativa para no herirlos; positiva para, en la medida de lo razonable, pretender alcanzarlos, aunque de forma indirecta y mediata.

De ese modo, siempre fue material y jurídicamente posible "dirigir" el objeto, bajo el manto de la discrecionalidad administrativa, para vislumbrar la solución óptima, anhelando un fin público doble (administrativo-colectivo o colectivo-colectivo) sin tornar posible cualquier pausible cogitación de violación a la superveniente Ley General de las Licitaciones (y, en especial el inciso I del §1º de su Artículo 3º, en la redacción original), porque aún ella exige, para su perfecta aplicación y por evidente, un proceso de interpretación sistemático-teleológico que nunca puede agotarse en sus estrictos términos.

O como diría Carlos Maximiliano, ya en la década de 30 del siglo pasado:

> **DEBE EL DERECHO SER INTERPRETADO INTELIGENTEMENTE**: no de modo que el orden legal implique un *absurdo*, prescriba inconveniencias, vaya a tener conclusiones inconsistentes o imposibles. También se prefiere la exegesis de que resulte eficiente la providencia legal o válido el acto, a que torne aquella, sin efecto, inocua, o este, jurídicamente nulo.
>
> Revela agregar el siguiente: "es tan defectivo el sentido que deja quedarse sin efecto (la ley), como el que no la hace producir efecto sino en hipótesis tan gratuitas que el legislador evidentemente no habría hecho una ley para prevenirlas". Por lo tanto, la exegesis será de tal modo conducida que explique el texto como no conteniendo superfluidades, y no resulte un sentido contraditorio con el fin colimado o el carácter del autor, ni conducente la *conclusión física o moralmente* imposible.[20]

Entonces, para que se cogite una óptima compra pública, por ejemplo, siempre sería de previamente vislumbrarse el macro universo económico, en lo que respecta a los proveedores y productos, y a partir del panorama jurídico nacional, para la mejor delimitación del objeto

---

[20] MAXIMILIANO. *Hermenêutica e aplicação do direito*, p.183.

y de la potencial lista de interesados. Todo, sin embargo, dentro de los parámetros materiales de la satisfacción de la necesidad.

Domingo J. SESIN, en obra ya clásica, hizo un precioso estudio sobre el tema e incluyó porción relativa a las licitaciones públicas y su control judicial,[21] aunque sin fijarse en la aquí cogitada discrecionalidad *latente* de **cómo** — y no de **si** — compatibilizar la satisfacción de la necesidad (administrativa o colectiva) con la satisfacción de otro interés público (colectivo), cuando viable empíricamente. Pero esto tiene poca importancia, en la exacta medida en la que así registró, poco después de considerar el hecho de que los criterios de valoración de la "mejor oferta" sean determinados de antemano, asegurando así la mayor objetividad posible, la imparcialidad y la transparencia:

> Parece evidente, de esta evolución normativa y jurisprudencial, que el momento más importante en cuanto a la cuantificación de la discrecionalidad necesaria para elegir el mejor oferente, se halla más en la fase de preparación de los pliegos y normas secundarias (que prescriben los criterios de valoración con un orden de preferencias claramente establecidos), que en la etapa de apreciación de las ofertas, previa a la adjudicación.
>
> Estoy convencido de que los dispositivos legales y reglamentarios en materia de contrataciones del Estado deben precisar con mayor claridad las características de la mejor oferta.[22]

Además de eso, SESIN afirma que no es la indeterminación de la norma que autoriza el ejercicio de la discreción administrativa, pero la propia indeterminabilidad del fenómeno o de la situación real a subsumir, de manera que sólo se cogita la discrecionalidad administrativa *in concreto*. En suma, dice el autor, en todos los casos se quiere una solución "correcta", sólo que para se que llegue a ella son ejercitadas competencias vinculadas, de fácil y directa comprensión (y reconocimiento) o incluso decurrentes de un proceso idóneo de interpretación y, en casos límite, incluso modalidades discrecionales.[23]

Para nosotros, pues, desde el advenimiento de la Constitución y debido a todo lo expuesto, la licitación pública (en los ámbitos federal, estadual y municipal) *siempre* ha exigido el alcance de doble

---

[21] SESÍN. *Administración Pública*: actividad reglada, discrecional y técnica. Nuevos mecanismos de control judicial, p. 261-266.

[22] *Op. cit.*, p. 265.

[23] *Idem*, p. 260-261.

fin — directo-indirecto e inmediato-mediato, administrativo-colectivo o colectivo-colectivo — de modo a *inteligentemente* atraillar al concurso (y a la ejecución del objeto contratado), cuando materialmente posible, "una ventaja" disfrutable por todos los ciudadanos y no sólo del contratado y de los beneficiarios directos de la contratación; de los ya nacidos e incluso de aquellos que todavía no han nacido.

Sin embargo, se registra una cuestión importante: la eventual desconsideración de la "función social" de la licitación, sólo con base en los comandos constitucionales, no importaría en su nulidad, *sino solamente en su responsabilización disciplinar del agente público* — por negligencia o incluso por ignorancia inexcusable. Y eso porque el interés público, aún cuando "parcialmente" atendido en su porción próxima e inmediata, satisfaciendo exclusivamente (*sic*) la necesidad, merece protección jurídica, bajo pena de que eventual fulminación de la licitación o rescisión del contrato administrativo pueda implicar daños aún mayores a la colectividad.

## Decreto número 6.252/2006, del Estado de Paraná

Por ocasión de la Octava Conferencia das Partes – COP-8, Órgano Supremo Decisorio en el ámbito de la Convención sobre Diversidad Biológica – CDB, ocurrida en Curitiba, capital del Estado de Paraná, se decidió, mediante un evidente "acto de gobierno", basado en la jerarquía y en la disciplina, exigir de los responsables por las licitaciones nuevos cuidados en materia ambiental.

Algunas prácticas fueron prohibidas (adquisición de productos o equipamientos que contengan o hagan uso de las substancias que destruyen la capa de ozono, por ejemplo); otras exigidas (compra de, al mínimo, treinta por ciento de todo el papel de expediente como reciclado). Pero la genérica determinación fue en el sentido de la observancia de la sostenibilidad, consonante la (ya antigua) exigencia constitucional.[24] Y también, se buscó fundamento para el "dirigismo" de las licitaciones y de las contrataciones públicas incluso en legislación anterior a la propia Constitución de 1988, reconociendo la "función social" de la licitación en materia ambiental como un "deber-poder" exigible desde 1981.[25]

---

[24] Art. 225. Todos têm direito ao meio ambiente ecologicamente equilibrado, bem de uso comum do povo e essencial à sadia qualidade de vida, impondo-se ao Poder Público e à coletividade o dever de defendê-lo e preservá- lo para as presentes e futuras gerações.

[25] Lei nº 6.938/81 – Dispõe sobre a Política Nacional do Meio Ambiente, seus fins e mecanismos de formulação e aplicação, e dá outras providências

Nótese, solamente, que por tratarse de decreto jerárquico (y no reglamentario para fiel ejecución de la ley), su incumplimiento parece resolverse con sanciones administrativas disciplinares y no con la invalidez administrativa o judicial de las licitaciones con él compatibles.

## Ley Complementaria número 123/2006

Fue sólo con el Estatuto de la Microempresa y de la Empresa de Pequeño Tamaño que la expresión "función social" obtuvo destacado espacio en el escenario brasileño, en la exacta medida en la que exigió su análisis a la luz de la Constitución y, en especial, de los principios de la isonomía y de la competitividad, hasta entonces genéricamente reconocidos como las más importantes balizas de legitimidad para ejercicio de la función administrativa en el campo de los procedimientos licitatorios.[26]

Por propiciar no solamente evidente "preferencia" a las pequeñas empresas, sino también una "ficticia ecualización de precios" y bajo el manto de "norma general", el estatuto fue duramente criticado, lo que, entretanto, no trajo cualquier noticia de suspensión de su eficacia desde entonces por reconocida inconstitucionalidad.

Un inciso, sin embargo, será hecho: por la naturaleza inédita de la reciente ley nacional, sujeta a especialización legal y reglamentaria en los ámbitos estadual y municipal, varias de sus disposiciones todavía vienen siendo (desdichadamente) entendidas como "discrecionales", supuestamente habilitando la adopción de sus especiales disposiciones mediante juicios de oportunidad y de conveniencia (*sic*). Juicios esos, además, que en nada revelan la adecuada valoración de esos intereses públicos *sub examen* o de la propia viabilidad material del

---

Art 13. O Poder Executivo incentivará as atividades voltadas ao meio ambiente, visando:
I - ao desenvolvimento, no País, de pesquisas e processos tecnológicos destinados a reduzir a degradação da qualidade ambiental;
II - à fabricação de equipamentos antipoluidores;
III - a outras iniciativas que propiciem a racionalização do uso de recursos ambientais.

[26] Sérgio Resende de Barros se presenta como rara excepción, puesto que así trataba del tema a mediados de 1995, en obra intitulada *Liberdade e Contrato*: a crise da licitação: "A idéia de função social ou socialidade da administração pública". El interés público no se limita al interés administrativo. Abarca también el interés social, que puede prevalecer sobre el administrativo, el financiero, el técnico, como criterio de evaluación. En casos especiales, a la propuesta financiera o técnicamente más ventajosa, puede preferir otra, que sea de mayor provecho social. Ejemplo: en regiones o situaciones críticas, siendo grave el desempleo, puede el Estado preferir propuesta que emplee más mano de obra, atendiendo el interés social, aunque otras atiendan mejor el estricto interés administrativo, por ser financiera o técnicamente más ventajosas" (BARROS. *Liberdade e contrato*: a crise da licitação, p. 161).

encaminamiento *in concreto*, mediante su regular interpretación y aplicación de manera a hacer cumplir las extraordinarias y deliberadas finalidades contenidas en la LC 123.

A despecho de que la ley realmente traiga excesos,[27] ella parece inaugurar una nueva fase, y de conocimiento público en todo Brasil, en la que los intereses públicos se concretizarán como dobles, al mínimo, en sed de licitaciones, o sea, como administrativo o colectivo Y colectivo (puro-puro, o aún puro-plúrimo) y por expresa determinación legal,[28] *bajo pena de nulidad*.[29]

---

[27] *E.g.* la disposición abajo, en principio incompatible con el carácter *intuitu personae* de los contratos administrativos:
Art. 48. Para o cumprimento do disposto no art. 47 desta Lei Complementar, a administração pública poderá realizar processo licitatório: (...)
II - em que seja exigida dos licitantes a subcontratação de microempresa ou de empresa de pequeno porte, desde que o percentual máximo do objeto a ser subcontratado não exceda a 30% (trinta por cento) do total licitado; (...).

[28] Marçal Justen Filho sostiene similar tesis: "Pero hay hipótesis en las que el Estado pretende valerse de una contratación no solamente para obtener una prestación de que necesita. La ejecución de la prestación es visualizada como medio de promoción de otros valores reputados como relevantes. En la Ley número 8.666, esa situación conducía a la contratación directa, sin licitación. Ya los artículos 47 y 48 de la LC número 123 previeron una situación diferenciada — aunque no absolutamente original. Se trata de mantener la existencia de la licitación, pero de modo a asegurar la realización de la función anómala del contrato administrativo. Desde ahí se podría aludir a una "función extra-económica" de la licitación, para indicar la orientación del concurso no propiamente a la obtención de la propuesta más ventajosa, pero la selección de la propuesta apta a la realización de otros fines (no directamente relacionados con la ventaja económica). (...) Entretanto, la complejidad de la figura de los artículos 47 y 48 es mayor aún. Se trata de promover una dupla instrumentalización anormal de la contratación. La primera instrumentalización indirecta de la contratación se relaciona a la implantación de preferencia en favor de pequeñas empresas. La segunda instrumentalización se refiere a la obtención de determinados fines macroeconómicos, políticos, complejos. O sea, los artículos 47 y 48 prevén la existencia de licitaciones que asegurarían ventajas a las pequeñas empresas como medio de promover ciertos fines de gran relevancia" (JUSTEN FILHO. *O estatuto da microempresa e as licitações públicas*, p. 80-81).

[29] En sentido (parcialmente) contrario y respondiendo a la Consulta número 7.102-0200/09-8, a fines de 2009 el Tribunal de Cuentas del Estado de Rio Grande do Sul decidió que las prerrogativas relativas a las fases de habilitación y de propuesta (artículos 42 a 45 de la LC 123), son aplicables a las licitaciones públicas en el ámbito de aquel estado independientemente de cualquier reglamentación por ley propia del órgano promovedor del concurso, lo que no impediría la edición de una norma (general y abstracta) o incluso que la licitación (norma concreta) discipline la materia. Por otro lado, con relación a las licitaciones "reservadas" (Art. 48, inciso I), el TCE/RS definió que ellas dependen de reglamentación facultativa y que solamente pueden ser utilizadas como deliberado instrumento de realización de esos fines, debiendo ser demostrado que tales procedimientos conducen a los resultados previstos en el art. 47.

## Leyes de Sostenibilidad Ambiental

En la misma estela siguen las leyes que versan sobre sostenibilidad ambiental y tratan, con mayor o menor evidencia, en el plano nacional o regional, de las condiciones técnicas específicas para la válida realización de licitaciones, tanto en relación a la selección potencial de proveedores como en lo que respecta a la delimitación del objeto licitado o, al final, de los criterios de contraste de la propuesta más ventajosa.

En el específico contexto, el "poder de compra" de la Administración Pública sirve, más aún, para fomentar en la iniciativa privada el desarrollo de actividades y de productos cada vez más ambientalmente avanzados, por lo tanto cumplidores — y con holgura — de las determinaciones legales, anticipando en el tiempo lo que en breve vendrá a tornarse prohibido u obligatorio, mientras factores de prevención y de protección al medio ambiente, y que se vuelven hacia las futuras generaciones.

En suma, especialmente las ventajas competitivas decurrentes de la aplicación de nuevos criterios de selección, obligatorios por ley (aunque dependientes de reglamentación) inducen al desarrollo nacional sostenible, haciendo de la sociedad empresarial interesada mucho más una aparcera voluntaria en la consecución de los objetivos de la República que propiamente destinataria de comandos de imperio.

## Medida Provisoria número 495/2010

Pese al hecho de que haya venido al mundo jurídico por medio normativo inadecuado, considérese la falta de evidencia acerca de la urgencia de la innovación, la Medida Provisoria consolida todo lo que se ha dicho hasta ahora (y se estudió a lo largo de casi un año), porque — con la fuerza vinculativa que la caracteriza —, prácticamente gritó a cuantos quieran oírlo que, en Brasil, la licitación pasa a ser *el instrumento de los instrumentos* para la satisfacción material de los intereses públicos.

O sea, por el hecho de que la promoción del desarrollo nacional asumió status de finalidad, *pari passu* con la de *garantizar la observancia del principio constitucional de la isonomía* y *la selección de la propuesta más ventajosa*, el orden legal vigente pasa a exigir de los agentes públicos una nueva postura, por la evidente quiebra de paradigma y exigencia de fiel cumplimiento de la ley, no solamente como forma de resguardarlos de una respuesta sancionadora disciplinar por su eventual incumplimiento, sino, en especial, para garantizar la propia validad del concurso y de la consecuente contratación.

De esa manera, lo que antes se aludió como un fin remoto, indirecto, mediato de la licitación (la promoción del desarrollo nacional, antes de la MP 495 y "sólo" con base en la Constitución) ya no se revela así, pasando a integrar el "nuevo" y cada vez "más complejo" interés público objetivo y primariamente perseguido por la licitación.

## Función Social de la licitación: después de la MP 495/2010

No por eso la cogitada "función social" de la licitación deja de existir, porque la medida provisoria no le dio a aquello que llamó "desarrollo nacional" el sentido, contenido y alcance que sería de esperarse, a despecho de haberse preocupado con el pleno empleo, con la reserva de mercado y con el desarrollo tecnológico, considerándose que nada señalizó sobre sostenibilidad (ambiental), por ejemplo.

En consecuencia, aunque existan leyes brasileñas tratando, simultáneamente, de protección y prevención del medio ambiente *y* de licitación,[30] no se puede aludir a aquel primer *interés público* como un *directo* e *inmediato* fin a ser alcanzado por los concursos competenciales, lo que no lo aleja de la lista de (otros) *intereses públicos* a ser *mediata* e *indirectamente* perseguido, cuando materialmente viable y por igual, en los procesos licitatorios.

Y el incumplimiento de las normas *que le dan sentido a la idea de "desarrollo nacional sostenible"*, como extraída de la Constitución Federal de 1988 (y versando sobre medio ambiente y microempresas), puede y debe ser investigado, no solamente por los interesados, por las Cortes de Cuentas y por el Ministerio Público, sino por la sociedad civil en general, de modo a responsabilizarse personalmente los desidiosos con el trato de los referidos intereses públicos, sin perjuicio de la eventual y cumulativa anulación de la licitación, en el ámbito administrativo o judicial.

---

[30] El "medio ambiente equilibrado", en sí, como interés público de toda la colectividad y la licitación instrumento adicional, alternativo, para satisfacción de aquél.
Resáltese, en este fragmento, que Maria Sylvia Zanella Di Pietro hace importantísima reflexión sobre el uso de la expresión "interés público". "(...) en sentido amplo, constituye el género que comprende varias modalidades: el *interés general*, afecto a toda la sociedad; el *interés difuso*, pertinente a un grupo de personas caracterizadas por la indeterminación e indivisibilidad; y el *interés colectivo*, que dice respecto a un grupo de personas determinadas o determinables (*Discricionariedade administrativa na Constituição de 1988*, p. 224).
Sin embargo, aunque evidente la utilidad (general) de la distinción, debido a la que el interés en principio extraño a la licitación equivaldría al *general* y el de los destinatarios de la contratación al *colectivo*, mantenemos la terminología propuesta porque la investigación acerca de la sostenibilidad ambiental, por ejemplo, nos obligaría a la eventual utilización del término "difuso", lo que, en este particular ensayo, puede causar dificultades mayores de comprensión.

## En pocas palabras — y a modo de conclusión

Lo que ya no se puede es negar la existencia — e incluso la exigibilidad — de "función social" para las licitaciones públicas, porque el ordenamiento jurídico patrio viene literal y paulatinamente diciendo lo contrario. Basta conferir.

Y aunque no fuera así, la "función social" de la licitación volcada hacia el desarrollo nacional sostenible debe ser reconocida como inmanente al regular ejercicio de la función administrativa, que tiene por escopo la satisfacción concreta de los intereses públicos, como previstos en la Constitución y en las leyes, y en régimen de concomitancia (siempre que posible), en cualquier estado democrático y republicano, tal cual Brasil.

## Referências

BANDEIRA DE MELLO, Celso Antônio. *Curso de direito administrativo*. 27. ed. São Paulo: Malheiros, 2010.

BARROS, Sérgio Resende de. *Liberdade e contrato*: a crise da licitação. Piracicaba: Unimep, 1995.

CORTIÑAS-PELÁEZ, León. *Estudio Preliminar*. Del horizonte mexicano del derecho de la licitación pública. *In*: LOPES ELÍAZ, José Pedro. *Aspectos jurídicos de la licitación pública en México*. México: Universidad Nacional Autónoma de México, 1999. p. XXI-XXXIX.

DI PIETRO, Maria Sylvia Zanella. *Discricionariedade administrativa na Constituição de 1988*. 2. ed. 4. reimp. São Paulo: Atlas, 2007.

JUSTEN FILHO, Marçal. *Curso de direito administrativo*. 5. ed. São Paulo: Saraiva, 2010.

JUSTEN FILHO, Marçal. *O estatuto da microempresa e as licitações públicas*. São Paulo: Dialética, 2007.

LOPES ELÍAZ, José Pedro. *Aspectos jurídicos de la licitación pública en México*. México: Universidad Nacional Autónoma de México, 1999.

MAXIMILIANO. Carlos. *Hermenêutica e aplicação do direito*. 2. ed. Porto Alegre: Livraria do Globo, 1933.

SESÍN, Domingo Juan. *Administración Pública*: actividad reglada, discrecional y técnica: nuevos mecanismos de control judicial. Buenos Aires: Depalma, 1994.

# ANEXOS

# Lei nº 12.349, de 15 de dezembro de 2010

*Altera as Leis nºs 8.666, de 21 de junho de 1993, 8.958, de 20 de dezembro de 1994, e 10.973, de 2 de dezembro de 2004; e revoga o §1º do art. 2º da Lei nº 11.273, de 6 de fevereiro de 2006.*

O PRESIDENTE DA REPÚBLICA Faço saber que o Congresso Nacional decreta e eu sanciono a seguinte Lei:

**Art. 1º** A Lei nº 8.666, de 21 de junho de 1993, passa a vigorar com as seguintes alterações:

"Art. 3º A licitação destina-se a garantir a observância do princípio constitucional da isonomia, a seleção da proposta mais vantajosa para a administração e a promoção do desenvolvimento nacional sustentável e será processada e julgada em estrita conformidade com os princípios básicos da legalidade, da impessoalidade, da moralidade, da igualdade, da publicidade, da probidade administrativa, da vinculação ao instrumento convocatório, do julgamento objetivo e dos que lhes são correlatos.

§1º (...)

I - admitir, prever, incluir ou tolerar, nos atos de convocação, cláusulas ou condições que comprometam, restrinjam ou frustrem o seu caráter competitivo, inclusive nos casos de sociedades cooperativas, e estabeleçam preferências ou distinções em razão da naturalidade, da sede ou domicílio dos licitantes ou de qualquer outra circunstância impertinente ou irrelevante para o específico objeto do contrato, ressalvado o disposto nos §§5º a 12 deste artigo e no art. 3º da Lei nº 8.248, de 23 de outubro de 1991; (...)

§5º Nos processos de licitação previstos no caput, poderá ser estabelecido margem de preferência para produtos manufaturados e para serviços nacionais que atendam a normas técnicas brasileiras.

§6º A margem de preferência de que trata o §5º será estabelecida com base em estudos revistos periodicamente, em prazo não superior a 5 (cinco) anos, que levem em consideração:

I - geração de emprego e renda;

II - efeito na arrecadação de tributos federais, estaduais e municipais;

III - desenvolvimento e inovação tecnológica realizados no País;

IV - custo adicional dos produtos e serviços; e

V - em suas revisões, análise retrospectiva de resultados.

§7º Para os produtos manufaturados e serviços nacionais resultantes de desenvolvimento e inovação tecnológica realizados no País, poderá ser estabelecido margem de preferência adicional àquela prevista no §5º.

§8º As margens de preferência por produto, serviço, grupo de produtos ou grupo de serviços, a que se referem os §§5º e 7º, serão definidas pelo Poder Executivo federal, não podendo a soma delas ultrapassar o montante de 25% (vinte e cinco por cento) sobre o preço dos produtos manufaturados e serviços estrangeiros.

§9º As disposições contidas nos §§5º e 7º deste artigo não se aplicam aos bens e aos serviços cuja capacidade de produção ou prestação no País seja inferior:
I - à quantidade a ser adquirida ou contratada; ou
II - ao quantitativo fixado com fundamento no §7º do art. 23 desta Lei, quando for o caso.
§10. A margem de preferência a que se refere o §5º poderá ser estendida, total ou parcialmente, aos bens e serviços originários dos Estados Partes do Mercado Comum do Sul - Mercosul.
§11. Os editais de licitação para a contratação de bens, serviços e obras poderão, mediante prévia justificativa da autoridade competente, exigir que o contratado promova, em favor de órgão ou entidade integrante da administração pública ou daqueles por ela indicados a partir de processo isonômico, medidas de compensação comercial, industrial, tecnológica ou acesso a condições vantajosas de financiamento, cumulativamente ou não, na forma estabelecida pelo Poder Executivo federal.
§12. Nas contratações destinadas à implantação, manutenção e ao aperfeiçoamento dos sistemas de tecnologia de informação e comunicação, considerados estratégicos em ato do Poder Executivo federal, a licitação poderá ser restrita a bens e serviços com tecnologia desenvolvida no País e produzidos de acordo com o processo produtivo básico de que trata a Lei nº 10.176, de 11 de janeiro de 2001.
§13. Será divulgada na internet, a cada exercício financeiro, a relação de empresas favorecidas em decorrência do disposto nos §§5º, 7º, 10, 11 e 12 deste artigo, com indicação do volume de recursos destinados a cada uma delas." (NR)
"Art. 6º (...)
XVII - produtos manufaturados nacionais - produtos manufaturados, produzidos no território nacional de acordo com o processo produtivo básico ou com as regras de origem estabelecidas pelo Poder Executivo federal;
XVIII - serviços nacionais - serviços prestados no País, nas condições estabelecidas pelo Poder Executivo federal;
XIX - sistemas de tecnologia de informação e comunicação estratégicos - bens e serviços de tecnologia da informação e comunicação cuja descontinuidade provoque dano significativo à administração pública e que envolvam pelo menos um dos seguintes requisitos relacionados às informações críticas: disponibilidade, confiabilidade, segurança e confidencialidade." (NR)
"Art. 24. (...)
XXI - para a aquisição de bens e insumos destinados exclusivamente à pesquisa científica e tecnológica com recursos concedidos pela Capes, pela Finep, pelo CNPq ou por outras instituições de fomento a pesquisa credenciadas pelo CNPq para esse fim específico;
(...)
XXXI - nas contratações visando ao cumprimento do disposto nos arts. 3º, 4º, 5º e 20 da Lei nº 10.973, de 2 de dezembro de 2004, observados os princípios gerais de contratação dela constantes. (...)" (NR)
"Art. 57. (...)
V - às hipóteses previstas nos incisos IX, XIX, XXVIII e XXXI do art. 24, cujos contratos poderão ter vigência por até 120 (cento e vinte) meses, caso haja interesse da administração. (...)" (NR)

**Art. 2º** O disposto nesta Lei aplica-se à modalidade licitatória pregão, de que trata a Lei no 10.520, de 17 de julho de 2002. (...)

**Art. 7º** Ficam revogados o inciso I do §2º do art. 3º da Lei no 8.666, de 21 de junho de 1993, e o §1º do art. 2º da Lei no 11.273, de 6 de fevereiro de 2006.

**Art. 8º** Esta Lei entra em vigor na data de sua publicação.

Brasília, 15 de dezembro de 2010.

# Medida Provisória nº 495, de 19 de julho de 2010

*Altera as Leis nºs 8.666, de 21 de junho de 1993, 8.958, de 20 de dezembro de 1994, e 10.973, de 2 de dezembro de 2004, e revoga o §1º do art. 2º da Lei nº 11.273, de 6 de fevereiro de 2006.*

O PRESIDENTE DA REPÚBLICA, no uso da atribuição que lhe confere o art. 62 da Constituição, adota a seguinte Medida Provisória, com força de lei:

**Art. 1º** A Lei nº 8.666, de 21 de junho de 1993, passa a vigorar com as seguintes alterações:

"Art. 3º A licitação destina-se a garantir a observância do princípio constitucional da isonomia, a seleção da proposta mais vantajosa para a administração e a promoção do desenvolvimento nacional, e será processada e julgada em estrita conformidade com os princípios básicos da legalidade, da impessoalidade, da moralidade, da igualdade, da publicidade, da probidade administrativa, da vinculação ao instrumento convocatório, do julgamento objetivo e dos que lhes são correlatos.

§1º (...)

I - admitir, prever, incluir ou tolerar, nos atos de convocação, cláusulas ou condições que comprometam, restrinjam ou frustrem o seu caráter competitivo e estabeleçam preferências ou distinções em razão da naturalidade, da sede ou domicílio dos licitantes ou de qualquer outra circunstância impertinente ou irrelevante para o específico objeto do contrato, ressalvado o disposto nos §§5º a 12 deste artigo e no art. 3º da Lei nº 8.248, de 23 de outubro de 1991

§2º (...)

I - produzidos no País;

II - produzidos ou prestados por empresas brasileiras; e

III - produzidos ou prestados por empresas que invistam em pesquisa e no desenvolvimento de tecnologia no País.

§5º Nos processos de licitação previstos no *caput*, poderá ser estabelecida margem de preferência para produtos manufaturados e serviços nacionais que atendam a normas técnicas brasileiras.

§6º A margem de preferência por produto, serviço, grupo de produtos ou grupo de serviços, a que refere o §5º, será definida pelo Poder Executivo Federal, limitada a até vinte e cinco por cento acima do preço dos produtos manufaturados e serviços estrangeiros.

§7º A margem de preferência de que trata o §6º será estabelecida com base em estudos que levem em consideração:

I - geração de emprego e renda;

II - efeito na arrecadação de tributos federais, estaduais e municipais; e

III - desenvolvimento e inovação tecnológica realizados no País.

§8º Respeitado o limite estabelecido no §6º, poderá ser estabelecida margem de preferência adicional para os produtos manufaturados e para os serviços nacionais resultantes de desenvolvimento e inovação tecnológica realizados no País.

§9º As disposições contidas nos §§5º, 6º e 8º deste artigo não se aplicam quando não houver produção suficiente de bens manufaturados ou capacidade de prestação dos serviços no País.
§10. A margem de preferência a que se refere o §6º será estendida aos bens e serviços originários dos Estados Partes do Mercado Comum do Sul – Mercosul, após a ratificação do Protocolo de Contratações Públicas do Mercosul, celebrado em 20 de julho de 2006, e poderá ser estendida, total ou parcialmente, aos bens e serviços originários de outros países, com os quais o Brasil venha assinar acordos sobre compras governamentais.
§11. Os editais de licitação para a contratação de bens, serviços e obras poderão exigir que o contratado promova, em favor da administração pública ou daqueles por ela indicados, medidas de compensação comercial, industrial, tecnológica ou acesso a condições vantajosas de financiamento, cumulativamente ou não, na forma estabelecida pelo Poder Executivo Federal.
§12. Nas contratações destinadas à implantação, manutenção e ao aperfeiçoamento dos sistemas de tecnologia de informação e comunicação, considerados estratégicos em ato do Poder Executivo Federal, a licitação poderá ser restrita a bens e serviços com tecnologia desenvolvida no País e produzidos de acordo com o processo produtivo básico de que trata a Lei nº 10.176, de 11 de janeiro de 2001." (NR)
"Art. 6º (...)
XVII - produtos manufaturados nacionais - produtos manufaturados, produzidos no território nacional de acordo com o processo produtivo básico ou regras de origem estabelecidas pelo Poder Executivo Federal;
XVIII - serviços nacionais – serviços prestados no País, nas condições estabelecidas pelo Poder Executivo Federal;
XIX - sistemas de tecnologia de informação e comunicação estratégicos - bens e serviços de tecnologia da informação e comunicação cuja descontinuidade provoque dano significativo à administração pública e que envolvam pelo menos um dos seguintes requisitos relacionados às informações críticas: disponibilidade, confiabilidade, segurança e confidencialidade." (NR)
"Art. 24. (...)
XXXI - nas contratações visando ao cumprimento do disposto nos arts. 3º, 4º, 5º e 20 da Lei nº 10.973, de 2 de dezembro de 2004, observados os princípios gerais de contratação dela constantes" (NR)
"Art. 57. (...)
V - às hipóteses previstas nos incisos IX, XIX, XXVIII e XXXI do art. 24, cujos contratos poderão ter vigência por até cento e vinte meses, caso haja interesse da administração" (NR)

**Art. 2º** O disposto nesta Medida Provisória aplica-se à modalidade licitatória pregão, de que trata a Lei no 10.520, de 17 de julho de 2002. (...)

**Art. 8º** Esta Medida Provisória entra em vigor na data de sua publicação.

Brasília, 19 de julho de 2010.

# Exposição de motivos da MP nº 495/2010

**E.M.I. nº 104/ MP/MF/MEC/MCT**

Brasília, 18 de junho de 2010.

Excelentíssimo Senhor Presidente da República,

Temos a honra de submeter à apreciação de Vossa Excelência proposta de edição de Medida Provisória que "Altera as Leis nºs 8.666, de 21 de junho de 1993, 8.958, de 20 de dezembro de 1994, e 10.973, de 2 de dezembro de 2004, e revoga o §1º do art. 2º da Lei nº 11.273, de 6 de fevereiro de 2006.

2. Com referência às modificações propostas na Lei nº 8.666/93, é importante ressaltar que a mesma contempla diretrizes singulares para balizar os processos de licitação e contratação de bens e serviços no âmbito da Administração Pública. A norma consubstancia, portanto, dispositivos que visam conferir, sobretudo, lisura e economicidade às aquisições governamentais. Os procedimentos assim delineados são embasados em parâmetros de eficiência, eficácia e competitividade, em estrita consonância aos princípios fundamentais que regem a ação do setor público.

3. Paralelamente, impõe-se a necessidade de adoção de medidas que agreguem ao perfil de demanda do setor público diretrizes claras atinentes ao papel do Estado na promoção do desenvolvimento econômico e fortalecimento de cadeias produtivas de bens e serviços domésticos. Nesse contexto, torna-se particularmente relevante a atuação privilegiada do setor público com vistas à instituição de incentivos à pesquisa e à inovação que, reconhecidamente, consubstanciam poderoso efeito indutor ao desenvolvimento do país.

4. Com efeito, observa-se que a orientação do poder de compra do Estado para estimular a produção doméstica de bens e serviços constitui importante diretriz de política pública. São ilustrativas, nesse sentido, as diretrizes adotadas nos Estados Unidos, consubstanciadas no "Buy American Act", em vigor desde 1933, que estabeleceram preferência a produtos manufaturados no país, desde que aliados à qualidade satisfatória, provisão em quantidade suficiente e disponibilidade comercial em bases razoáveis. No período recente, merecem registro as ações contidas na denominada "American Recovery and Reinvestment Act", implementada em 2009. A China contempla norma similar, conforme disposições da Lei nº 68, de 29 de junho de 2002, que estipulada orientações para a concessão de preferência a bens e serviços chineses em compras governamentais, ressalvada a hipótese de indisponibilidade no país. Na América Latina, cabe registrar a política adotada pela Colômbia, que instituiu, nos termos da Lei nº 816, de 2003, uma margem de preferência entre 10% e 20% para bens ou serviços nacionais, com vistas a apoiar a indústria nacional por meio da contratação pública. A Argentina também outorgou, por meio da Lei nº 25.551, de 28 de novembro de 2001, preferência aos provedores de bens e serviços de origem nacional, sempre que os preços forem iguais ou inferiores aos

estrangeiros, acrescidos de 7% em ofertas realizadas por micro e pequenas empresas e de 5%, para outras empresas.

5. Nesse sentido, a presente proposta de Medida Provisória altera o *caput* e os §§1º e 2º do artigo 3º da Lei nº 8.666/93 e propõe a inclusão dos parágrafos 5º a 12 a esse dispositivo, bem como referências correlatas nos seguintes. Outras modificações referem-se à inclusão dos incisos XVII, XVIII e XIX ao artigo 6º, bem como à inserção do inciso XXXI ao artigo 24 e do inciso V ao artigo 57. Por fim, estabelece-se em seu art. 2º que o disposto na Medida Provisória se aplica à modalidade licitatória denominada pregão, de que trata a Lei nº 10.520, de 17 de julho de 2002.

6. A modificação do *caput* do artigo 3º visa agregar às finalidades das licitações públicas o desenvolvimento econômico nacional. Com efeito, a medida consigna em lei a relevância do poder de compra governamental como instrumento de promoção do mercado interno, considerando-se o potencial de demanda de bens e serviços domésticos do setor público, o correlato efeito multiplicador sobre o nível de atividade, a geração de emprego e renda e, por conseguinte, o desenvolvimento do país. É importante notar que a proposição fundamenta-se nos seguintes dispositivos da Constituição Federal de 1988: (i) inciso II do artigo 3º, que inclui o desenvolvimento nacional como um dos objetivos fundamentais da República Federativa do Brasil; (ii) incisos I e VIII do artigo 170, atinentes às organizações da ordem econômica nacional, que deve observar, entre outros princípios, a soberania nacional e a busca do pleno emprego; (iii) artigo 174, que dispõe sobre as funções a serem exercidas pelo Estado, como agente normativo e regulador da atividade econômica; e (iv) artigo 219, que trata de incentivos ao mercado interno, de forma a viabilizar o desenvolvimento cultural e sócio-econômico, o bem estar da população e a autonomia tecnológica do país.

7. Com referência à alteração do §2º do art. 3º da Lei nº 8.666, de 1993, é de se observar que a medida tenciona aperfeiçoar a legislação e promover sua adequação ao disposto na Emenda Constitucional nº 6, de 1995, que revogou o artigo 171 da Constituição Federal.

8. O parágrafo 5º do artigo 3º da Lei nº 8.666, de 1993, permite que o Poder Executivo estabeleça margem de preferência para produtos manufaturados e serviços nacionais que atendam normas técnicas brasileiras. O §6ºdo referido artigo estipula a margem de preferência, por produto, serviço, grupo de produto ou grupo de serviços em até 25% acima do preço dos produtos manufaturados e serviços estrangeiros. Trata-se, a propósito, de diretriz de política pública que se coaduna ao princípio isonômico, referenciado no *caput* do artigo 3º da Lei nº 8.666, de 1993, considerando-se o intuito do poder público em assegurar, com base em critérios de proporcionalidade e razoabilidade, adequados padrões de equilíbrio concorrencial nos certames licitatórios e, desta forma, propiciar, efetivamente, condições equânimes na oferta de produtos e serviços nacionais e estrangeiros.

9. Considera-se, nesse sentido, que a orientação da demanda do setor público preferencialmente a produtos e serviços domésticos reúne condições para que a atuação normativa e reguladora do Estado efetive-se com maior eficiência e qualidade do gasto público e, concomitantemente, possa engendrar poderoso efeito multiplicador na economia mediante: (i) aumento da demanda agregada; (ii) estímulo à atividade econômica e à geração de emprego e renda; (iii) incentivo à competição entre empresas domésticas, particularmente no que tange a setores e atividades de pesquisa e desenvolvimento tecnológico; (iv) mitigação de disparidades regionais; e (v) incentivo à geração de emprego em segmentos marginais da força de trabalho.

10. Por oportuno, torna-se relevante considerar o volume de compras do setor público, que contempla, majoritariamente, demanda efetiva por bens e serviços de uso comum, para gestão e operacionalização de suas atividades cotidianas, e por bens e serviços aliados à inovação. Segundo informações divulgadas no Portal de Compras do Governo Federal – Comprasnet, as licitações efetivadas em âmbito Federal para o período de janeiro

a dezembro de 2009 totalizaram R$ 57,6 bilhões. A estratificação por modalidades de licitação indica a seguinte composição: (i) tomada de preços - 2%; (ii) concorrência - 28%; (iii) pregão - 29%; (iv) convite - 1%; (v) dispensa e inexigibilidade de licitação - 40%; e (vi) suprimento de fundos, consulta e concurso - 0%. Deve-se somar a estas, as licitações efetuadas pelos demais entes da federação, que se subordinam, igualmente, às diretrizes e parâmetros estipulados nesta norma.

11. Ainda com referência ao §5º do artigo 3º da Lei nº 8.666, de 1993, há que se mencionar a acuidade da medida quanto à associação da margem de preferência para produtos manufaturados e serviços nacionais que atendam normas técnicas brasileiras de qualidade. A medida determina que as compras governamentais domésticas sejam referenciadas a critérios que assegurem a devida equivalência a alternativas disponíveis em outros países.

12. É importante assinalar que são preservadas disposições precedentes da Lei nº 8.666, de 1993, que devem balizar as licitações, sobretudo no que concerne à manutenção de decisões de compra baseadas, eminentemente, nos atributos de preço e qualidade. A medida restringe, portanto, incentivos à constituição de monopólios e eventual conluio entre os licitantes, o que ensejaria a prática de preços mais elevados e maior ônus às compras públicas, *vis-à-vis* outras fontes de suprimento disponíveis.

13. No que tange ao §7º do artigo 3º da Lei nº 8.666 de 1993, objetiva-se que a instituição da margem de preferência por produtos ou serviços nacionais seja aliada a estudos técnicos que comprovem, efetivamente, a evolução da atividade setorial e o correlato impacto sobre os indicadores selecionados, quais sejam: (i) o emprego e a renda; (ii) a arrecadação de tributos federais; e (iii) o grau de desenvolvimento e inovação tecnológica do país.

14. As disposições contidas no inciso III do §7º e no §8º, ambos do artigo 3º da Lei nº 8.666, de 1993, têm por objetivo fomentar o desenvolvimento de tecnologia nacional. Sabe-se que tecnologia é, cada vez mais, o fator determinante da competitividade internacional das empresas e da prosperidade das nações. A intervenção estatal, com a utilização do poder de compra fomentando a inovação tecnológica, faz-se necessária no Brasil, tendo em vista que, muito embora o País tenha avançado na produção científica e tecnológica nos últimos anos, registramos relativamente poucas patentes em comparação com os países desenvolvidos.

15. O §9º do art. 3º da Lei nº 8.666, de 1993, aduz a devida ressalva à margem de preferência ora autorizada, resguardando o poder público quanto ao suprimento incondicional de bens e serviços públicos, considerada a indisponibilidade de provisão doméstica.

16. A inclusão do §10 ao artigo 3º da Lei nº 8.666, de 1993, visa assegurar estrita observância às disposições acordadas pelo Brasil no âmbito do Protocolo de Contratações Públicas do MERCOSUL. É importante registrar que o aludido Protocolo ainda não foi ratificado pelo Senado Federal, razão pela qual a redação proposta subordina a aplicabilidade da margem de preferência, referenciada nos §§5º e 6º, à efetiva internalização do Protocolo, nos limites do território nacional. Ressalte-se, ademais, que a medida coaduna-se ao disposto no Parágrafo Único do artigo 4º da Constituição Federal, que preceitua a implementação de ações voltadas à integração econômica, política, social e cultural dos povos da América Latina, visando à formação de uma comunidade latino-americana de nações. Em adição, o dispositivo prevê a possibilidade de extensão da margem de preferência ora autorizada, em caráter total ou parcial, aos bens e serviços originários de países com os quais o Brasil venha a assinar acordos sobre compras governamentais, o que elide eventuais óbices à celebração de tratados e acordos internacionais pertinentes à matéria

17. A compensação de que trata o §11 do art. 3º da Lei nº 8.666, de 1993, consiste na faculdade de que os editais de licitação para contratação de bens, serviços e obras exijam que o contratado promova, em favor da Administração Pública, ou daqueles por ela indicados, medidas de compensação comercial, industrial, tecnológicas,

ou de acesso a condições vantajosas de financiamento, cumulativamente ou não, na forma estabelecida pelo Poder Executivo Federal. Este sistema, já adotado por diversos países, objetiva: (i) a ampliação do investimento direto estrangeiro; (ii) o aumento da competitividade e da produtividade da indústria nacional; (iii) o acesso a novas tecnologias e a ampliação do domínio do conhecimento tecnológico; (iv) a abertura de novos mercados; (v) o desenvolvimento da indústria nacional; (vi) o aumento da participação de bens e serviços nacionais no mercado externo; (vii) a promoção do equilíbrio ou superávit da balança comercial.

18. A inclusão do §12 do art. 3º da Lei nº 8.666, de 1993, objetiva possibilitar que contratações de sistemas de tecnologia da informação e comunicações – TIC considerados estratégicos sejam, por questões de segurança, restritas a bens e serviços com tecnologia desenvolvida no País e produzidos de acordo com o processo produtivo básico. A proposta busca salvaguardar sistemas importantes do Estado brasileiro e mitigar a dependência de bens e serviços sobre os quais se tenha baixa gestão do conhecimento. Esses sistemas se materializam por meio de serviços continuados, necessários à Administração para o desempenho de suas atribuições constitucionais e cuja interrupção pode comprometer seriamente a continuidade de suas atividades. Dessa forma, o domínio pelo País dessas tecnologias é fundamental para garantir a soberania e a segurança nacionais. Adicionalmente, a iniciativa ajuda no adensamento da cadeia produtiva de TICs, com impacto relevante e positivo para a geração de empregos e fortalecimento desse importante setor da economia, fato que está alinhado com o interesse estratégico do Governo em desenvolver os segmentos de tais tecnologias no Brasil.

19. A inclusão dos incisos XVII, XVIII e XIX ao artigo 6º da Lei nº 8.666, de 1993, confere adequado rigor às alterações efetuadas nos §§5º, 6º, 11 e 12, mediante a inclusão de definições para "produtos manufaturados nacionais", "serviços nacionais" e "sistemas de tecnologia de informação e comunicação estratégicos", que devem observar as regras e condições estabelecidas em regulamento do Poder executivo.

20. Com referência às alterações postuladas no artigo 24 da Lei nº 8.666, de 1993, cumpre ressaltar que a inserção do inciso XXXI visa agregar ao rol de eventos que ensejam a dispensa de licitação ações de estímulo e apoio à construção de ambientes especializados e cooperativos de inovação, na forma prevista nos artigos 3º, 4º, 5º e 20 da Lei nº 10.973, de 2 de dezembro de 2004, devendo contemplar: (i) a constituição de alianças estratégicas e o desenvolvimento de projetos de cooperação envolvendo empresas nacionais, Instituições Científicas e Tecnológica - ICT e organizações de direito privado sem fins lucrativos voltadas para atividades de pesquisa e desenvolvimento; (ii) o compartilhamento e utilização de laboratórios de ICTs, segundo termos definidos em contrato ou convênio; (iii) a participação minoritária da União e suas entidades autorizadas no capital de empresa privada de propósito específico, que vise ao desenvolvimento de projetos científicos ou tecnológicos para obtenção de produto ou processo inovadores; e (iv) a contratação por órgãos e entidades da administração pública de empresa, consórcio de empresas e entidades nacionais de direito privado sem fins lucrativos, visando à realização de atividades de pesquisa e desenvolvimento que envolvam risco tecnológico, para a solução de problema técnico específico ou obtenção de produto ou processo inovador.

21. As medidas consubstanciadas no inciso XXXI do artigo 24 da Lei nº 8.666, de 1993, demonstram o claro intuito de potencializar as ações autorizadas pela Lei nº 10.973, de 2004, a denominada Lei de Inovação. Desta forma, a proposição reúne elementos para fortalecer setores industriais e serviços nacionais voltados à inovação e para alavancar o desenvolvimento tecnológico, por meio de empresas estimuladas e apoiadas para atingir tais objetivos. Registre-se, ademais, que o referido mecanismo de estímulo, na forma proposta, não se contrapõe às normas da Organização Mundial do Comércio – OMC. Especificamente no que tange às encomendas tecnológicas,

referenciadas no artigo 20 da Lei nº 10.973, de 2004, é importante frisar que a possibilidade de dispensa de licitação para aquisição dos produtos contemplados sob esta modalidade, reúne condições para viabilizar o surgimento, o fortalecimento e a multiplicação de empresas inovadoras brasileiras, notadamente de empreendimentos atuantes em setores com amplo impacto na economia e que podem, com esse estímulo, promover efetiva autonomia tecnológica do País.

22. Outra modificação preconizada, refere-se à inclusão do inciso V ao artigo 57 da Lei nº 8.666, de 1993, que dispõe sobre a definição de prazo mais prolongado, de até 120 meses, para a vigência dos contratos decorrentes dos incisos IX, XIX, XXVIII e XXXI do artigo 24 da Lei de Licitações, atinentes à dispensa de licitação em contratos que versem sobre segurança nacional e temas de interesse tecnológico. As referidas contratações muitas vezes exigem investimentos significativos do agente privado, fornecedor do Estado. Não raro é do interesse público, mediante a compra de grandes volumes, viabilizar a infra-estrutura de produção privada de caráter estratégico. Assim, a possibilidade de vigência, pelo período proposto, garante a viabilidade das ações e reúne condições para assegurar maior efetividade aos recursos públicos alocados em contratos dessa natureza.

23. Determina, ainda, a aplicação das disposições da presente Medida Provisória à modalidade de licitação denominada pregão, de que trata a Lei nº 10.520, de 17 de julho de 2002. Essa modalidade tem-se revelado extremamente relevante para a aquisição de bens e serviços pela administração pública. Trata-se, a propósito, de um processo dinâmico e competitivo, que propiciou considerável ampliação do número de participantes no certame licitatório e, por conseguinte, ensejou vantagens em termos de preço, quantidade, transparência, lisura e celeridade das compras públicas. (...)

28. A urgência das medidas se justificam, por um lado, pela necessidade de ações tempestivas que promovam a indústria e os prestadores de serviços brasileiros, incentivando-os a aprimorarem a qualidade de seus produtos e serviços, pela rápida deterioração da balança comercial no período recente e pela atuação agressiva adotada por alguns países que, devido ao fraco desempenho dos seus mercados internos, estão buscando espaço nos mercados internacionais. Nada obstante, também se deve ter atenção ao fato de que vários países adotam práticas semelhantes, as quais foram reforçadas em função da crise internacional, deixando produtos brasileiros em desvantagem nas compras governamentais daqueles países. A relevância da medida é dada pelo tamanho dos setores da indústria e dos serviços no Brasil que, juntos, respondem por mais de 80% do PIB e pela representatividade do consumo do governo, considerado o montante de recursos públicos alocado às compras governamentais de bens e serviços.

29. Por outro lado, acreditamos, Senhor Presidente, que a presente proposta traz respostas às demandas urgentes e relevantes pela concretização efetiva de aspectos centrais da autonomia universitária e da atividade de inovação e pesquisa científica e tecnológica, que têm, como pano de fundo o reforço da segurança jurídica às rotinas de inovação e pesquisa e o reforço de capacidades de gerenciamento e execução de projetos pelas IFES, com foco nas ações e políticas estratégicas para a educação superior ora priorizadas por esta gestão.

Em vista do exposto, submetemos à elevada consideração de Vossa Excelência a presente proposta de Medida Provisória.

Respeitosamente (...).

# Declaração sobre o direito ao desenvolvimento (1986)

*Adotada pela Revolução nº 41/128 da Assembléia Geral das Nações Unidas, de 4 de dezembro de 1986.*

A Assembléia Geral,

Tendo em mente os propósitos e os princípios da Carta das Nações Unidas relativas à realização da cooperação internacional para resolver os problemas internacionais de caráter econômico, social, cultural ou humanitário, e para promover e encorajar o respeito aos Direitos Humanos e às liberdades fundamentais para todos, sem distinção de raça, sexo, língua ou religião;

Reconhecendo que o desenvolvimento é um processo econômico, social, cultural e político abrangente, que visa ao constante incremento do bem-estar de toda a população e de todos os indivíduos com base em sua participação ativa, livre e significativa no desenvolvimento e na distribuição justa dos benefícios daí resultantes;

Considerando que sob as disposições da Declaração Universal dos Direitos Humanos todos têm direito a uma ordem social e internacional em que os direitos e as liberdades consagrados nesta Declaração possam ser plenamente realizados;

Recordando os dispositivos do Pacto Internacional sobre Direitos Econômicos, Sociais e Culturais e do Pacto Internacional sobre Direitos Civis e Políticos;

Recordando ainda os importantes Acordos, Convenções, Resoluções, Recomendações e outros instrumentos das Nações Unidas e de suas agências especializadas relativos ao desenvolvimento integral do ser humano, ao progresso econômico e social e desenvolvimento de todos os povos, inclusive os instrumentos relativos à descolonização, à prevenção de discriminação, ao respeito e observância dos direitos humanos e das liberdades fundamentais, à manutenção da paz e segurança internacionais e maior promoção das relações amistosas e cooperação entre os Estados de acordo com a Carta;

Recordando o direito dos povos à autodeterminação, em virtude do qual eles têm o direito de determinar livremente seus *status* político e de buscar seu desenvolvimento econômico, social e cultural;

Recordando também o direito dos povos de exercer, sujeitos aos dispositivos relevantes de ambos os Pactos Internacionais sobre Direitos Humanos, soberania plena e completa sobre todas as suas riquezas e recursos naturais;

Atenta à obrigação dos Estados sob a Carta de promover o respeito e a observância universais aos direitos humanos e às liberdades fundamentais para todos, sem distinção de qualquer natureza, tal como de raça, cor, sexo, língua, religião, política ou outra opinião nacional ou social, propriedade, nascimento ou outro *status*;

Considerando que a eliminação das violações maciças e flagrantes dos direitos humanos dos povos e indivíduos afetados por situações tais como as resultantes do

colonialismo, neocolonialismo, *apartheid*, de todas as formas de racismo e discriminação racial, dominação estrangeira e ocupação, agressão e ameaças contra a soberania nacional, unidade nacional e integridade territorial, e ameaças de guerra, contribuiria para o estabelecimento de circunstâncias propícias para o desenvolvimento de grande parte da humanidade;
Preocupada com a existência de sérios obstáculos ao desenvolvimento, assim como à completa realização dos seres humanos e dos povos, constituídos, *inter alia*, pela negação dos direitos civis, políticos, econômicos, sociais e culturais, e considerando que todos os direitos humanos e as liberdades fundamentais são indivisíveis e interdependentes, e que, para promover o desenvolvimento, devem ser dadas atenção igual e consideração urgente à implementação, promoção e proteção dos direitos civis, políticos, econômicos, sociais e culturais, e que, por conseguinte, a promoção, o respeito e o gozo de certos direitos humanos e liberdades fundamentais não podem justificar a negação de outros direitos humanos e liberdades fundamentais;
Considerando que a paz e a segurança internacionais são elementos essenciais à realização do direito ao desenvolvimento;
Reafirmando que existe uma relação íntima entre desarmamento e desenvolvimento, que o progresso no campo do desarmamento promoveria consideravelmente o progresso no campo do desenvolvimento, e que os recursos liberados pelas medidas de desarmamento deveriam dedicar-se ao desenvolvimento econômico e social e ao bem-estar de todos os povos e, em particular, daqueles dos países em desenvolvimento;
Reconhecendo que a pessoa humana é o sujeito central do processo de desenvolvimento e que essa política de desenvolvimento deveria assim fazer do ser humano o principal participante e beneficiário do desenvolvimento;
Reconhecendo que a criação de condições favoráveis ao desenvolvimento dos povos e indivíduos é a responsabilidade primária de seus Estados;
Ciente de que os esforços em nível internacional para promover e proteger os direitos humanos devem ser acompanhados de esforços para estabelecer uma nova ordem econômica internacional;
Confirmando que o direito ao desenvolvimento é um direito humano inalienável e que a igualdade de oportunidade para o desenvolvimento é uma prerrogativa tanto das nações quanto dos indivíduos que compõem as nações;
Proclama a seguinte Declaração sobre o Direito ao Desenvolvimento:

## Artigo 1º

§1º O direito ao desenvolvimento é um direito humano inalienável, em virtude do qual toda pessoa e todos os povos estão habilitados a participar do desenvolvimento econômico, social, cultural e político, para ele contribuir e dele desfrutar, no qual todos os direitos humanos e liberdades fundamentais possam ser plenamente realizados.
§2º O direito humano ao desenvolvimento também implica a plena realização do direito dos povos à autodeterminação que inclui, sujeito às disposições relevantes de ambos os Pactos Internacionais sobre Direitos Humanos, o exercício de seu direito inalienável à soberania plena sobre todas as suas riquezas e recursos naturais.

## Artigo 2º

§1º A pessoa humana é o sujeito central do desenvolvimento e deveria ser participante ativo e beneficiário do direito ao desenvolvimento.
§2º Todos os seres humanos têm responsabilidade pelo desenvolvimento, individual e coletivamente, levando-se em conta a necessidade de pleno respeito aos seus direitos humanos e liberdades fundamentais, bem como seus deveres para com a comunidade, que sozinhos podem assegurar a realização livre e completa do ser humano e deveriam por isso promover e proteger uma ordem política, social e econômica apropriada para o desenvolvimento.
§3º Os Estados têm o direito e o dever de formular políticas nacionais adequadas

para o desenvolvimento, que visem ao constante aprimoramento do bem-estar de toda a população e de todos os indivíduos, com base em sua participação ativa, livre e significativa, e no desenvolvimento e na distribuição eqüitativa dos benefícios daí resultantes.

## Artigo 3º

§1º Os Estados têm a responsabilidade primária pela criação das condições nacionais e internacionais favoráveis à realização do direito ao desenvolvimento.
§2º A realização do direito ao desenvolvimento requer pleno respeito aos princípios do direito internacional, relativos às relações amistosas de cooperação entre os Estados, em conformidade com a Carta das Nações Unidas.
§3º Os Estados têm o dever de cooperar uns com os outros para assegurar o desenvolvimento e eliminar os obstáculos ao desenvolvimento. Os Estados deveriam realizar seus direitos e cumprir suas obrigações, de modo tal a promover uma nova ordem econômica internacional, baseada na igualdade soberana, interdependência, interesse mútuo e cooperação entre todos os Estados, assim como a encorajar a observância e a realização dos direitos humanos.

## Artigo 4º

Os Estados têm o dever de, individual e coletivamente, tomar medidas para formular as políticas internacionais de desenvolvimento, com vistas a facilitar a plena realização do direito ao desenvolvimento. É necessária ação permanente para promover um desenvolvimento mais rápido dos países em desenvolvimento. Como complemento dos esforços dos países em desenvolvimento, uma cooperação internacional efetiva é essencial para prover esses países de meios e facilidades apropriados para incrementar seu amplo desenvolvimento.

## Artigo 5º

Os Estados tomarão medidas firmes para eliminar as violações maciças e flagrantes dos direitos humanos dos povos e dos seres humanos afetados por situações tais como as resultantes do *apartheid*, de todas as formas de racismo e discriminação racial, colonialismo, dominação estrangeira e ocupação, agressão, interferência estrangeira e ameaças contra a soberania nacional, unidade nacional e integridade territorial, ameaças de guerra e recusas de reconhecimento do direito fundamental dos povos à autodeterminação.

## Artigo 6º

§1º Todos os Estados devem cooperar, com vistas a promover, encorajar e fortalecer o respeito universal à observância de todos os direitos humanos e liberdades fundamentais para todos, sem distinção de raça, sexo, língua ou religião.
§2º Todos os direitos humanos e liberdades fundamentais são indivisíveis e interdependentes; atenção igual e consideração urgente devem ser dadas à implementação, promoção e proteção dos direitos civis, políticos, econômicos, sociais e culturais.
§3º Os Estados devem tomar providências para eliminar os obstáculos ao desenvolvimento resultantes da falha na observância dos direitos civis e políticos, assim como dos direitos econômicos, sociais e culturais.

## Artigo 7º

Todos os Estados devem promover o estabelecimento, a manutenção e o fortalecimento da paz e segurança internacionais e, para este fim, deveriam fazer o máximo para alcançar o desarmamento geral e completo do efetivo controle internacional, assim como assegurar que os recursos liberados por medidas efetivas de desarmamento sejam usados para o desenvolvimento amplo, em particular o dos países em via de desenvolvimento.

## Artigo 8º

§1º Os Estados devem tomar, em nível nacional, todas as medidas necessárias para a realização do direito ao desenvolvimento, e devem assegurar, *inter alia*, igualdade de oportunidade para todos no acesso aos recursos básicos, educação, serviços de saúde, alimentação, habitação, emprego e distribuição eqüitativa da renda. Medidas efetivas devem ser tomadas para assegurar que as mulheres tenham um papel ativo no processo de desenvolvimento. Reformas econômicas e sociais apropriadas devem ser efetuadas com vistas à erradicação de todas as injustiças sociais.

§2º Os Estados devem encorajar a participação popular em todas as esferas, como um fator importante no desenvolvimento e na plena realização de todos os direitos humanos.

### Artigo 9º

§1º Todos os aspectos dos direitos ao desenvolvimento estabelecidos na presente Declaração são indivisíveis e interdependentes, e cada um deles deve ser considerado no contexto do todo.

§2º Nada na presente Declaração deverá ser tido como sendo contrário aos propósitos e princípios das Nações Unidas, ou como implicando que qualquer Estado, grupo ou pessoa tenha o direito de se engajar em qualquer atividade ou de desempenhar qualquer ato voltado à violação dos direitos consagrados na Declaração Universal dos Direitos Humanos e nos Pactos Internacionais sobre Direitos Humanos,

### Artigo 10º

Os Estados deverão tomar medidas para assegurar o pleno exercício e o fortalecimento progressivo do direito ao desenvolvimento, incluindo a formulação, adoção e implementação de políticas, medidas legislativas e outras, em níveis nacional e internacional.

## Constituição da República Federativa do Brasil de 1988

(breve seleção de outros dispositivos constitucionais relevantes e diretamente entrelaçados com a promoção do desenvolvimento nacional)

**Art. 5º** Todos são iguais perante a lei, sem distinção de qualquer natureza, garantindo-se aos brasileiros e aos estrangeiros residentes no País a inviolabilidade do direito à vida, à liberdade, à igualdade, à segurança e à propriedade, nos termos seguintes: (...)
XXIX - a lei assegurará aos autores de inventos industriais privilégio temporário para sua utilização, bem como proteção às criações industriais, à propriedade das marcas, aos nomes de empresas e a outros signos distintivos, tendo em vista o interesse social e o desenvolvimento tecnológico e econômico do País; (...).

**Art. 21.** Compete à União: (...)
IX - elaborar e executar planos nacionais e regionais de ordenação do território e de desenvolvimento econômico e social; (...)
XX - instituir diretrizes para o desenvolvimento urbano, inclusive habitação, saneamento básico e transportes urbanos; (...).
Parágrafo único. Leis complementares fixarão normas para a cooperação entre a União e os Estados, o Distrito Federal e os Municípios, tendo em vista o equilíbrio do desenvolvimento e do bem-estar em âmbito nacional. (...)

**Art. 34.** A União não intervirá nos Estados nem no Distrito Federal, exceto para: (...)
VII - assegurar a observância dos seguintes princípios constitucionais: (...)
e) aplicação do mínimo exigido da receita resultante de impostos estaduais, compreendida a proveniente de transferências, na manutenção e desenvolvimento do ensino e nas ações e serviços públicos de saúde.

**Art. 35.** O Estado não intervirá em seus Municípios, nem a União nos Municípios localizados em Território Federal, exceto quando: (...)
III - não tiver sido aplicado o mínimo exigido da receita municipal na manutenção e desenvolvimento do ensino e nas ações e serviços públicos de saúde.

**Art. 43.** Para efeitos administrativos, a União poderá articular sua ação em um mesmo complexo geoeconômico e social, visando a seu desenvolvimento e à redução das desigualdades regionais.
§1º Lei complementar disporá sobre:
I - as condições para integração de regiões em desenvolvimento;
II - a composição dos organismos regionais que executarão, na forma da lei, os planos regionais, integrantes dos planos nacionais de desenvolvimento econômico e social, aprovados juntamente com estes. (...)

**Art. 48.** Cabe ao Congresso Nacional, com a sanção do Presidente da República, não

exigida esta para o especificado nos arts. 49, 51 e 52, dispor sobre todas as matérias de competência da União, especialmente sobre: (...)
IV - planos e programas nacionais, regionais e setoriais de desenvolvimento; (...)

**Art. 151**. É vedado à União:
I - instituir tributo que não seja uniforme em todo o território nacional ou que implique distinção ou preferência em relação a Estado, ao Distrito Federal ou a Município, em detrimento de outro, admitida a concessão de incentivos fiscais destinados a promover o equilíbrio do desenvolvimento sócio-econômico entre as diferentes regiões do País; (...)

**Art. 159**. A União entregará:
I - do produto da arrecadação dos impostos sobre renda e proventos de qualquer natureza e sobre produtos industrializados quarenta e oito por cento na seguinte forma: (...)
c) três por cento, para aplicação em programas de financiamento ao setor produtivo das Regiões Norte, Nordeste e Centro-Oeste, através de suas instituições financeiras de caráter regional, de acordo com os planos regionais de desenvolvimento, ficando assegurada ao semi-árido do Nordeste a metade dos recursos destinados à Região, na forma que a lei estabelecer; (...)

**Art. 163**. Lei complementar disporá sobre: (...)
VII - compatibilização das funções das instituições oficiais de crédito da União, resguardadas as características e condições operacionais plenas das voltadas ao desenvolvimento regional. (...)

**Art. 174**. Como agente normativo e regulador da atividade econômica, o Estado exercerá, na forma da lei, as funções de fiscalização, incentivo e planejamento, sendo este determinante para o setor público e indicativo para o setor privado.
§1º A lei estabelecerá as diretrizes e bases do planejamento do desenvolvimento nacional equilibrado, o qual incorporará e compatibilizará os planos nacionais e regionais de desenvolvimento. (...)

**Art. 180**. A União, os Estados, o Distrito Federal e os Municípios promoverão e incentivarão o turismo como fator de desenvolvimento social e econômico. (...)

**Art. 182**. A política de desenvolvimento urbano, executada pelo Poder Público municipal, conforme diretrizes gerais fixadas em lei, tem por objetivo ordenar o pleno desenvolvimento das funções sociais da cidade e garantir o bem-estar de seus habitantes.
§1º O plano diretor, aprovado pela Câmara Municipal, obrigatório para cidades com mais de vinte mil habitantes, é o instrumento básico da política de desenvolvimento e de expansão urbana.

**Art. 192**. O sistema financeiro nacional, estruturado de forma a promover o desenvolvimento equilibrado do País e a servir aos interesses da coletividade, em todas as partes que o compõem, abrangendo as cooperativas de crédito, será regulado por leis complementares que disporão, inclusive, sobre a participação do capital estrangeiro nas instituições que o integram.

**Art. 200**. Ao sistema único de saúde compete, além de outras atribuições, nos termos da lei: (...)
V - incrementar em sua área de atuação o desenvolvimento científico e tecnológico; (...).

**Art. 215**. O Estado garantirá a todos o pleno exercício dos direitos culturais e acesso às fontes da cultura nacional, e apoiará e incentivará a valorização e a difusão das manifestações culturais. (...)
§3º A lei estabelecerá o Plano Nacional de Cultura, de duração plurianual, visando ao desenvolvimento cultural do País e à integração das ações do poder público que conduzem à: (...).

**Art. 218.** O Estado promoverá e incentivará o desenvolvimento científico, a pesquisa e a capacitação tecnológicas.
§1º A pesquisa científica básica receberá tratamento prioritário do Estado, tendo em vista o bem público e o progresso das ciências.
§2º A pesquisa tecnológica voltar-se-á preponderantemente para a solução dos problemas brasileiros e para o desenvolvimento do sistema produtivo nacional e regional.
§3º O Estado apoiará a formação de recursos humanos nas áreas de ciência, pesquisa e tecnologia, e concederá aos que delas se ocupem meios e condições especiais de trabalho.
§4º A lei apoiará e estimulará as empresas que invistam em pesquisa, criação de tecnologia adequada ao País, formação e aperfeiçoamento de seus recursos humanos e que pratiquem sistemas de remuneração que assegurem ao empregado, desvinculada do salário, participação nos ganhos econômicos resultantes da produtividade de seu trabalho.
§5º É facultado aos Estados e ao Distrito Federal vincular parcela de sua receita orçamentária a entidades públicas de fomento ao ensino e à pesquisa científica e tecnológica.

**Art. 219.** O mercado interno integra o patrimônio nacional e será incentivado de modo a viabilizar o desenvolvimento cultural e sócio-econômico, o bem-estar da população e a autonomia tecnológica do País, nos termos de lei federal. (...)

**Art. 239.** A arrecadação decorrente das contribuições para o Programa de Integração Social, criado pela Lei Complementar nº 7, de 7 de setembro de 1970, e para o Programa de Formação do Patrimônio do Servidor Público, criado pela Lei Complementar nº 8, de 3 de dezembro de 1970, passa, a partir da promulgação desta Constituição, a financiar, nos termos que a lei dispuser, o programa do seguro-desemprego e o abono de que trata o §3º deste artigo.
§1º Dos recursos mencionados no "caput" deste artigo, pelo menos quarenta por cento serão destinados a financiar programas de desenvolvimento econômico, através do Banco Nacional de Desenvolvimento Econômico e Social, com critérios de remuneração que lhes preservem o valor. (...).

ANEXO F

# Lei Complementar nº 123, de 14 de dezembro de 2006

*Institui o Estatuto Nacional da Microempresa e da Empresa de Pequeno Porte; altera dispositivos das Leis nºs 8.212 e 8.213, ambas de 24 de julho de 1991, da Consolidação das Leis do Trabalho – CLT, aprovada pelo Decreto-Lei nº 5.452, de 1º de maio de 1943, da Lei nº 10.189, de 14 de fevereiro de 2001, da Lei Complementar nº 63, de 11 de janeiro de 1990; e revoga as Leis nºs 9.317, de 5 de dezembro de 1996, e 9.841, de 5 de outubro de 1999.*

O PRESIDENTE DA REPÚBLICA Faço saber que o Congresso Nacional decreta e eu sanciono a seguinte Lei Complementar: (...)

CAPÍTULO V
DO ACESSO AOS MERCADOS
Seção única
Das Aquisições Públicas

**Art. 42.** Nas licitações públicas, a comprovação de regularidade fiscal das microempresas e empresas de pequeno porte somente será exigida para efeito de assinatura do contrato.

**Art. 43.** As microempresas e empresas de pequeno porte, por ocasião da participação em certames licitatórios, deverão apresentar toda a documentação exigida para efeito de comprovação de regularidade fiscal, mesmo que esta apresente alguma restrição.
§1º Havendo alguma restrição na comprovação da regularidade fiscal, será assegurado o prazo de 2 (dois) dias úteis, cujo termo inicial corresponderá ao momento em que o proponente for declarado o vencedor do certame, prorrogáveis por igual período, a critério da Administração Pública, para a regularização da documentação, pagamento ou parcelamento do débito, e emissão de eventuais certidões negativas ou positivas com efeito de certidão negativa.
§2º A não-regularização da documentação, no prazo previsto no §1º deste artigo, implicará decadência do direito à contratação, sem prejuízo das sanções previstas no art. 81 da Lei nº 8.666, de 21 de junho de 1993, sendo facultado à Administração convocar os licitantes remanescentes, na ordem de classificação, para a assinatura do contrato, ou revogar a licitação.

**Art. 44.** Nas licitações será assegurada, como critério de desempate, preferência de contratação para as microempresas e empresas de pequeno porte.
§1º Entende-se por empate aquelas situações em que as propostas apresentadas pelas microempresas e empresas de pequeno porte sejam iguais ou até 10% (dez por cento) superiores à proposta mais bem classificada.
§2º Na modalidade de pregão, o intervalo percentual estabelecido no §1º deste artigo será de até 5% (cinco por cento) superior ao melhor preço.

**Art. 45.** Para efeito do disposto no art. 44 desta Lei Complementar, ocorrendo o empate, proceder-se-á da seguinte forma:
I - a microempresa ou empresa de pequeno porte mais bem classificada poderá apresentar proposta de preço inferior àquela considerada vencedora do certame, situação em que será adjudicado em seu favor o objeto licitado;
II - não ocorrendo a contratação da microempresa ou empresa de pequeno porte, na forma do inciso I do caput deste artigo, serão convocadas as remanescentes que porventura se enquadrem na hipótese dos §§1º e 2º do art. 44 desta Lei Complementar, na ordem classificatória, para o exercício do mesmo direito;
III - no caso de equivalência dos valores apresentados pelas microempresas e empresas de pequeno porte que se encontrem nos intervalos estabelecidos nos §§1º e 2º do art. 44 desta Lei Complementar, será realizado sorteio entre elas para que se identifique aquela que primeiro poderá apresentar melhor oferta.
§1º Na hipótese da não-contratação nos termos previstos no caput deste artigo, o objeto licitado será adjudicado em favor da proposta originalmente vencedora do certame.
§2º O disposto neste artigo somente se aplicará quando a melhor oferta inicial não tiver sido apresentada por microempresa ou empresa de pequeno porte.
§3º No caso de pregão, a microempresa ou empresa de pequeno porte mais bem classificada será convocada para apresentar nova proposta no prazo máximo de 5 (cinco) minutos após o encerramento dos lances, sob pena de preclusão.

**Art. 46.** A microempresa e a empresa de pequeno porte titular de direitos creditórios decorrentes de empenhos liquidados por órgãos e entidades da União, Estados, Distrito Federal e Município não pagos em até 30 (trinta) dias contados da data de liquidação poderão emitir cédula de crédito microempresarial.
Parágrafo único. A cédula de crédito microempresarial é título de crédito regido, subsidiariamente, pela legislação prevista para as cédulas de crédito comercial, tendo como lastro o empenho do poder público, cabendo ao Poder Executivo sua regulamentação no prazo de 180 (cento e oitenta) dias a contar da publicação desta Lei Complementar.

**Art. 47.** Nas contratações públicas da União, dos Estados e dos Municípios, poderá ser concedido tratamento diferenciado e simplificado para as microempresas e empresas de pequeno porte objetivando a promoção do desenvolvimento econômico e social no âmbito municipal e regional, a ampliação da eficiência das políticas públicas e o incentivo à inovação tecnológica, desde que previsto e regulamentado na legislação do respectivo ente.

**Art. 48.** Para o cumprimento do disposto no art. 47 desta Lei Complementar, a administração pública poderá realizar processo licitatório:
I - destinado exclusivamente à participação de microempresas e empresas de pequeno porte nas contratações cujo valor seja de até R$80.000,00 (oitenta mil reais);
II - em que seja exigida dos licitantes a subcontratação de microempresa ou de empresa de pequeno porte, desde que o percentual máximo do objeto a ser subcontratado não exceda a 30% (trinta por cento) do total licitado;
III - em que se estabeleça cota de até 25% (vinte e cinco por cento) do objeto para a contratação de microempresas e empresas de pequeno porte, em certames para a aquisição de bens e serviços de natureza divisível.
§1º O valor licitado por meio do disposto neste artigo não poderá exceder a 25% (vinte e cinco por cento) do total licitado em cada ano civil.
§2º Na hipótese do inciso II do caput deste artigo, os empenhos e pagamentos do órgão ou entidade da administração pública poderão ser destinados diretamente às microempresas e empresas de pequeno porte subcontratadas.

**Art. 49.** Não se aplica o disposto nos arts. 47 e 48 desta Lei Complementar quando:

I - os critérios de tratamento diferenciado e simplificado para as microempresas e empresas de pequeno porte não forem expressamente previstos no instrumento convocatório;
II - não houver um mínimo de 3 (três) fornecedores competitivos enquadrados como microempresas ou empresas de pequeno porte sediados local ou regionalmente e capazes de cumprir as exigências estabelecidas no instrumento convocatório;
III - o tratamento diferenciado e simplificado para as microempresas e empresas de pequeno porte não for vantajoso para a administração pública ou representar prejuízo ao conjunto ou complexo do objeto a ser contratado;
IV - a licitação for dispensável ou inexigível, nos termos dos arts. 24 e 25 da Lei nº 8.666, de 21 de junho de 1993. (...)

Brasília, 14 de dezembro de 2006.

# ANEXO G

## Decreto nº 6.204, de 5 de setembro de 2007

*Regulamenta o tratamento favorecido, diferenciado e simplificado para as microempresas e empresas de pequeno porte nas contratações públicas de bens, serviços e obras, no âmbito da administração pública federal.*

O PRESIDENTE DA REPÚBLICA, no uso da atribuição que lhe confere o art. 84, inciso IV, da Constituição, e tendo em vista o disposto nos arts. 42, 43, 44, 45, 47, 48 e 49 da Lei Complementar nº 123, de 14 de dezembro de 2006,
DECRETA:

**Art. 1º** Nas contratações públicas de bens, serviços e obras, deverá ser concedido tratamento favorecido, diferenciado e simplificado para as microempresas e empresas de pequeno porte, objetivando:
I - a promoção do desenvolvimento econômico e social no âmbito municipal e regional;
II - ampliação da eficiência das políticas públicas; e
III - o incentivo à inovação tecnológica.
Parágrafo único. Subordinam-se ao disposto neste Decreto, além dos órgãos da administração pública federal direta, os fundos especiais, as autarquias, as fundações públicas, as empresas públicas, as sociedades de economia mista e as demais entidades controladas direta ou indiretamente pela União.

**Art. 2º** Para a ampliação da participação das microempresas e empresas de pequeno porte nas licitações, os órgãos ou entidades contratantes deverão, sempre que possível:
I - instituir cadastro próprio, de acesso livre, ou adequar os eventuais cadastros existentes, para identificar as microempresas e empresas de pequeno porte sediadas regionalmente, com as respectivas linhas de fornecimento, de modo a possibilitar a notificação das licitações e facilitar a formação de parcerias e subcontratações;
II - estabelecer e divulgar um planejamento anual das contratações públicas a serem realizadas, com a estimativa de quantitativo e de data das contratações;
III - padronizar e divulgar as especificações dos bens e serviços contratados, de modo a orientar as microempresas e empresas de pequeno porte para que adequem os seus processos produtivos; e
IV - na definição do objeto da contratação, não utilizar especificações que restrinjam, injustificadamente, a participação das microempresas e empresas de pequeno porte sediadas regionalmente.
Parágrafo único. O disposto nos incisos I e III poderá ser realizado de forma centralizada para os órgãos e entidades integrantes do SISG – Sistema de Serviços Gerais e conveniados, conforme dispõe o Decreto 1.094, de 23 de março de 1994.

**Art. 3º** Na habilitação em licitações para o fornecimento de bens para pronta entrega ou para a locação de materiais, não será exigido da microempresa ou da empresa de pequeno porte a apresentação de balanço patrimonial do último exercício social.

**Art. 4º** A comprovação de regularidade fiscal das microempresas e empresas de pequeno porte somente será exigida para efeito de contratação, e não como condição para participação na licitação.

§1º Na fase de habilitação, deverá ser apresentada e conferida toda a documentação e, havendo alguma restrição na comprovação da regularidade fiscal, será assegurado o prazo de dois dias úteis, cujo termo inicial corresponderá ao momento em que o proponente for declarado vencedor do certame, prorrogável por igual período, para a regularização da documentação, pagamento ou parcelamento do débito, e emissão de eventuais certidões negativas ou positivas com efeito de certidão negativa.

§2º A declaração do vencedor de que trata o §1º acontecerá no momento imediatamente posterior à fase de habilitação, no caso do pregão, conforme estabelece o art. 4º, inciso XV, da Lei nº 10.520, de 17 de julho de 2002, e no caso das demais modalidades de licitação, no momento posterior ao julgamento das propostas, aguardando-se os prazos de regularização fiscal para a abertura da fase recursal.

§3º A prorrogação do prazo previsto no §1º deverá sempre ser concedida pela administração quando requerida pelo licitante, a não ser que exista urgência na contratação ou prazo insuficiente para o empenho, devidamente justificados.

§4º A não-regularização da documentação no prazo previsto no §1º implicará decadência do direito à contratação, sem prejuízo das sanções previstas no art. 81 da Lei nº 8.666, de 21 de junho de 1993, sendo facultado à administração convocar os licitantes remanescentes, na ordem de classificação, ou revogar a licitação.

**Art. 5º** Nas licitações do tipo menor preço, será assegurada, como critério de desempate, preferência de contratação para as microempresas e empresas de pequeno porte.

§1º Entende-se por empate aquelas situações em que as ofertas apresentadas pelas microempresas e empresas de pequeno porte sejam iguais ou até dez por cento superiores ao menor preço.

§2º Na modalidade de pregão, o intervalo percentual estabelecido no §1º será de até cinco por cento superior ao menor preço.

§3º O disposto neste artigo somente se aplicará quando a melhor oferta válida não tiver sido apresentada por microempresa ou empresa de pequeno porte.

§4º A preferência de que trata este artigo será concedida da seguinte forma:

I - ocorrendo o empate, a microempresa ou empresa de pequeno porte melhor classificada poderá apresentar proposta de preço inferior àquela considerada vencedora do certame, situação em que será adjudicado o objeto em seu favor;

II - na hipótese da não contratação da microempresa ou empresa de pequeno porte, com base no inciso I, serão convocadas as remanescentes que porventura se enquadrem em situação de empate, na ordem classificatória, para o exercício do mesmo direito; e

III - no caso de equivalência dos valores apresentados pelas microempresas e empresas de pequeno porte que se encontrem em situação de empate, será realizado sorteio entre elas para que se identifique aquela que primeiro poderá apresentar melhor oferta.

§5º Não se aplica o sorteio disposto no inciso III do §4º quando, por sua natureza, o procedimento não admitir o empate real, como acontece na fase de lances do pregão, em que os lances equivalentes não são considerados iguais, sendo classificados conforme a ordem de apresentação pelos licitantes.

§6º No caso do pregão, após o encerramento dos lances, a microempresa ou empresa de pequeno porte melhor classificada será convocada para apresentar nova proposta no prazo máximo de cinco minutos por item em situação de empate, sob pena de preclusão.

§7º Nas demais modalidades de licitação, o prazo para os licitantes apresentarem nova proposta deverá ser estabelecido pelo órgão ou entidade contratante, e estar previsto no instrumento convocatório.

**Art. 6º** Os órgãos e entidades contratantes deverão realizar processo licitatório destinado exclusivamente à participação de

microempresas e empresas de pequeno porte nas contratações cujo valor seja de até R$80.000,00 (oitenta mil reais).
Parágrafo único. Não se aplica o disposto neste artigo quando ocorrerem as situações previstas no art. 9º, devidamente justificadas.

**Art. 7º** Nas licitações para fornecimento de bens, serviços e obras, os órgãos e entidades contratantes poderão estabelecer, nos instrumentos convocatórios, a exigência de subcontratação de microempresas ou empresas de pequeno porte, sob pena de desclassificação, determinando:
I - o percentual de exigência de subcontratação, de até trinta por cento do valor total licitado, facultada à empresa a subcontratação em limites superiores, conforme o estabelecido no edital;
II - que as microempresas e empresas de pequeno porte a serem subcontratadas deverão estar indicadas e qualificadas pelos licitantes com a descrição dos bens e serviços a serem fornecidos e seus respectivos valores;
III - que, no momento da habilitação, deverá ser apresentada a documentação da regularidade fiscal e trabalhista das microempresas e empresas de pequeno porte subcontratadas, bem como ao longo da vigência contratual, sob pena de rescisão, aplicando-se o prazo para regularização previsto no §1º do art. 4º;
IV - que a empresa contratada compromete-se a substituir a subcontratada, no prazo máximo de trinta dias, na hipótese de extinção da subcontratação, mantendo o percentual originalmente subcontratado até a sua execução total, notificando o órgão ou entidade contratante, sob pena de rescisão, sem prejuízo das sanções cabíveis, ou demonstrar a inviabilidade da substituição, em que ficará responsável pela execução da parcela originalmente subcontratada; e
V - que a empresa contratada responsabiliza-se pela padronização, compatibilidade, gerenciamento centralizado e qualidade da subcontratação.
§1º Deverá constar ainda do instrumento convocatório que a exigência de subcontratação não será aplicável quando o licitante for:
I - microempresa ou empresa de pequeno porte;
II - consórcio composto em sua totalidade por microempresas e empresas de pequeno porte, respeitado o disposto no art. 33 da Lei nº 8.666, de 1993; e
III - consórcio composto parcialmente por microempresas ou empresas de pequeno porte com participação igual ou superior ao percentual exigido de subcontratação.
§2º Não se admite a exigência de subcontratação para o fornecimento de bens, exceto quando estiver vinculado à prestação de serviços acessórios.
§3º O disposto no inciso II do *caput* deste artigo deverá ser comprovado no momento da aceitação, quando a modalidade de licitação for pregão, ou no momento da habilitação nas demais modalidades.
§4º Não deverá ser exigida a subcontratação quando esta for inviável, não for vantajosa para a administração pública ou representar prejuízo ao conjunto ou complexo do objeto a ser contratado, devidamente justificada.
§5º É vedada a exigência no instrumento convocatório de subcontratação de itens ou parcelas determinadas ou de empresas específicas.
§6º Os empenhos e pagamentos referentes às parcelas subcontratadas serão destinados diretamente às microempresas e empresas de pequeno porte subcontratadas.

**Art. 8º** Nas licitações para a aquisição de bens, serviços e obras de natureza divisível, e desde que não haja prejuízo para o conjunto ou complexo do objeto, os órgãos e entidades contratantes poderão reservar cota de até vinte e cinco por cento do objeto, para a contratação de microempresas e empresas de pequeno porte.
§1º O disposto neste artigo não impede a contratação das microempresas ou empresas de pequeno porte na totalidade do objeto.
§2º O instrumento convocatório deverá prever que, não havendo vencedor para a cota reservada, esta poderá ser adjudicada ao vencedor da cota principal, ou, diante de sua recusa, aos licitantes remanescentes, desde que pratiquem o preço do primeiro colocado.

§3º Se a mesma empresa vencer a cota reservada e a cota principal, a contratação da cota reservada deverá ocorrer pelo preço da cota principal, caso este tenha sido menor do que o obtido na cota reservada.

**Art. 9º** Não se aplica o disposto nos arts. 6º ao 8º quando:
I - não houver um mínimo de três fornecedores competitivos enquadrados como microempresas ou empresas de pequeno porte sediados local ou regionalmente e capazes de cumprir as exigências estabelecidas no instrumento convocatório;
II - o tratamento diferenciado e simplificado para as microempresas e empresas de pequeno porte não for vantajoso para a administração ou representar prejuízo ao conjunto ou complexo do objeto a ser contratado;
III - a licitação for dispensável ou inexigível, nos termos dos arts. 24 e 25 da Lei nº 8.666, de 1993;
IV - a soma dos valores licitados nos termos do diposto nos arts. 6º a 8º ultrapassar vinte e cinco por cento do orçamento disponível para contratações em cada ano civil; e
V - o tratamento diferenciado e simplificado não for capaz de alcançar os objetivos previstos no art. 1º, justificadamente.
Parágrafo único. Para o disposto no inciso II, considera-se não vantajosa a contratação quando resultar em preço superior ao valor estabelecido como referência.

**Art. 10.** Os critérios de tratamento diferenciado e simplificado para as microempresas e empresas de pequeno porte deverão estar expressamente previstos no instrumento convocatório.

**Art. 11.** Para fins do disposto neste Decreto, o enquadramento como microempresa ou empresa de pequeno porte dar-se-á nas condições do Estatuto Nacional da Microempresa e Empresa de Pequeno Porte, instituído pela Lei Complementar nº 123, de 14 de dezembro de 2006, em especial quanto ao seu art. 3º, devendo ser exigido dessas empresas a declaração, sob as penas da lei, de que cumprem os requisitos legais para a qualificação como microempresa ou empresa de pequeno porte, estando aptas a usufruir do tratamento favorecido estabelecido nos arts. 42 a 49 daquela Lei Complementar.
Parágrafo único. A identificação das microempresas ou empresas de pequeno porte na sessão pública do pregão eletrônico só deve ocorrer após o encerramento dos lances, de modo a dificultar a possibilidade de conluio ou fraude no procedimento.

**Art. 12.** O Ministério do Planejamento, Orçamento e Gestão poderá expedir normas complementares para a execução deste Decreto.

**Art. 13.** Este Decreto entra em vigor em trinta dias após a data de sua publicação.

Brasília, 5 de setembro de 2007.

# Decreto nº 6.252, de 22 março de 2006

*Dispõe sobre a integração de considerações ambientais nas licitações e nos contratos públicos do Estado do Paraná a serem observadas pelos órgãos da administração direta, autarquias, inclusive as de regime especial, fundações públicas, fundos especiais não personificados, pelo seu gestor, sociedades de economia mista, empresas públicas e demais entidades de direito privado, controladas direta ou indiretamente pelo Estado do Paraná, prestadoras de serviço público.*

O GOVERNADOR DO ESTADO DO PARANÁ, no uso das atribuições que lhe confere o art. 87, inciso V, da Constituição Estadual e considerando:

I - a competência comum da União, dos Estados, do Distrito Federal e dos Municípios de proteger o meio ambiente, norma contida no art. 23, incisos VI e VII da Constituição Federal;
II - a competência concorrente entre a União, o Estado e Distrito Federal em legislar sobre matérias afetas ao meio ambiente;
III - que é princípio da ordem econômica a defesa do meio ambiente, norma contida no art. 174, §3º, da Constituição Federal;
IV - os termos do art. 225 da Constituição Federal, o qual dispõe que todos têm direito ao meio ambiente ecologicamente equilibrado, bem de uso comum do povo e essencial à sadia qualidade de vida, impondo-se ao Poder Público e à coletividade o dever de defendê-lo e preservá-lo para as presentes e futuras gerações, em prol do desenvolvimento sustentável;
V - o disposto no art. 225, §1º, em especial, os incisos II a IV, V e VII da Constituição Federal, que atribuem ao Poder Público o dever de assegurar a efetividade do direito ao meio ambiente; preservar a diversidade e a integridade do patrimônio genético do Pais; fiscalizar as entidades dedicadas à pesquisa e manipulação de material genético; exigir, na forma da Lei, para instalação de obra ou atividade potencialmente causadora de significativa degradação do meio ambiente, estudo prévio de impacto ambiental; controlar a produção, a comercialização e o emprego de técnicas, métodos e substâncias que comportem risco para a vida, a qualidade de vida e o meio ambiente, bem como proteger a fauna e flora;
VI - os princípios da Declaração do Rio, em especial: princípio 3 "o desenvolvimento deve ser promovido de forma a garantir as necessidades das presentes e futuras gerações"; o princípio 4 "a proteção ambiental deve ser considerada parte integral do processo de desenvolvimento", o princípio 8 "os Estados devem reduzir e eliminar padrões de consumo e produção considerados insustentáveis" e o princípio 11 "os países devem promover a adoção de leis ambientais";
VII - a disposição do art. 13 da Lei de Política Nacional do Meio Ambiente (Lei Federal nº 6.938/81) no sentido de que o Poder Executivo deve incentivar as atividades voltadas ao meio ambiente, visando

ao desenvolvimento, no País, de pesquisas que propiciem a racionalização do uso de equipamentos antipoluidores; e outras iniciativas que propiciem a racionalização do uso de recursos ambientais; e

VIII - a necessária otimização da proteção do meio ambiente, no âmbito da contratação com o Poder Público,

DECRETA:

**Art. 1º** Nas licitações e contratos realizados pela Administração Pública direta e indireta estadual deverão ser considerados, como critério de seleção dos licitantes e contratantes interessados, produtos e serviços ambiental e socialmente sustentáveis, quando comparados aos outros produtos e serviços que servem à mesma finalidade.

Parágrafo único. Na comparação de que trata o "caput" deste artigo deverão ser considerados a origem dos insumos, forma de produção, manufatura, embalagem, distribuição, destino, utilização de produtos recicláveis, operação, manutenção e execução do serviço.

**Art. 2º** A administração pública estadual deverá definir o objeto pretendido no instrumento convocatório e nos contratos administrativos, mediante a utilização de variantes que considere ambiental e socialmente sustentáveis, desde que esta escolha não venha em detrimento da competitividade.

Parágrafo único. As variantes referem-se à descrição alternativa do objeto pretendido que inclua, além dos requisitos mínimos, elementos que lhe atribuam sustentabilidade socioambiental.

**Art. 3º** Nas compras, sempre que possível, deverá ser considerado o atendimento a critérios de qualidade ambiental e sustentabilidade socioambiental no momento da escolha da proposta mais vantajosa para a administração pública estadual.

**Art. 4º** A administração pública estadual poderá estabelecer um nível de desempenho dos produtos e serviços que promova maior sustentabilidade socioambiental do que a estabelecida na legislação, contanto que não limite o acesso ao contrato administrativo e nem conduza à discriminação entre os potenciais concorrentes.

§1º A Administração Pública Estadual, no instrumento convocatório, ao especificar tecnicamente os produtos a serem adquiridos, poderá exigir a utilização de materiais específicos que contribuam com o uso do objeto de forma sustentável.

§2º A Administração Pública Estadual poderá exigir um processo de produção especial para especificar as características de desempenho, visíveis e ocultas, do produto ou serviço, desde que não discriminatório e limitante da competitividade.

**Art. 5º** No momento do julgamento da proposta economicamente vantajosa para a Administração Pública Estadual, deverão ser ponderadas as considerações financeiras e a sustentabilidade socioambiental, diferenças estas que deverão estar previstas no instrumento convocatório.

**Art. 6º** Os custos inerentes à utilização imediata e contínua do produto ou da execução do serviço que recaiam sobre a Administração Pública Estadual devem ser considerados na avaliação da proposta economicamente mais vantajosa.

**Art. 7º** Em caso de empate entre os licitantes, a Administração Pública Estadual utilizará como critério de desempate, além daqueles previstos em lei, a oferta de bens e serviços produzidos em consonância com critérios de qualidade ambiental e sustentabilidade socioambiental, na forma a ser definida pela Secretaria de Estado do Meio Ambiente e Recursos Hídricos – SEMA.

**Art. 8º** Na execução do contrato, o contratante deverá atender às seguintes condições específicas ambientais:

I - recuperação ou reutilização, pelo fornecedor, do material de embalagem e dos produtos utilizados;

II - entrega das mercadorias em recipientes reutilizáveis, sempre que possível;

III - coleta, reciclagem ou reutilização, pelo fornecedor, dos resíduos produzidos durante ou depois da utilização ou do consumo de um produto;
IV - transporte e entrega de produtos químicos (como produtos de limpeza) concentrados, procedendo-se à diluição no local de utilização;
V - utilização de produto biodegradável.

**Art. 9º** É vedada a aquisição, pelos órgãos e pelas entidades da Administração Pública Estadual direta e indireta, de produtos ou equipamentos que contenham ou façam uso das substâncias que destroem a camada de ozônio – SDO, arroladas em resolução do Conselho Nacional do Meio Ambiente – CONAMA.
Parágrafo único. Excluem-se do disposto no "caput" deste artigo os produtos e equipamentos considerados de uso essencial, tais como medicamentos e equipamentos de uso médico e hospitalar e serviços de manutenção de equipamentos e sistemas de refrigeração.

**Art. 10.** Os órgãos da Administração Pública Estadual direta e indireta somente deverão adquirir, respeitadas as especificações técnicas das instalações, lâmpadas de alto rendimento e que apresentem o menor teor de mercúrio dentre aquelas disponíveis no mercado, com base em laudos técnicos fornecidos por institutos oficiais ou laboratórios com reconhecida competência técnica, atendendo às normas técnicas estabelecidas na legislação.

**Art. 11.** Nas instalações elétricas somente deverão ser utilizadas cabos e fios de alta eficiência elétrica e baixo teor de chumbo e policloreto de vinila (PVC), já disponíveis no mercado, visando proporcionar redução do uso de potenciais contaminantes ambientais.

**Art. 12.** A aquisição de papel não-clorado corresponderá a 30% (trinta por cento) da quantidade total de papéis A4 (210mm x 297mm), nos processos licitatórios.
Parágrafo único. O papel não-clorado será utilizado prioritariamente nas correspondências e documentos endereçados aos destinatários externos da Administração Pública Estadual.

**Art. 13.** Fica proibida a aquisição, pela Administração Pública Estadual, de alimentos e de ingredientes alimentares que contenham ou sejam produzidos a partir de organismos geneticamente modificados ou de animais alimentados com ração contendo ingrediente transgênico.

**Art. 14.** A Administração Pública Estadual deverá implantar, promover e articular ações objetivando a redução e a utilização racional e eficiente de água.

**Art. 15.** Este Decreto entrará em vigor na data de sua publicação.

Curitiba, 22 de março de 2006.

## Lei nº 3.135, de 5 de junho de 2007

*Institui a Política Estadual sobre Mudanças Climáticas, Conservação Ambiental e Desenvolvimento Sustentável do Amazonas, e estabelece outras providências.*

O GOVERNADOR DO ESTADO DO AMAZONAS Faço saber a todos os habitantes que a ASSEMBLÉIA LEGISLATIVA decretou e eu sanciono a presente Lei: (...)

Capítulo IX
Licitações

**Art. 25.** As licitações para aquisição de produtos e serviços, pelo Estado do Amazonas poderão exigir dos licitantes, no que couber, certificação reconhecida pelo Estado, nos termos do edital ou do instrumento convocatório, que comprove a efetiva conformidade do licitante à Política Estadual de Mudanças Climáticas, Conservação Ambiental e Desenvolvimento Sustentável.

**Art. 26.** Fica proibida a utilização, em obras públicas, de madeira de desmatamento e, ainda, a utilização em construção de materiais que sejam considerados ambientalmente inapropriados pelo Estado, órgão ou entidade competente.

# Lei nº 12.187, de 29 de dezembro de 2009

*Institui a Política Nacional sobre Mudança do Clima – PNMC e dá outras providências.*

O PRESIDENTE DA REPÚBLICA Faço saber que o Congresso Nacional decreta e eu sanciono a seguinte Lei:

**Art. 1º** Esta Lei institui a Política Nacional sobre Mudança do Clima - PNMC e estabelece seus princípios, objetivos, diretrizes e instrumentos.

**Art. 2º** Para os fins previstos nesta Lei, entende-se por:
I - adaptação: iniciativas e medidas para reduzir a vulnerabilidade dos sistemas naturais e humanos frente aos efeitos atuais e esperados da mudança do clima;
II - efeitos adversos da mudança do clima: mudanças no meio físico ou biota resultantes da mudança do clima que tenham efeitos deletérios significativos sobre a composição, resiliência ou produtividade de ecossistemas naturais e manejados, sobre o funcionamento de sistemas socioeconômicos ou sobre a saúde e o bem-estar humanos;
III - emissões: liberação de gases de efeito estufa ou seus precursores na atmosfera numa área específica e num período determinado;
IV - fonte: processo ou atividade que libere na atmosfera gás de efeito estufa, aerossol ou precursor de gás de efeito estufa;
V - gases de efeito estufa: constituintes gasosos, naturais ou antrópicos, que, na atmosfera, absorvem e reemitem radiação infravermelha;
VI - impacto: os efeitos da mudança do clima nos sistemas humanos e naturais;
VII - mitigação: mudanças e substituições tecnológicas que reduzam o uso de recursos e as emissões por unidade de produção, bem como a implementação de medidas que reduzam as emissões de gases de efeito estufa e aumentem os sumidouros;
VIII - mudança do clima: mudança de clima que possa ser direta ou indiretamente atribuída à atividade humana que altere a composição da atmosfera mundial e que se some àquela provocada pela variabilidade climática natural observada ao longo de períodos comparáveis;
IX - sumidouro: processo, atividade ou mecanismo que remova da atmosfera gás de efeito estufa, aerossol ou precursor de gás de efeito estufa; e
X - vulnerabilidade: grau de suscetibilidade e incapacidade de um sistema, em função de sua sensibilidade, capacidade de adaptação, e do caráter, magnitude e taxa de mudança e variação do clima a que está exposto, de lidar com os efeitos adversos da mudança do clima, entre os quais a variabilidade climática e os eventos extremos.

**Art. 3º** A PNMC e as ações dela decorrentes, executadas sob a responsabilidade dos entes políticos e dos órgãos da administração pública, observarão os princípios da precaução, da prevenção, da participação cidadã, do desenvolvimento sustentável e o das responsabilidades comuns, porém diferenciadas, este último no âmbito internacional, e, quanto às medidas a serem adotadas na sua execução, será considerado o seguinte:

I - todos têm o dever de atuar, em benefício das presentes e futuras gerações, para a redução dos impactos decorrentes das interferências antrópicas sobre o sistema climático;

II - serão tomadas medidas para prever, evitar ou minimizar as causas identificadas da mudança climática com origem antrópica no território nacional, sobre as quais haja razoável consenso por parte dos meios científicos e técnicos ocupados no estudo dos fenômenos envolvidos;

III - as medidas tomadas devem levar em consideração os diferentes contextos socioeconômicos de sua aplicação, distribuir os ônus e encargos decorrentes entre os setores econômicos e as populações e comunidades interessadas de modo equitativo e equilibrado e sopesar as responsabilidades individuais quanto à origem das fontes emissoras e dos efeitos ocasionados sobre o clima;

IV - o desenvolvimento sustentável é a condição para enfrentar as alterações climáticas e conciliar o atendimento às necessidades comuns e particulares das populações e comunidades que vivem no território nacional;

V - as ações de âmbito nacional para o enfrentamento das alterações climáticas, atuais, presentes e futuras, devem considerar e integrar as ações promovidas no âmbito estadual e municipal por entidades públicas e privadas;

VI - (VETADO).

**Art. 4º** A Política Nacional sobre Mudança do Clima - PNMC visará:

I - à compatibilização do desenvolvimento econômico-social com a proteção do sistema climático;

II - à redução das emissões antrópicas de gases de efeito estufa em relação às suas diferentes fontes;

III - (VETADO);

IV - ao fortalecimento das remoções antrópicas por sumidouros de gases de efeito estufa no território nacional;

V - à implementação de medidas para promover a adaptação à mudança do clima pelas 3 (três) esferas da Federação, com a participação e a colaboração dos agentes econômicos e sociais interessados ou beneficiários, em particular aqueles especialmente vulneráveis aos seus efeitos adversos;

VI - à preservação, à conservação e à recuperação dos recursos ambientais, com particular atenção aos grandes biomas naturais tidos como Patrimônio Nacional;

VII - à consolidação e à expansão das áreas legalmente protegidas e ao incentivo aos reflorestamentos e à recomposição da cobertura vegetal em áreas degradadas;

VIII - ao estímulo ao desenvolvimento do Mercado Brasileiro de Redução de Emissões – MBRE.

Parágrafo único. Os objetivos da Política Nacional sobre Mudança do Clima deverão estar em consonância com o desenvolvimento sustentável a fim de buscar o crescimento econômico, a erradicação da pobreza e a redução das desigualdades sociais.

**Art. 5º** São diretrizes da Política Nacional sobre Mudança do Clima:

I - os compromissos assumidos pelo Brasil na Convenção-Quadro das Nações Unidas sobre Mudança do Clima, no Protocolo de Quioto e nos demais documentos sobre mudança do clima dos quais vier a ser signatário;

II - as ações de mitigação da mudança do clima em consonância com o desenvolvimento sustentável, que sejam, sempre que possível, mensuráveis para sua adequada quantificação e verificação *a posteriori*;

III - as medidas de adaptação para reduzir os efeitos adversos da mudança do clima e a vulnerabilidade dos sistemas ambiental, social e econômico;

IV - as estratégias integradas de mitigação e adaptação à mudança do clima nos âmbitos local, regional e nacional;

V - o estímulo e o apoio à participação dos governos federal, estadual, distrital e municipal, assim como do setor produtivo, do meio acadêmico e da sociedade civil organizada, no desenvolvimento e na execução de políticas, planos, programas e ações relacionados à mudança do clima;

VI - a promoção e o desenvolvimento de pesquisas científico-tecnológicas, e a difusão de tecnologias, processos e práticas orientados a:
a) mitigar a mudança do clima por meio da redução de emissões antrópicas por fontes e do fortalecimento das remoções antrópicas por sumidouros de gases de efeito estufa;
b) reduzir as incertezas nas projeções nacionais e regionais futuras da mudança do clima;
c) identificar vulnerabilidades e adotar medidas de adaptação adequadas;
VII - a utilização de instrumentos financeiros e econômicos para promover ações de mitigação e adaptação à mudança do clima, observado o disposto no art. 6º;
VIII - a identificação, e sua articulação com a Política prevista nesta Lei, de instrumentos de ação governamental já estabelecidos aptos a contribuir para proteger o sistema climático;
IX - o apoio e o fomento às atividades que efetivamente reduzam as emissões ou promovam as remoções por sumidouros de gases de efeito estufa;
X - a promoção da cooperação internacional no âmbito bilateral, regional e multilateral para o financiamento, a capacitação, o desenvolvimento, a transferência e a difusão de tecnologias e processos para a implementação de ações de mitigação e adaptação, incluindo a pesquisa científica, a observação sistemática e o intercâmbio de informações;
XI - o aperfeiçoamento da observação sistemática e precisa do clima e suas manifestações no território nacional e nas áreas oceânicas contíguas;
XII - a promoção da disseminação de informações, a educação, a capacitação e a conscientização pública sobre mudança do clima;
XIII - o estímulo e o apoio à manutenção e à promoção:
a) de práticas, atividades e tecnologias de baixas emissões de gases de efeito estufa;
b) de padrões sustentáveis de produção e consumo.

**Art. 6º** São instrumentos da Política Nacional sobre Mudança do Clima:
I - o Plano Nacional sobre Mudança do Clima;
II - o Fundo Nacional sobre Mudança do Clima;
III - os Planos de Ação para a Prevenção e Controle do Desmatamento nos biomas;
IV - a Comunicação Nacional do Brasil à Convenção-Quadro das Nações Unidas sobre Mudança do Clima, de acordo com os critérios estabelecidos por essa Convenção e por suas Conferências das Partes;
V - as resoluções da Comissão Interministerial de Mudança Global do Clima;
VI - as medidas fiscais e tributárias destinadas a estimular a redução das emissões e remoção de gases de efeito estufa, incluindo alíquotas diferenciadas, isenções, compensações e incentivos, a serem estabelecidos em lei específica;
VII - as linhas de crédito e financiamento específicas de agentes financeiros públicos e privados;
VIII - o desenvolvimento de linhas de pesquisa por agências de fomento;
IX - as dotações específicas para ações em mudança do clima no orçamento da União;
X - os mecanismos financeiros e econômicos referentes à mitigação da mudança do clima e à adaptação aos efeitos da mudança do clima que existam no âmbito da Convenção-Quadro das Nações Unidas sobre Mudança do Clima e do Protocolo de Quioto;
XI - os mecanismos financeiros e econômicos, no âmbito nacional, referentes à mitigação e à adaptação à mudança do clima;
XII - as medidas existentes, ou a serem criadas, que estimulem o desenvolvimento de processos e tecnologias, que contribuam para a redução de emissões e remoções de gases de efeito estufa, bem como para a adaptação, dentre as quais o estabelecimento de critérios de preferência nas licitações e concorrências públicas, compreendidas aí as parcerias público-privadas e a autorização, permissão, outorga e concessão para exploração de serviços públicos e recursos naturais, para as propostas que propiciem maior economia de energia, água e outros recursos naturais e redução da emissão de gases de efeito estufa e de resíduos;
XIII - os registros, inventários, estimativas, avaliações e quaisquer outros estudos de

emissões de gases de efeito estufa e de suas fontes, elaborados com base em informações e dados fornecidos por entidades públicas e privadas;
XIV - as medidas de divulgação, educação e conscientização;
XV - o monitoramento climático nacional;
XVI - os indicadores de sustentabilidade;
XVII - o estabelecimento de padrões ambientais e de metas, quantificáveis e verificáveis, para a redução de emissões antrópicas por fontes e para as remoções antrópicas por sumidouros de gases de efeito estufa;
XVIII - a avaliação de impactos ambientais sobre o microclima e o macroclima.

**Art. 7º** Os instrumentos institucionais para a atuação da Política Nacional de Mudança do Clima incluem:
I - o Comitê Interministerial sobre Mudança do Clima;
II - a Comissão Interministerial de Mudança Global do Clima;
III - o Fórum Brasileiro de Mudança do Clima;
IV - a Rede Brasileira de Pesquisas sobre Mudanças Climáticas Globais - Rede Clima;
V - a Comissão de Coordenação das Atividades de Meteorologia, Climatologia e Hidrologia.

**Art. 8º** As instituições financeiras oficiais disponibilizarão linhas de crédito e financiamento específicas para desenvolver ações e atividades que atendam aos objetivos desta Lei e voltadas para induzir a conduta dos agentes privados à observância e execução da PNMC, no âmbito de suas ações e responsabilidades sociais.

**Art. 9º** O Mercado Brasileiro de Redução de Emissões – MBRE será operacionalizado em bolsas de mercadorias e futuros, bolsas de valores e entidades de balcão organizado, autorizadas pela Comissão de Valores Mobiliários – CVM, onde se dará a negociação de títulos mobiliários representativos de emissões de gases de efeito estufa evitadas certificadas.

**Art. 10.** (VETADO)

**Art. 11.** Os princípios, objetivos, diretrizes e instrumentos das políticas públicas e programas governamentais deverão compatibilizar-se com os princípios, objetivos, diretrizes e instrumentos desta Política Nacional sobre Mudança do Clima.
Parágrafo único. Decreto do Poder Executivo estabelecerá, em consonância com a Política Nacional sobre Mudança do Clima, os Planos setoriais de mitigação e de adaptação às mudanças climáticas visando à consolidação de uma economia de baixo consumo de carbono, na geração e distribuição de energia elétrica, no transporte público urbano e nos sistemas modais de transporte interestadual de cargas e passageiros, na indústria de transformação e na de bens de consumo duráveis, nas indústrias químicas fina e de base, na indústria de papel e celulose, na mineração, na indústria da construção civil, nos serviços de saúde e na agropecuária, com vistas em atender metas gradativas de redução de emissões antrópicas quantificáveis e verificáveis, considerando as especificidades de cada setor, inclusive por meio do Mecanismo de Desenvolvimento Limpo – MDL e das Ações de Mitigação Nacionalmente Apropriadas – NAMAs.

**Art. 12.** Para alcançar os objetivos da PNMC, o País adotará, como compromisso nacional voluntário, ações de mitigação das emissões de gases de efeito estufa, com vistas em reduzir entre 36,1% (trinta e seis inteiros e um décimo por cento) e 38,9% (trinta e oito inteiros e nove décimos por cento) suas emissões projetadas até 2020.
Parágrafo único. A projeção das emissões para 2020 assim como o detalhamento das ações para alcançar o objetivo expresso no caput serão dispostos por decreto, tendo por base o segundo Inventário Brasileiro de Emissões e Remoções Antrópicas de Gases de Efeito Estufa não Controlados pelo Protocolo de Montreal, a ser concluído em 2010.

**Art. 13.** Esta Lei entra em vigor na data de sua publicação.

Brasília, 29 de dezembro de 2009.

# Instrução Normativa nº 1, da Secretaria de Logística e Tecnologia da Informação do Ministério do Planejamento, Orçamento e Gestão, de 19 de janeiro de 2010

*Dispõe sobre os critérios de sustentabilidade ambiental na aquisição de bens, contratação de serviços ou obras pela Administração Pública Federal direta, autárquica e fundacional e dá outras providências.*

O SECRETÁRIO DE LOGÍSTICA E TECNOLOGIA DA INFORMAÇÃO DO MINISTÉRIO DO PLANEJAMENTO, ORÇAMENTO E GESTÃO, no uso das atribuições que lhe confere o art. 28 do Anexo I ao Decreto nº 7.063, de 13 de janeiro de 2010, e tendo em vista o disposto na Lei nº 8.666, de 21 de junho de 1993, no art. 2º, incisos I e V, da Lei nº 6.938, de 31 de agosto de 1981, e nos arts. 170, inciso VI, e 225 da Constituição,
RESOLVE:

## Capítulo I
## Das disposições gerais

**Art. 1º** Nos termos do art. 3º da Lei nº 8.666, de 21 de junho de 1993, as especificações para a aquisição de bens, contratação de serviços e obras por parte dos órgãos e entidades da administração pública federal direta, autárquica e fundacional deverão conter critérios de sustentabilidade ambiental, considerando os processos de extração ou fabricação, utilização e descarte dos produtos e matérias-primas.

**Art. 2º** Para o cumprimento do disposto nesta Instrução Normativa, o instrumento convocatório deverá formular as exigências de natureza ambiental de forma a não frustrar a competitividade.

**Art. 3º** Nas licitações que utilizem como critério de julgamento o tipo melhor técnica ou técnica e preço, deverão ser estabelecidos no edital critérios objetivos de sustentabilidade ambiental para a avaliação e classificação das propostas.

## Capítulo II
## Das obras públicas sustentáveis

**Art. 4º** Nos termos do art. 12 da Lei nº 8.666, de 1993, as especificações e demais exigências do projeto básico ou executivo, para contratação de obras e serviços de engenharia, devem ser elaborados visando à economia da manutenção e operacionalização da edificação, a redução do consumo de energia e água, bem como a utilização de tecnologias e materiais que reduzam o impacto ambiental, tais como:
I - uso de equipamentos de climatização mecânica, ou de novas tecnologias de resfriamento do ar, que utilizem energia elétrica, apenas nos ambientes aonde for indispensável;
II - automação da iluminação do prédio, projeto de iluminação, interruptores,

iluminação ambiental, iluminação tarefa, uso de sensores de presença;
III - uso exclusivo de lâmpadas fluorescentes compactas ou tubulares de alto rendimento e de luminárias eficientes;
IV - energia solar, ou outra energia limpa para aquecimento de água;
V - sistema de medição individualizado de consumo de água e energia;
VI - sistema de reuso de água e de tratamento de efluentes gerados;
VII - aproveitamento da água da chuva, agregando ao sistema hidráulico elementos que possibilitem a captação, transporte, armazenamento e seu aproveitamento;
VIII - utilização de materiais que sejam reciclados, reutilizados e biodegradáveis, e que reduzam a necessidade de manutenção; e
IX - comprovação da origem da madeira a ser utilizada na execução da obra ou serviço.
§1º Deve ser priorizado o emprego de mão-de-obra, materiais, tecnologias e matérias-primas de origem local para execução, conservação e operação das obras públicas.
§2º O Projeto de Gerenciamento de Resíduo de Construção Civil – PGRCC, nas condições determinadas pelo Conselho Nacional do Meio Ambiente – CONAMA, através da Resolução nº 307, de 5 de julho de 2002, deverá ser estruturado em conformidade com o modelo especificado pelos órgãos competentes.
§3º Os instrumentos convocatórios e contratos de obras e serviços de engenharia deverão exigir o uso obrigatório de agregados reciclados nas obras contratadas, sempre que existir a oferta de agregados reciclados, capacidade de suprimento e custo inferior em relação aos agregados naturais, bem como o fiel cumprimento do PGRCC, sob pena de multa, estabelecendo, para efeitos de fiscalização, que todos os resíduos removidos deverão estar acompanhados de Controle de Transporte de Resíduos, em conformidade com as normas da Agência Brasileira de Normas Técnicas – ABNT, ABNT NBR nºs 15.112, 15.113, 15.114, 15.115 e 15.116, de 2004, disponibilizando campo específico na planilha de composição dos custos.
§4º No projeto básico ou executivo para contratação de obras e serviços de engenharia, devem ser observadas as normas do Instituto Nacional de Metrologia, Normalização e Qualidade Industrial – INMETRO e as normas ISO14.000 da Organização Internacional para a Padronização (International Organization for Standardization).
§5º Quando a contratação envolver a utilização de bens e a empresa for detentora da norma ISO14000, o instrumento convocatório, além de estabelecer diretrizes sobre a área de gestão ambiental dentro de empresas de bens, deverá exigir a comprovação de que o licitante adota práticas de desfazimento sustentável ou reciclagem dos bens que forem inservíveis para o processo de reutilização.

## Capítulo III
## Dos bens e serviços

**Art. 5º** Os órgãos e entidades da Administração Pública Federal direta, autárquica e fundacional, quando da aquisição de bens, poderão exigir os seguintes critérios de sustentabilidade ambiental:
I - que os bens sejam constituídos, no todo ou em parte, por material reciclado, atóxico, biodegradável, conforme ABNT NBR – 15448-1 e 15448-2;
II - que sejam observados os requisitos ambientais para a obtenção de certificação do Instituto Nacional de Metrologia, Normalização e Qualidade Industrial – INMETRO como produtos sustentáveis ou de menor impacto ambiental em relação aos seus similares;
III - que os bens devam ser, preferencialmente, acondicionados em embalagem individual adequada, com o menor volume possível, que utilize materiais recicláveis, de forma a garantir a máxima proteção durante o transporte e o armazenamento; e
IV - que os bens não contenham substâncias perigosas em concentração acima da recomendada na diretiva RoHS (Restriction of Certain Hazardous Substances), tais como mercúrio (Hg), chumbo (Pb), cromo hexavalente [Cr(VI)], cádmio (Cd), bifenil-polibromados (PBBs), éteres difenil-polibromados (PBDEs).

§1º A comprovação do disposto neste artigo poderá ser feita mediante apresentação de certificação emitida por instituição pública oficial ou instituição credenciada, ou por qualquer outro meio de prova que ateste que o bem fornecido cumpre com as exigências do edital.
§2º O edital poderá estabelecer que, selecionada a proposta, antes da assinatura do contrato, em caso de inexistência de certificação que ateste a adequação, o órgão ou entidade contratante poderá realizar diligências para verificar a adequação do produto às exigências do ato convocatório, correndo as despesas por conta da licitante selecionada. O edital ainda deve prever que, caso não se confirme a adequação do produto, a proposta selecionada será desclassificada.

**Art. 6º** Os editais para a contratação de serviços deverão prever que as empresas contratadas adotarão as seguintes práticas de sustentabilidade na execução dos serviços, quando couber:
I - use produtos de limpeza e conservação de superfícies e objetos inanimados que obedeçam às classificações e especificações determinadas pela ANVISA;
II - adote medidas para evitar o desperdício de água tratada, conforme instituído no Decreto nº 48.138, de 8 de outubro de 2003;
III - Observe a Resolução CONAMA nº 20, de 7 de dezembro de 1994, quanto aos equipamentos de limpeza que gerem ruído no seu funcionamento;
IV - forneça aos empregados os equipamentos de segurança que se fizerem necessários, para a execução de serviços;
V - realize um programa interno de treinamento de seus empregados, nos três primeiros meses de execução contratual, para redução de consumo de energia elétrica, de consumo de água e redução de produção de resíduos sólidos, observadas as normas ambientais vigentes;
VI - realize a separação dos resíduos recicláveis descartados pelos órgãos e entidades da Administração Pública Federal direta, autárquica e fundacional, na fonte geradora, e a sua destinação às associações e cooperativas dos catadores de materiais recicláveis, que será procedida pela coleta seletiva do papel para reciclagem, quando couber, nos termos da IN/MARE nº 6, de 3 de novembro de 1995 e do Decreto nº 5.940, de 25 de outubro de 2006;
VII - respeite as Normas Brasileiras – NBR publicadas pela Associação Brasileira de Normas Técnicas sobre resíduos sólidos; e
VIII - preveja a destinação ambiental adequada das pilhas e baterias usadas ou inservíveis, segundo disposto na Resolução CONAMA nº 257, de 30 de junho de 1999.
Parágrafo único. O disposto neste artigo não impede que os órgãos ou entidades contratantes estabeleçam, nos editais e contratos, a exigência de observância de outras práticas de sustentabilidade ambiental, desde que justificadamente.

**Art. 7º** Os órgãos e entidades da Administração Pública Federal direta, autárquica e fundacional deverão disponibilizar os bens considerados ociosos, e que não tenham previsão de utilização ou alienação, para doação a outros órgãos e entidades públicas de qualquer esfera da federação, respeitado o disposto no Decreto nº 99.658, de 30 de outubro de 1990, e suas alterações, fazendo publicar a relação dos bens no fórum de que trata o art. 9º.
§1º Antes de iniciar um processo de aquisição, os órgãos e entidades da Administração Pública Federal direta, autárquica e fundacional deverão verificar a disponibilidade e a vantagem de reutilização de bens, por meio de consulta ao fórum eletrônico de materiais ociosos.
§2º Os bens de informática e automação considerados ociosos deverão obedecer à política de inclusão digital do Governo Federal, conforme estabelecido em regulamentação específica.

## Capítulo IV
## Disposições finais

**Art. 8º** A Secretaria de Logística e Tecnologia da Informação – SLTI, do Ministério do Planejamento, Orçamento e Gestão, disponibilizará um espaço específico no Comprasnet para realizar divulgação de:

I - listas dos bens, serviços e obras contratados com base em requisitos de sustentabilidade ambiental pelos órgãos e entidades da administração pública federal;
II - bolsa de produtos inservíveis;
III - banco de editais sustentáveis;
IV - boas práticas de sustentabilidade ambiental;
V - ações de capacitação conscientização ambiental;
VI - divulgação de programas e eventos nacionais e internacionais; e
VII - divulgação de planos de sustentabilidade ambiental das contratações dos órgãos e entidades da administração pública federal.

**Art. 9º** O portal eletrônico de contratações públicas do Governo Federal – Comprasnet passará a divulgar dados sobre planos e práticas de sustentabilidade ambiental na Administração Pública Federal, contendo ainda um fórum eletrônico de divulgação materiais ociosos para doação a outros órgãos e entidades da Administração Pública.

**Art. 10.** Os órgãos e entidades da Administração Pública Federal direta, autárquica e fundacional, quando da formalização, renovação ou aditamento de convênios ou instrumentos congêneres, ou ainda de contratos de financiamento com recursos da União, ou com recursos de terceiros tomados com o aval da União, deverão inserir cláusula que determine à parte ou partícipe a observância do disposto nos arts. 2º a 6º desta Instrução Normativa, no que couber.

**Art. 11.** Esta Instrução Normativa entra em vigor trinta dias após a data da sua publicação.

Rogério Santanna dos Santos

# ANEXO L

## Lei nº 12.305, de 2 de agosto de 2010

*Institui a Política Nacional de Resíduos Sólidos; altera a Lei nº 9.605, de 12 de fevereiro de 1998; e dá outras providências.*

O PRESIDENTE DA REPÚBLICA Faço saber que o Congresso Nacional decreta e eu sanciono a seguinte Lei:

### Título I
### Disposições gerais

### Capítulo I
### Do objeto e do campo de aplicação

**Art. 1º** Esta Lei institui a Política Nacional de Resíduos Sólidos, dispondo sobre seus princípios, objetivos e instrumentos, bem como sobre as diretrizes relativas à gestão integrada e ao gerenciamento de resíduos sólidos, incluídos os perigosos, às responsabilidades dos geradores e do poder público e aos instrumentos econômicos aplicáveis.

§1º Estão sujeitas à observância desta Lei as pessoas físicas ou jurídicas, de direito público ou privado, responsáveis, direta ou indiretamente, pela geração de resíduos sólidos e as que desenvolvam ações relacionadas à gestão integrada ou ao gerenciamento de resíduos sólidos.

§2º Esta Lei não se aplica aos rejeitos radioativos, que são regulados por legislação específica. (...)

### Capítulo II
### Definições

**Art. 3º** Para os efeitos desta Lei, entende-se por:

I - acordo setorial: ato de natureza contratual firmado entre o poder público e fabricantes, importadores, distribuidores ou comerciantes, tendo em vista a implantação da responsabilidade compartilhada pelo ciclo de vida do produto;

II - área contaminada: local onde há contaminação causada pela disposição, regular ou irregular, de quaisquer substâncias ou resíduos;

III - área órfã contaminada: área contaminada cujos responsáveis pela disposição não sejam identificáveis ou individualizáveis;

IV - ciclo de vida do produto: série de etapas que envolvem o desenvolvimento do produto, a obtenção de matérias-primas e insumos, o processo produtivo, o consumo e a disposição final;

V - coleta seletiva: coleta de resíduos sólidos previamente segregados conforme sua constituição ou composição;

VI - controle social: conjunto de mecanismos e procedimentos que garantam à sociedade informações e participação nos processos de formulação, implementação e avaliação das políticas públicas relacionadas aos resíduos sólidos;
VII - destinação final ambientalmente adequada: destinação de resíduos que inclui a reutilização, a reciclagem, a compostagem, a recuperação e o aproveitamento energético ou outras destinações admitidas pelos órgãos competentes do Sisnama, do SNVS e do Suasa, entre elas a disposição final, observando normas operacionais específicas de modo a evitar danos ou riscos à saúde pública e à segurança e a minimizar os impactos ambientais adversos;
VIII - disposição final ambientalmente adequada: distribuição ordenada de rejeitos em aterros, observando normas operacionais específicas de modo a evitar danos ou riscos à saúde pública e à segurança e a minimizar os impactos ambientais adversos;
IX - geradores de resíduos sólidos: pessoas físicas ou jurídicas, de direito público ou privado, que geram resíduos sólidos por meio de suas atividades, nelas incluído o consumo;
X - gerenciamento de resíduos sólidos: conjunto de ações exercidas, direta ou indiretamente, nas etapas de coleta, transporte, transbordo, tratamento e destinação final ambientalmente adequada dos resíduos sólidos e disposição final ambientalmente adequada dos rejeitos, de acordo com plano municipal de gestão integrada de resíduos sólidos ou com plano de gerenciamento de resíduos sólidos, exigidos na forma desta Lei;
XI - gestão integrada de resíduos sólidos: conjunto de ações voltadas para a busca de soluções para os resíduos sólidos, de forma a considerar as dimensões política, econômica, ambiental, cultural e social, com controle social e sob a premissa do desenvolvimento sustentável;
XII - logística reversa: instrumento de desenvolvimento econômico e social caracterizado por um conjunto de ações, procedimentos e meios destinados a viabilizar a coleta e a restituição dos resíduos sólidos ao setor empresarial, para reaproveitamento, em seu ciclo ou em outros ciclos produtivos, ou outra destinação final ambientalmente adequada;
XIII - padrões sustentáveis de produção e consumo: produção e consumo de bens e serviços de forma a atender as necessidades das atuais gerações e permitir melhores condições de vida, sem comprometer a qualidade ambiental e o atendimento das necessidades das gerações futuras;
XIV - reciclagem: processo de transformação dos resíduos sólidos que envolve a alteração de suas propriedades físicas, físico-químicas ou biológicas, com vistas à transformação em insumos ou novos produtos, observadas as condições e os padrões estabelecidos pelos órgãos competentes do Sisnama e, se couber, do SNVS e do Suasa;
XV - rejeitos: resíduos sólidos que, depois de esgotadas todas as possibilidades de tratamento e recuperação por processos tecnológicos disponíveis e economicamente viáveis, não apresentem outra possibilidade que não a disposição final ambientalmente adequada;
XVI - resíduos sólidos: material, substância, objeto ou bem descartado resultante de atividades humanas em sociedade, a cuja destinação final se procede, se propõe proceder ou se está obrigado a proceder, nos estados sólido ou semissólido, bem como gases contidos em recipientes e líquidos cujas particularidades tornem inviável o seu lançamento na rede pública de esgotos ou em corpos d'água, ou exijam para isso soluções técnica ou economicamente inviáveis em face da melhor tecnologia disponível;
XVII - responsabilidade compartilhada pelo ciclo de vida dos produtos: conjunto de atribuições individualizadas e encadeadas dos fabricantes, importadores, distribuidores e comerciantes, dos consumidores e dos titulares dos serviços públicos de limpeza urbana e de manejo dos resíduos sólidos, para minimizar o volume de resíduos sólidos e rejeitos gerados, bem como para reduzir os impactos causados à saúde humana e à qualidade ambiental decorrentes do ciclo de vida dos produtos, nos termos desta Lei;
XVIII - reutilização: processo de aproveitamento dos resíduos sólidos sem

sua transformação biológica, física ou físico-química, observadas as condições e os padrões estabelecidos pelos órgãos competentes do Sisnama e, se couber, do SNVS e do Suasa;
XIX - serviço público de limpeza urbana e de manejo de resíduos sólidos: conjunto de atividades previstas no art. 7º da Lei nº 11.445, de 2007.

## Título II
## Da Política Nacional de Resíduos Sólidos

### Capítulo I
### Disposições gerais

**Art. 4º** A Política Nacional de Resíduos Sólidos reúne o conjunto de princípios, objetivos, instrumentos, diretrizes, metas e ações adotados pelo Governo Federal, isoladamente ou em regime de cooperação com Estados, Distrito Federal, Municípios ou particulares, com vistas à gestão integrada e ao gerenciamento ambientalmente adequado dos resíduos sólidos.

**Art. 5º** A Política Nacional de Resíduos Sólidos integra a Política Nacional do Meio Ambiente e articula-se com a Política Nacional de Educação Ambiental, regulada pela Lei no 9.795, de 27 de abril de 1999, com a Política Federal de Saneamento Básico, regulada pela Lei nº 11.445, de 2007, e com a Lei no 11.107, de 6 de abril de 2005.

### Capítulo II
### Dos princípios e objetivos

**Art. 6º** São princípios da Política Nacional de Resíduos Sólidos:
I - a prevenção e a precaução;
II - o poluidor-pagador e o protetor-recebedor;
III - a visão sistêmica, na gestão dos resíduos sólidos, que considere as variáveis ambiental, social, cultural, econômica, tecnológica e de saúde pública;
IV - o desenvolvimento sustentável;
V - a ecoeficiência, mediante a compatibilização entre o fornecimento, a preços competitivos, de bens e serviços qualificados que satisfaçam as necessidades humanas e tragam qualidade de vida e a redução do impacto ambiental e do consumo de recursos naturais a um nível, no mínimo, equivalente à capacidade de sustentação estimada do planeta;
VI - a cooperação entre as diferentes esferas do poder público, o setor empresarial e demais segmentos da sociedade;
VII - a responsabilidade compartilhada pelo ciclo de vida dos produtos;
VIII - o reconhecimento do resíduo sólido reutilizável e reciclável como um bem econômico e de valor social, gerador de trabalho e renda e promotor de cidadania;
IX - o respeito às diversidades locais e regionais;
X - o direito da sociedade à informação e ao controle social;
XI - a razoabilidade e a proporcionalidade.

**Art. 7º** São objetivos da Política Nacional de Resíduos Sólidos:
I - proteção da saúde pública e da qualidade ambiental;
II - não geração, redução, reutilização, reciclagem e tratamento dos resíduos sólidos, bem como disposição final ambientalmente adequada dos rejeitos;
III - estímulo à adoção de padrões sustentáveis de produção e consumo de bens e serviços;
IV - adoção, desenvolvimento e aprimoramento de tecnologias limpas como forma de minimizar impactos ambientais;
V - redução do volume e da periculosidade dos resíduos perigosos;
VI - incentivo à indústria da reciclagem, tendo em vista fomentar o uso de matérias-primas e insumos derivados de materiais recicláveis e reciclados;
VII - gestão integrada de resíduos sólidos;
VIII - articulação entre as diferentes esferas do poder público, e destas com o setor empresarial, com vistas à cooperação técnica e financeira para a gestão integrada de resíduos sólidos;
IX - capacitação técnica continuada na área de resíduos sólidos;
X - regularidade, continuidade, funcionalidade e universalização da prestação dos

serviços públicos de limpeza urbana e de manejo de resíduos sólidos, com adoção de mecanismos gerenciais e econômicos que assegurem a recuperação dos custos dos serviços prestados, como forma de garantir sua sustentabilidade operacional e financeira, observada a Lei nº 11.445, de 2007;
XI - prioridade, nas aquisições e contratações governamentais, para:
a) produtos reciclados e recicláveis;
b) bens, serviços e obras que considerem critérios compatíveis com padrões de consumo social e ambientalmente sustentáveis;
XII - integração dos catadores de materiais reutilizáveis e recicláveis nas ações que envolvam a responsabilidade compartilhada pelo ciclo de vida dos produtos;
XIII - estímulo à implementação da avaliação do ciclo de vida do produto;
XIV - incentivo ao desenvolvimento de sistemas de gestão ambiental e empresarial voltados para a melhoria dos processos produtivos e ao reaproveitamento dos resíduos sólidos, incluídos a recuperação e o aproveitamento energético;
XV - estímulo à rotulagem ambiental e ao consumo sustentável.

Capítulo III
**Dos instrumentos**

**Art. 8º** São instrumentos da Política Nacional de Resíduos Sólidos, entre outros:
I - os planos de resíduos sólidos;
II - os inventários e o sistema declaratório anual de resíduos sólidos;
III - a coleta seletiva, os sistemas de logística reversa e outras ferramentas relacionadas à implementação da responsabilidade compartilhada pelo ciclo de vida dos produtos;
IV - o incentivo à criação e ao desenvolvimento de cooperativas ou de outras formas de associação de catadores de materiais reutilizáveis e recicláveis;
V - o monitoramento e a fiscalização ambiental, sanitária e agropecuária;
VI - a cooperação técnica e financeira entre os setores público e privado para o desenvolvimento de pesquisas de novos produtos, métodos, processos e tecnologias de gestão, reciclagem, reutilização, tratamento de resíduos e disposição final ambientalmente adequada de rejeitos;
VII - a pesquisa científica e tecnológica;
VIII - a educação ambiental;
IX - os incentivos fiscais, financeiros e creditícios;
X - o Fundo Nacional do Meio Ambiente e o Fundo Nacional de Desenvolvimento Científico e Tecnológico;
XI - o Sistema Nacional de Informações sobre a Gestão dos Resíduos Sólidos (Sinir);
XII - o Sistema Nacional de Informações em Saneamento Básico (Sinisa);
XIII - os conselhos de meio ambiente e, no que couber, os de saúde;
XIV - os órgãos colegiados municipais destinados ao controle social dos serviços de resíduos sólidos urbanos;
XV - o Cadastro Nacional de Operadores de Resíduos Perigosos;
XVI - os acordos setoriais;
XVII - no que couber, os instrumentos da Política Nacional de Meio Ambiente, entre eles: a) os padrões de qualidade ambiental;
b) o Cadastro Técnico Federal de Atividades Potencialmente Poluidoras ou Utilizadoras de Recursos Ambientais;
c) o Cadastro Técnico Federal de Atividades e Instrumentos de Defesa Ambiental;
d) a avaliação de impactos ambientais;
e) o Sistema Nacional de Informação sobre Meio Ambiente (Sinima);
f) o licenciamento e a revisão de atividades efetiva ou potencialmente poluidoras;
XVIII - os termos de compromisso e os termos de ajustamento de conduta; XIX - o incentivo à adoção de consórcios ou de outras formas de cooperação entre os entes federados, com vistas à elevação das escalas de aproveitamento e à redução dos custos envolvidos.

Título III
**Das diretrizes aplicáveis aos resíduos sólidos**

Capítulo I
**Disposições preliminares**

**Art. 9º** Na gestão e gerenciamento de resíduos sólidos, deve ser observada a seguinte ordem de prioridade: não geração, redução, reutilização, reciclagem, tratamento dos resíduos sólidos e disposição final ambientalmente adequada dos rejeitos.

§1º Poderão ser utilizadas tecnologias visando à recuperação energética dos resíduos sólidos urbanos, desde que tenha sido comprovada sua viabilidade técnica e ambiental e com a implantação de programa de monitoramento de emissão de gases tóxicos aprovado pelo órgão ambiental.

§2º A Política Nacional de Resíduos Sólidos e as Políticas de Resíduos Sólidos dos Estados, do Distrito Federal e dos Municípios serão compatíveis com o disposto no *caput* e no §1º deste artigo e com as demais diretrizes estabelecidas nesta Lei.

**Art. 10.** Incumbe ao Distrito Federal e aos Municípios a gestão integrada dos resíduos sólidos gerados nos respectivos territórios, sem prejuízo das competências de controle e fiscalização dos órgãos federais e estaduais do Sisnama, do SNVS e do Suasa, bem como da responsabilidade do gerador pelo gerenciamento de resíduos, consoante o estabelecido nesta Lei.

**Art. 11.** Observadas as diretrizes e demais determinações estabelecidas nesta Lei e em seu regulamento, incumbe aos Estados:

I - promover a integração da organização, do planejamento e da execução das funções públicas de interesse comum relacionadas à gestão dos resíduos sólidos nas regiões metropolitanas, aglomerações urbanas e microrregiões, nos termos da lei complementar estadual prevista no §3º do art. 25 da Constituição Federal;

II - controlar e fiscalizar as atividades dos geradores sujeitas a licenciamento ambiental pelo órgão estadual do Sisnama.

Parágrafo único. A atuação do Estado na forma do *caput* deve apoiar e priorizar as iniciativas do Município de soluções consorciadas ou compartilhadas entre 2 (dois) ou mais Municípios.

**Art. 12.** A União, os Estados, o Distrito Federal e os Municípios organizarão e manterão, de forma conjunta, o Sistema Nacional de Informações sobre a Gestão dos Resíduos Sólidos (Sinir), articulado com o Sinisa e o Sinima.

Parágrafo único. Incumbe aos Estados, ao Distrito Federal e aos Municípios fornecer ao órgão federal responsável pela coordenação do Sinir todas as informações necessárias sobre os resíduos sob sua esfera de competência, na forma e na periodicidade estabelecidas em regulamento.

**Art. 13.** Para os efeitos desta Lei, os resíduos sólidos têm a seguinte classificação:

I - quanto à origem:

a) resíduos domiciliares: os originários de atividades domésticas em residências urbanas;

b) resíduos de limpeza urbana: os originários da varrição, limpeza de logradouros e vias públicas e outros serviços de limpeza urbana;

c) resíduos sólidos urbanos: os englobados nas alíneas "a" e "b";

d) resíduos de estabelecimentos comerciais e prestadores de serviços: os gerados nessas atividades, excetuados os referidos nas alíneas "b", "e", "g", "h" e "j";

e) resíduos dos serviços públicos de saneamento básico: os gerados nessas atividades, excetuados os referidos na alínea "c";

f) resíduos industriais: os gerados nos processos produtivos e instalações industriais;

g) resíduos de serviços de saúde: os gerados nos serviços de saúde, conforme definido em regulamento ou em normas estabelecidas pelos órgãos do Sisnama e do SNVS;

h) resíduos da construção civil: os gerados nas construções, reformas, reparos e demolições de obras de construção civil, incluídos os resultantes da preparação e escavação de terrenos para obras civis;

i) resíduos agrossilvopastoris: os gerados nas atividades agropecuárias e silviculturais, incluídos os relacionados a insumos utilizados nessas atividades;

j) resíduos de serviços de transportes: os originários de portos, aeroportos, terminais alfandegários, rodoviários e ferroviários e passagens de fronteira;

k) resíduos de mineração: os gerados na atividade de pesquisa, extração ou beneficiamento de minérios;

II - quanto à periculosidade:
a) resíduos perigosos: aqueles que, em razão de suas características de inflamabilidade, corrosividade, reatividade, toxicidade, patogenicidade, carcinogenicidade, teratogenicidade e mutagenicidade, apresentam significativo risco à saúde pública ou à qualidade ambiental, de acordo com lei, regulamento ou norma técnica;
b) resíduos não perigosos: aqueles não enquadrados na alínea "a".
Parágrafo único. Respeitado o disposto no art. 20, os resíduos referidos na alínea "d" do inciso I do *caput*, se caracterizados como não perigosos, podem, em razão de sua natureza, composição ou volume, ser equiparados aos resíduos domiciliares pelo poder público municipal.

## Capítulo II
## **Dos planos de resíduos sólidos**

### Seção I
### **Disposições Gerais**

**Art. 14.** São planos de resíduos sólidos:
I - o Plano Nacional de Resíduos Sólidos;
II - os planos estaduais de resíduos sólidos;
III - os planos microrregionais de resíduos sólidos e os planos de resíduos sólidos de regiões metropolitanas ou aglomerações urbanas;
IV - os planos intermunicipais de resíduos sólidos;
V - os planos municipais de gestão integrada de resíduos sólidos;
VI - os planos de gerenciamento de resíduos sólidos.
Parágrafo único. É assegurada ampla publicidade ao conteúdo dos planos de resíduos sólidos, bem como controle social em sua formulação, implementação e operacionalização, observado o disposto na Lei no 10.650, de 16 de abril de 2003, e no art. 47 da Lei nº 11.445, de 2007.

### Seção II
### **Do Plano Nacional de Resíduos Sólidos**

**Art. 15.** A União elaborará, sob a coordenação do Ministério do Meio Ambiente, o Plano Nacional de Resíduos Sólidos, com vigência por prazo indeterminado e horizonte de 20 (vinte) anos, a ser atualizado a cada 4 (quatro) anos, tendo como conteúdo mínimo:
I - diagnóstico da situação atual dos resíduos sólidos;
II - proposição de cenários, incluindo tendências internacionais e macroeconômicas;
III - metas de redução, reutilização, reciclagem, entre outras, com vistas a reduzir a quantidade de resíduos e rejeitos encaminhados para disposição final ambientalmente adequada;
IV - metas para o aproveitamento energético dos gases gerados nas unidades de disposição final de resíduos sólidos;
V - metas para a eliminação e recuperação de lixões, associadas à inclusão social e à emancipação econômica de catadores de materiais reutilizáveis e recicláveis;
VI - programas, projetos e ações para o atendimento das metas previstas;
VII - normas e condicionantes técnicas para o acesso a recursos da União, para a obtenção de seu aval ou para o acesso a recursos administrados, direta ou indiretamente, por entidade federal, quando destinados a ações e programas de interesse dos resíduos sólidos;
VIII - medidas para incentivar e viabilizar a gestão regionalizada dos resíduos sólidos;
IX - diretrizes para o planejamento e demais atividades de gestão de resíduos sólidos das regiões integradas de desenvolvimento instituídas por lei complementar, bem como para as áreas de especial interesse turístico;
X - normas e diretrizes para a disposição final de rejeitos e, quando couber, de resíduos;
XI - meios a serem utilizados para o controle e a fiscalização, no âmbito nacional, de sua implementação e operacionalização, assegurado o controle social.
Parágrafo único. O Plano Nacional de Resíduos Sólidos será elaborado mediante processo de mobilização e participação social, incluindo a realização de audiências e consultas públicas.

Seção III
**Dos Planos Estaduais de Resíduos Sólidos**

**Art. 16.** A elaboração de plano estadual de resíduos sólidos, nos termos previstos por esta Lei, é condição para os Estados terem acesso a recursos da União, ou por ela controlados, destinados a empreendimentos e serviços relacionados à gestão de resíduos sólidos, ou para serem beneficiados por incentivos ou financiamentos de entidades federais de crédito ou fomento para tal finalidade. (Vigência)
§1º Serão priorizados no acesso aos recursos da União referidos no *caput* os Estados que instituírem microrregiões, consoante o §3º do art. 25 da Constituição Federal, para integrar a organização, o planejamento e a execução das ações a cargo de Municípios limítrofes na gestão dos resíduos sólidos.
§2º Serão estabelecidas em regulamento normas complementares sobre o acesso aos recursos da União na forma deste artigo.
§3º Respeitada a responsabilidade dos geradores nos termos desta Lei, as microrregiões instituídas conforme previsto no §1º abrangem atividades de coleta seletiva, recuperação e reciclagem, tratamento e destinação final dos resíduos sólidos urbanos, a gestão de resíduos de construção civil, de serviços de transporte, de serviços de saúde, agrossilvopastoris ou outros resíduos, de acordo com as peculiaridades microrregionais.

**Art. 17.** O plano estadual de resíduos sólidos será elaborado para vigência por prazo indeterminado, abrangendo todo o território do Estado, com horizonte de atuação de 20 (vinte) anos e revisões a cada 4 (quatro) anos, e tendo como conteúdo mínimo:
I - diagnóstico, incluída a identificação dos principais fluxos de resíduos no Estado e seus impactos socioeconômicos e ambientais;
II - proposição de cenários;
III - metas de redução, reutilização, reciclagem, entre outras, com vistas a reduzir a quantidade de resíduos e rejeitos encaminhados para disposição final ambientalmente adequada;
IV - metas para o aproveitamento energético dos gases gerados nas unidades de disposição final de resíduos sólidos;
V - metas para a eliminação e recuperação de lixões, associadas à inclusão social e à emancipação econômica de catadores de materiais reutilizáveis e recicláveis;
VI - programas, projetos e ações para o atendimento das metas previstas;
VII - normas e condicionantes técnicas para o acesso a recursos do Estado, para a obtenção de seu aval ou para o acesso de recursos administrados, direta ou indiretamente, por entidade estadual, quando destinados às ações e programas de interesse dos resíduos sólidos;
VIII - medidas para incentivar e viabilizar a gestão consorciada ou compartilhada dos resíduos sólidos;
IX - diretrizes para o planejamento e demais atividades de gestão de resíduos sólidos de regiões metropolitanas, aglomerações urbanas e microrregiões;
X - normas e diretrizes para a disposição final de rejeitos e, quando couber, de resíduos, respeitadas as disposições estabelecidas em âmbito nacional;
XI - previsão, em conformidade com os demais instrumentos de planejamento territorial, especialmente o zoneamento ecológico-econômico e o zoneamento costeiro, de:
a) zonas favoráveis para a localização de unidades de tratamento de resíduos sólidos ou de disposição final de rejeitos;
b) áreas degradadas em razão de disposição inadequada de resíduos sólidos ou rejeitos a serem objeto de recuperação ambiental;
XII - meios a serem utilizados para o controle e a fiscalização, no âmbito estadual, de sua implementação e operacionalização, assegurado o controle social.
§1º Além do plano estadual de resíduos sólidos, os Estados poderão elaborar planos microrregionais de resíduos sólidos, bem como planos específicos direcionados às regiões metropolitanas ou às aglomerações urbanas.
§2º A elaboração e a implementação pelos Estados de planos microrregionais de resíduos sólidos, ou de planos de regiões metropolitanas ou aglomerações

urbanas, em consonância com o previsto no §1º, dar-se-ão obrigatoriamente com a participação dos Municípios envolvidos e não excluem nem substituem qualquer das prerrogativas a cargo dos Municípios previstas por esta Lei.

§3º Respeitada a responsabilidade dos geradores nos termos desta Lei, o plano microrregional de resíduos sólidos deve atender ao previsto para o plano estadual e estabelecer soluções integradas para a coleta seletiva, a recuperação e a reciclagem, o tratamento e a destinação final dos resíduos sólidos urbanos e, consideradas as peculiaridades microrregionais, outros tipos de resíduos.

Seção IV

**Dos Planos Municipais de Gestão Integrada de Resíduos Sólidos**

**Art. 18.** A elaboração de plano municipal de gestão integrada de resíduos sólidos, nos termos previstos por esta Lei, é condição para o Distrito Federal e os Municípios terem acesso a recursos da União, ou por ela controlados, destinados a empreendimentos e serviços relacionados à limpeza urbana e ao manejo de resíduos sólidos, ou para serem beneficiados por incentivos ou financiamentos de entidades federais de crédito ou fomento para tal finalidade. (Vigência)

§1º Serão priorizados no acesso aos recursos da União referidos no *caput* os Municípios que:

I - optarem por soluções consorciadas intermunicipais para a gestão dos resíduos sólidos, incluída a elaboração e implementação de plano intermunicipal, ou que se inserirem de forma voluntária nos planos microrregionais de resíduos sólidos referidos no §1º do art. 16;

II - implantarem a coleta seletiva com a participação de cooperativas ou outras formas de associação de catadores de materiais reutilizáveis e recicláveis formadas por pessoas físicas de baixa renda.

§2º Serão estabelecidas em regulamento normas complementares sobre o acesso aos recursos da União na forma deste artigo.

**Art. 19.** O plano municipal de gestão integrada de resíduos sólidos tem o seguinte conteúdo mínimo:

I - diagnóstico da situação dos resíduos sólidos gerados no respectivo território, contendo a origem, o volume, a caracterização dos resíduos e as formas de destinação e disposição final adotadas;

II - identificação de áreas favoráveis para disposição final ambientalmente adequada de rejeitos, observado o plano diretor de que trata o §1o do art. 182 da Constituição Federal e o zoneamento ambiental, se houver;

III - identificação das possibilidades de implantação de soluções consorciadas ou compartilhadas com outros Municípios, considerando, nos critérios de economia de escala, a proximidade dos locais estabelecidos e as formas de prevenção dos riscos ambientais;

IV - identificação dos resíduos sólidos e dos geradores sujeitos a plano de gerenciamento específico nos termos do art. 20 ou a sistema de logística reversa na forma do art. 33, observadas as disposições desta Lei e de seu regulamento, bem como as normas estabelecidas pelos órgãos do Sisnama e do SNVS;

V - procedimentos operacionais e especificações mínimas a serem adotados nos serviços públicos de limpeza urbana e de manejo de resíduos sólidos, incluída a disposição final ambientalmente adequada dos rejeitos e observada a Lei nº 11.445, de 2007;

VI - indicadores de desempenho operacional e ambiental dos serviços públicos de limpeza urbana e de manejo de resíduos sólidos;

VII - regras para o transporte e outras etapas do gerenciamento de resíduos sólidos de que trata o art. 20, observadas as normas estabelecidas pelos órgãos do Sisnama e do SNVS e demais disposições pertinentes da legislação federal e estadual;

VIII - definição das responsabilidades quanto à sua implementação e operacionalização, incluídas as etapas do plano de gerenciamento de resíduos sólidos a que se refere o art. 20 a cargo do poder público;

IX - programas e ações de capacitação técnica voltados para sua implementação e operacionalização;

X - programas e ações de educação ambiental que promovam a não geração, a redução, a reutilização e a reciclagem de resíduos sólidos;
XI - programas e ações para a participação dos grupos interessados, em especial das cooperativas ou outras formas de associação de catadores de materiais reutilizáveis e recicláveis formadas por pessoas físicas de baixa renda, se houver;
XII - mecanismos para a criação de fontes de negócios, emprego e renda, mediante a valorização dos resíduos sólidos;
XIII - sistema de cálculo dos custos da prestação dos serviços públicos de limpeza urbana e de manejo de resíduos sólidos, bem como a forma de cobrança desses serviços, observada a Lei nº 11.445, de 2007;
XIV - metas de redução, reutilização, coleta seletiva e reciclagem, entre outras, com vistas a reduzir a quantidade de rejeitos encaminhados para disposição final ambientalmente adequada;
XV - descrição das formas e dos limites da participação do poder público local na coleta seletiva e na logística reversa, respeitado o disposto no art. 33, e de outras ações relativas à responsabilidade compartilhada pelo ciclo de vida dos produtos;
XVI - meios a serem utilizados para o controle e a fiscalização, no âmbito local, da implementação e operacionalização dos planos de gerenciamento de resíduos sólidos de que trata o art. 20 e dos sistemas de logística reversa previstos no art. 33;
XVII - ações preventivas e corretivas a serem praticadas, incluindo programa de monitoramento;
XVIII - identificação dos passivos ambientais relacionados aos resíduos sólidos, incluindo áreas contaminadas, e respectivas medidas saneadoras;
XIX - periodicidade de sua revisão, observado prioritariamente o período de vigência do plano plurianual municipal.
§1º O plano municipal de gestão integrada de resíduos sólidos pode estar inserido no plano de saneamento básico previsto no art. 19 da Lei nº 11.445, de 2007, respeitado o conteúdo mínimo previsto nos incisos do *caput* e observado o disposto no §2º, todos deste artigo.
§2º Para Municípios com menos de 20.000 (vinte mil) habitantes, o plano municipal de gestão integrada de resíduos sólidos terá conteúdo simplificado, na forma do regulamento.
§3º O disposto no §2º não se aplica a Municípios:
I - integrantes de áreas de especial interesse turístico;
II - inseridos na área de influência de empreendimentos ou atividades com significativo impacto ambiental de âmbito regional ou nacional;
III - cujo território abranja, total ou parcialmente, Unidades de Conservação.
§4º A existência de plano municipal de gestão integrada de resíduos sólidos não exime o Município ou o Distrito Federal do licenciamento ambiental de aterros sanitários e de outras infraestruturas e instalações operacionais integrantes do serviço público de limpeza urbana e de manejo de resíduos sólidos pelo órgão competente do Sisnama.
§5º Na definição de responsabilidades na forma do inciso VIII do *caput* deste artigo, é vedado atribuir ao serviço público de limpeza urbana e de manejo de resíduos sólidos a realização de etapas do gerenciamento dos resíduos a que se refere o art. 20 em desacordo com a respectiva licença ambiental ou com normas estabelecidas pelos órgãos do Sisnama e, se couber, do SNVS.
§6º Além do disposto nos incisos I a XIX do *caput* deste artigo, o plano municipal de gestão integrada de resíduos sólidos contemplará ações específicas a serem desenvolvidas no âmbito dos órgãos da administração pública, com vistas à utilização racional dos recursos ambientais, ao combate a todas as formas de desperdício e à minimização da geração de resíduos sólidos.
§7º O conteúdo do plano municipal de gestão integrada de resíduos sólidos será disponibilizado para o Sinir, na forma do regulamento.
§8º A inexistência do plano municipal de gestão integrada de resíduos sólidos não pode ser utilizada para impedir a instalação ou a operação de empreendimentos ou atividades devidamente licenciados pelos órgãos competentes.
§9º Nos termos do regulamento, o Município que optar por soluções consorciadas

intermunicipais para a gestão dos resíduos sólidos, assegurado que o plano intermunicipal preencha os requisitos estabelecidos nos incisos I a XIX do *caput* deste artigo, pode ser dispensado da elaboração de plano municipal de gestão integrada de resíduos sólidos.

Seção V
**Do Plano de Gerenciamento de Resíduos Sólidos**

**Art. 20.** Estão sujeitos à elaboração de plano de gerenciamento de resíduos sólidos:
I - os geradores de resíduos sólidos previstos nas alíneas "e", "f", "g" e "k" do inciso I do art. 13;
II - os estabelecimentos comerciais e de prestação de serviços que:
a) gerem resíduos perigosos;
b) gerem resíduos que, mesmo caracterizados como não perigosos, por sua natureza, composição ou volume, não sejam equiparados aos resíduos domiciliares pelo poder público municipal;
III - as empresas de construção civil, nos termos do regulamento ou de normas estabelecidas pelos órgãos do Sisnama;
IV - os responsáveis pelos terminais e outras instalações referidas na alínea "j" do inciso I do art. 13 e, nos termos do regulamento ou de normas estabelecidas pelos órgãos do Sisnama e, se couber, do SNVS, as empresas de transporte;
V - os responsáveis por atividades agrossilvopastoris, se exigido pelo órgão competente do Sisnama, do SNVS ou do Suasa.
Parágrafo único. Observado o disposto no Capítulo IV deste Título, serão estabelecidas por regulamento exigências específicas relativas ao plano de gerenciamento de resíduos perigosos.

**Art. 21.** O plano de gerenciamento de resíduos sólidos tem o seguinte conteúdo mínimo:
I - descrição do empreendimento ou atividade;
II - diagnóstico dos resíduos sólidos gerados ou administrados, contendo a origem, o volume e a caracterização dos resíduos, incluindo os passivos ambientais a eles relacionados;
III - observadas as normas estabelecidas pelos órgãos do Sisnama, do SNVS e do Suasa e, se houver, o plano municipal de gestão integrada de resíduos sólidos:
a) explicitação dos responsáveis por cada etapa do gerenciamento de resíduos sólidos;
b) definição dos procedimentos operacionais relativos às etapas do gerenciamento de resíduos sólidos sob responsabilidade do gerador;
IV - identificação das soluções consorciadas ou compartilhadas com outros geradores;
V - ações preventivas e corretivas a serem executadas em situações de gerenciamento incorreto ou acidentes;
VI - metas e procedimentos relacionados à minimização da geração de resíduos sólidos e, observadas as normas estabelecidas pelos órgãos do Sisnama, do SNVS e do Suasa, à reutilização e reciclagem;
VII - se couber, ações relativas à responsabilidade compartilhada pelo ciclo de vida dos produtos, na forma do art. 31;
VIII - medidas saneadoras dos passivos ambientais relacionados aos resíduos sólidos;
IX - periodicidade de sua revisão, observado, se couber, o prazo de vigência da respectiva licença de operação a cargo dos órgãos do Sisnama.
§1º O plano de gerenciamento de resíduos sólidos atenderá ao disposto no plano municipal de gestão integrada de resíduos sólidos do respectivo Município, sem prejuízo das normas estabelecidas pelos órgãos do Sisnama, do SNVS e do Suasa.
§2º A inexistência do plano municipal de gestão integrada de resíduos sólidos não obsta a elaboração, a implementação ou a operacionalização do plano de gerenciamento de resíduos sólidos.
§3º Serão estabelecidos em regulamento:
I - normas sobre a exigibilidade e o conteúdo do plano de gerenciamento de resíduos sólidos relativo à atuação de cooperativas ou de outras formas de associação de catadores de materiais reutilizáveis e recicláveis;
II - critérios e procedimentos simplificados para apresentação dos planos de gerenciamento de resíduos sólidos para microempresas e empresas de pequeno porte, assim

consideradas as definidas nos incisos I e II do art. 3o da Lei Complementar no 123, de 14 de dezembro de 2006, desde que as atividades por elas desenvolvidas não gerem resíduos perigosos.

**Art. 22.** Para a elaboração, implementação, operacionalização e monitoramento de todas as etapas do plano de gerenciamento de resíduos sólidos, nelas incluído o controle da disposição final ambientalmente adequada dos rejeitos, será designado responsável técnico devidamente habilitado.

**Art. 23.** Os responsáveis por plano de gerenciamento de resíduos sólidos manterão atualizadas e disponíveis ao órgão municipal competente, ao órgão licenciador do Sisnama e a outras autoridades, informações completas sobre a implementação e a operacionalização do plano sob sua responsabilidade.
§1º Para a consecução do disposto no *caput*, sem prejuízo de outras exigências cabíveis por parte das autoridades, será implementado sistema declaratório com periodicidade, no mínimo, anual, na forma do regulamento.
§2º As informações referidas no *caput* serão repassadas pelos órgãos públicos ao Sinir, na forma do regulamento.

**Art. 24.** O plano de gerenciamento de resíduos sólidos é parte integrante do processo de licenciamento ambiental do empreendimento ou atividade pelo órgão competente do Sisnama.
§1º Nos empreendimentos e atividades não sujeitos a licenciamento ambiental, a aprovação do plano de gerenciamento de resíduos sólidos cabe à autoridade municipal competente.
§2º No processo de licenciamento ambiental referido no §1º a cargo de órgão federal ou estadual do Sisnama, será assegurada oitiva do órgão municipal competente, em especial quanto à disposição final ambientalmente adequada de rejeitos.

## Capítulo III
## Das responsabilidades dos geradores e do Poder Público

### Seção I
### Disposições Gerais

**Art. 25.** O poder público, o setor empresarial e a coletividade são responsáveis pela efetividade das ações voltadas para assegurar a observância da Política Nacional de Resíduos Sólidos e das diretrizes e demais determinações estabelecidas nesta Lei e em seu regulamento.

**Art. 26.** O titular dos serviços públicos de limpeza urbana e de manejo de resíduos sólidos é responsável pela organização e prestação direta ou indireta desses serviços, observados o respectivo plano municipal de gestão integrada de resíduos sólidos, a Lei nº 11.445, de 2007, e as disposições desta Lei e seu regulamento.

**Art. 27.** As pessoas físicas ou jurídicas referidas no art. 20 são responsáveis pela implementação e operacionalização integral do plano de gerenciamento de resíduos sólidos aprovado pelo órgão competente na forma do art. 24.
§1º A contratação de serviços de coleta, armazenamento, transporte, transbordo, tratamento ou destinação final de resíduos sólidos, ou de disposição final de rejeitos, não isenta as pessoas físicas ou jurídicas referidas no art. 20 da responsabilidade por danos que vierem a ser provocados pelo gerenciamento inadequado dos respectivos resíduos ou rejeitos.
§2º Nos casos abrangidos pelo art. 20, as etapas sob responsabilidade do gerador que forem realizadas pelo poder público serão devidamente remuneradas pelas pessoas físicas ou jurídicas responsáveis, observado o disposto no §5º do art. 19.

**Art. 28.** O gerador de resíduos sólidos domiciliares tem cessada sua responsabilidade pelos resíduos com a disponibilização adequada para a coleta ou, nos casos abrangidos pelo art. 33, com a devolução.

**Art. 29.** Cabe ao poder público atuar, subsidiariamente, com vistas a minimizar ou cessar o dano, logo que tome conhecimento de evento lesivo ao meio ambiente ou à saúde pública relacionado ao gerenciamento de resíduos sólidos.
Parágrafo único. Os responsáveis pelo dano ressarcirão integralmente o poder público pelos gastos decorrentes das ações empreendidas na forma do *caput*.

Seção II
**Da Responsabilidade Compartilhada**

**Art. 30.** É instituída a responsabilidade compartilhada pelo ciclo de vida dos produtos, a ser implementada de forma individualizada e encadeada, abrangendo os fabricantes, importadores, distribuidores e comerciantes, os consumidores e os titulares dos serviços públicos de limpeza urbana e de manejo de resíduos sólidos, consoante as atribuições e procedimentos previstos nesta Seção.
Parágrafo único. A responsabilidade compartilhada pelo ciclo de vida dos produtos tem por objetivo:
I - compatibilizar interesses entre os agentes econômicos e sociais e os processos de gestão empresarial e mercadológica com os de gestão ambiental, desenvolvendo estratégias sustentáveis;
II - promover o aproveitamento de resíduos sólidos, direcionando-os para a sua cadeia produtiva ou para outras cadeias produtivas;
III - reduzir a geração de resíduos sólidos, o desperdício de materiais, a poluição e os danos ambientais;
IV - incentivar a utilização de insumos de menor agressividade ao meio ambiente e de maior sustentabilidade;
V - estimular o desenvolvimento de mercado, a produção e o consumo de produtos derivados de materiais reciclados e recicláveis;
VI - propiciar que as atividades produtivas alcancem eficiência e sustentabilidade;
VII - incentivar as boas práticas de responsabilidade socioambiental.

**Art. 31.** Sem prejuízo das obrigações estabelecidas no plano de gerenciamento de resíduos sólidos e com vistas a fortalecer a responsabilidade compartilhada e seus objetivos, os fabricantes, importadores, distribuidores e comerciantes têm responsabilidade que abrange:
I - investimento no desenvolvimento, na fabricação e na colocação no mercado de produtos:
a) que sejam aptos, após o uso pelo consumidor, à reutilização, à reciclagem ou a outra forma de destinação ambientalmente adequada;
b) cuja fabricação e uso gerem a menor quantidade de resíduos sólidos possível;
II - divulgação de informações relativas às formas de evitar, reciclar e eliminar os resíduos sólidos associados a seus respectivos produtos;
III - recolhimento dos produtos e dos resíduos remanescentes após o uso, assim como sua subsequente destinação final ambientalmente adequada, no caso de produtos objeto de sistema de logística reversa na forma do art. 33;
IV - compromisso de, quando firmados acordos ou termos de compromisso com o Município, participar das ações previstas no plano municipal de gestão integrada de resíduos sólidos, no caso de produtos ainda não inclusos no sistema de logística reversa.

**Art. 32.** As embalagens devem ser fabricadas com materiais que propiciem a reutilização ou a reciclagem.
§1º Cabe aos respectivos responsáveis assegurar que as embalagens sejam:
I - restritas em volume e peso às dimensões requeridas à proteção do conteúdo e à comercialização do produto;
II - projetadas de forma a serem reutilizadas de maneira tecnicamente viável e compatível com as exigências aplicáveis ao produto que contêm;
III - recicladas, se a reutilização não for possível.

§2º O regulamento disporá sobre os casos em que, por razões de ordem técnica ou econômica, não seja viável a aplicação do disposto no *caput*.
§3º É responsável pelo atendimento do disposto neste artigo todo aquele que:
I - manufatura embalagens ou fornece materiais para a fabricação de embalagens;
II - coloca em circulação embalagens, materiais para a fabricação de embalagens ou produtos embalados, em qualquer fase da cadeia de comércio.

**Art. 33.** São obrigados a estruturar e implementar sistemas de logística reversa, mediante retorno dos produtos após o uso pelo consumidor, de forma independente do serviço público de limpeza urbana e de manejo dos resíduos sólidos, os fabricantes, importadores, distribuidores e comerciantes de:
I - agrotóxicos, seus resíduos e embalagens, assim como outros produtos cuja embalagem, após o uso, constitua resíduo perigoso, observadas as regras de gerenciamento de resíduos perigosos previstas em lei ou regulamento, em normas estabelecidas pelos órgãos do Sisnama, do SNVS e do Suasa, ou em normas técnicas;
II - pilhas e baterias;
III - pneus;
IV - óleos lubrificantes, seus resíduos e embalagens;
V - lâmpadas fluorescentes, de vapor de sódio e mercúrio e de luz mista;
VI - produtos eletroeletrônicos e seus componentes.
§1º Na forma do disposto em regulamento ou em acordos setoriais e termos de compromisso firmados entre o poder público e o setor empresarial, os sistemas previstos no *caput* serão estendidos a produtos comercializados em embalagens plásticas, metálicas ou de vidro, e aos demais produtos e embalagens, considerando, prioritariamente, o grau e a extensão do impacto à saúde pública e ao meio ambiente dos resíduos gerados.
§2º A definição dos produtos e embalagens a que se refere o §1º considerará a viabilidade técnica e econômica da logística reversa, bem como o grau e a extensão do impacto à saúde pública e ao meio ambiente dos resíduos gerados.
§3º Sem prejuízo de exigências específicas fixadas em lei ou regulamento, em normas estabelecidas pelos órgãos do Sisnama e do SNVS, ou em acordos setoriais e termos de compromisso firmados entre o poder público e o setor empresarial, cabe aos fabricantes, importadores, distribuidores e comerciantes dos produtos a que se referem os incisos II, III, V e VI ou dos produtos e embalagens a que se referem os incisos I e IV do *caput* e o §1º tomar todas as medidas necessárias para assegurar a implementação e operacionalização do sistema de logística reversa sob seu encargo, consoante o estabelecido neste artigo, podendo, entre outras medidas:
I - implantar procedimentos de compra de produtos ou embalagens usados;
II - disponibilizar postos de entrega de resíduos reutilizáveis e recicláveis;
III - atuar em parceria com cooperativas ou outras formas de associação de catadores de materiais reutilizáveis e recicláveis, nos casos de que trata o §1º.
§4º Os consumidores deverão efetuar a devolução após o uso, aos comerciantes ou distribuidores, dos produtos e das embalagens a que se referem os incisos I a VI do *caput*, e de outros produtos ou embalagens objeto de logística reversa, na forma do §1º.
§5º Os comerciantes e distribuidores deverão efetuar a devolução aos fabricantes ou aos importadores dos produtos e embalagens reunidos ou devolvidos na forma dos §§3º e 4º.
§6º Os fabricantes e os importadores darão destinação ambientalmente adequada aos produtos e às embalagens reunidos ou devolvidos, sendo o rejeito encaminhado para a disposição final ambientalmente adequada, na forma estabelecida pelo órgão competente do Sisnama e, se houver, pelo plano municipal de gestão integrada de resíduos sólidos.
§7º Se o titular do serviço público de limpeza urbana e de manejo de resíduos sólidos, por acordo setorial ou termo de compromisso firmado com o setor empresarial, encarregar-se de atividades de responsabilidade dos fabricantes, importadores, distribuidores e comerciantes nos sistemas de logística

reversa dos produtos e embalagens a que se refere este artigo, as ações do poder público serão devidamente remuneradas, na forma previamente acordada entre as partes.

§8º Com exceção dos consumidores, todos os participantes dos sistemas de logística reversa manterão atualizadas e disponíveis ao órgão municipal competente e a outras autoridades informações completas sobre a realização das ações sob sua responsabilidade.

**Art. 34.** Os acordos setoriais ou termos de compromisso referidos no inciso IV do *caput* do art. 31 e no §1º do art. 33 podem ter abrangência nacional, regional, estadual ou municipal.

§1º Os acordos setoriais e termos de compromisso firmados em âmbito nacional têm prevalência sobre os firmados em âmbito regional ou estadual, e estes sobre os firmados em âmbito municipal.

§2º Na aplicação de regras concorrentes consoante o §1º, os acordos firmados com menor abrangência geográfica podem ampliar, mas não abrandar, as medidas de proteção ambiental constantes nos acordos setoriais e termos de compromisso firmados com maior abrangência geográfica.

**Art. 35.** Sempre que estabelecido sistema de coleta seletiva pelo plano municipal de gestão integrada de resíduos sólidos e na aplicação do art. 33, os consumidores são obrigados a:

I - acondicionar adequadamente e de forma diferenciada os resíduos sólidos gerados;

II - disponibilizar adequadamente os resíduos sólidos reutilizáveis e recicláveis para coleta ou devolução.

Parágrafo único. O poder público municipal pode instituir incentivos econômicos aos consumidores que participam do sistema de coleta seletiva referido no *caput*, na forma de lei municipal.

**Art. 36.** No âmbito da responsabilidade compartilhada pelo ciclo de vida dos produtos, cabe ao titular dos serviços públicos de limpeza urbana e de manejo de resíduos sólidos, observado, se houver, o plano municipal de gestão integrada de resíduos sólidos:

I - adotar procedimentos para reaproveitar os resíduos sólidos reutilizáveis e recicláveis oriundos dos serviços públicos de limpeza urbana e de manejo de resíduos sólidos;

II - estabelecer sistema de coleta seletiva;

III - articular com os agentes econômicos e sociais medidas para viabilizar o retorno ao ciclo produtivo dos resíduos sólidos reutilizáveis e recicláveis oriundos dos serviços de limpeza urbana e de manejo de resíduos sólidos;

IV - realizar as atividades definidas por acordo setorial ou termo de compromisso na forma do §7º do art. 33, mediante a devida remuneração pelo setor empresarial;

V - implantar sistema de compostagem para resíduos sólidos orgânicos e articular com os agentes econômicos e sociais formas de utilização do composto produzido;

VI - dar disposição final ambientalmente adequada aos resíduos e rejeitos oriundos dos serviços públicos de limpeza urbana e de manejo de resíduos sólidos.

§1º Para o cumprimento do disposto nos incisos I a IV do *caput*, o titular dos serviços públicos de limpeza urbana e de manejo de resíduos sólidos priorizará a organização e o funcionamento de cooperativas ou de outras formas de associação de catadores de materiais reutilizáveis e recicláveis formadas por pessoas físicas de baixa renda, bem como sua contratação.

§2º A contratação prevista no §1º é dispensável de licitação, nos termos do inciso XXVII do art. 24 da Lei nº 8.666, de 21 de junho de 1993.

Capítulo IV

**Dos resíduos perigosos**

**Art. 37.** A instalação e o funcionamento de empreendimento ou atividade que gere ou opere com resíduos perigosos somente podem ser autorizados ou licenciados pelas autoridades competentes se o responsável comprovar, no mínimo, capacidade técnica e econômica, além de condições para prover os cuidados necessários ao gerenciamento desses resíduos.

**Art. 38.** As pessoas jurídicas que operam com resíduos perigosos, em qualquer fase do seu gerenciamento, são obrigadas a se cadastrar no Cadastro Nacional de Operadores de Resíduos Perigosos.
§1º O cadastro previsto no *caput* será coordenado pelo órgão federal competente do Sisnama e implantado de forma conjunta pelas autoridades federais, estaduais e municipais.
§2º Para o cadastramento, as pessoas jurídicas referidas no *caput* necessitam contar com responsável técnico pelo gerenciamento dos resíduos perigosos, de seu próprio quadro de funcionários ou contratado, devidamente habilitado, cujos dados serão mantidos atualizados no cadastro.
§3º O cadastro a que se refere o *caput* é parte integrante do Cadastro Técnico Federal de Atividades Potencialmente Poluidoras ou Utilizadoras de Recursos Ambientais e do Sistema de Informações previsto no art. 12.

**Art. 39.** As pessoas jurídicas referidas no art. 38 são obrigadas a elaborar plano de gerenciamento de resíduos perigosos e submetê-lo ao órgão competente do Sisnama e, se couber, do SNVS, observado o conteúdo mínimo estabelecido no art. 21 e demais exigências previstas em regulamento ou em normas técnicas.
§1º O plano de gerenciamento de resíduos perigosos a que se refere o *caput* poderá estar inserido no plano de gerenciamento de resíduos a que se refere o art. 20.
§2º Cabe às pessoas jurídicas referidas no art. 38:
I - manter registro atualizado e facilmente acessível de todos os procedimentos relacionados à implementação e à operacionalização do plano previsto no *caput*;
II - informar anualmente ao órgão competente do Sisnama e, se couber, do SNVS, sobre a quantidade, a natureza e a destinação temporária ou final dos resíduos sob sua responsabilidade;
III - adotar medidas destinadas a reduzir o volume e a periculosidade dos resíduos sob sua responsabilidade, bem como a aperfeiçoar seu gerenciamento;
IV - informar imediatamente aos órgãos competentes sobre a ocorrência de acidentes ou outros sinistros relacionados aos resíduos perigosos.
§3º Sempre que solicitado pelos órgãos competentes do Sisnama e do SNVS, será assegurado acesso para inspeção das instalações e dos procedimentos relacionados à implementação e à operacionalização do plano de gerenciamento de resíduos perigosos.
§4º No caso de controle a cargo de órgão federal ou estadual do Sisnama e do SNVS, as informações sobre o conteúdo, a implementação e a operacionalização do plano previsto no *caput* serão repassadas ao poder público municipal, na forma do regulamento.

**Art. 40.** No licenciamento ambiental de empreendimentos ou atividades que operem com resíduos perigosos, o órgão licenciador do Sisnama pode exigir a contratação de seguro de responsabilidade civil por danos causados ao meio ambiente ou à saúde pública, observadas as regras sobre cobertura e os limites máximos de contratação fixados em regulamento.
Parágrafo único. O disposto no *caput* considerará o porte da empresa, conforme regulamento.

**Art. 41.** Sem prejuízo das iniciativas de outras esferas governamentais, o Governo Federal deve estruturar e manter instrumentos e atividades voltados para promover a descontaminação de áreas órfãs.
Parágrafo único. Se, após descontaminação de sítio órfão realizada com recursos do Governo Federal ou de outro ente da Federação, forem identificados os responsáveis pela contaminação, estes ressarcirão integralmente o valor empregado ao poder público.

## Capítulo V
## Dos instrumentos econômicos

**Art. 42.** O poder público poderá instituir medidas indutoras e linhas de financiamento para atender, prioritariamente, às iniciativas de:

I - prevenção e redução da geração de resíduos sólidos no processo produtivo;
II - desenvolvimento de produtos com menores impactos à saúde humana e à qualidade ambiental em seu ciclo de vida;
III - implantação de infraestrutura física e aquisição de equipamentos para cooperativas ou outras formas de associação de catadores de materiais reutilizáveis e recicláveis formadas por pessoas físicas de baixa renda;
IV - desenvolvimento de projetos de gestão dos resíduos sólidos de caráter intermunicipal ou, nos termos do inciso I do *caput* do art. 11, regional;
V - estruturação de sistemas de coleta seletiva e de logística reversa;
VI - descontaminação de áreas contaminadas, incluindo as áreas órfãs;
VII - desenvolvimento de pesquisas voltadas para tecnologias limpas aplicáveis aos resíduos sólidos;
VIII - desenvolvimento de sistemas de gestão ambiental e empresarial voltados para a melhoria dos processos produtivos e ao reaproveitamento dos resíduos.

**Art. 43.** No fomento ou na concessão de incentivos creditícios destinados a atender diretrizes desta Lei, as instituições oficiais de crédito podem estabelecer critérios diferenciados de acesso dos beneficiários aos créditos do Sistema Financeiro Nacional para investimentos produtivos.

**Art. 44.** A União, os Estados, o Distrito Federal e os Municípios, no âmbito de suas competências, poderão instituir normas com o objetivo de conceder incentivos fiscais, financeiros ou creditícios, respeitadas as limitações da Lei Complementar no 101, de 4 de maio de 2000 (Lei de Responsabilidade Fiscal), a:
I - indústrias e entidades dedicadas à reutilização, ao tratamento e à reciclagem de resíduos sólidos produzidos no território nacional;
II - projetos relacionados à responsabilidade pelo ciclo de vida dos produtos, prioritariamente em parceria com cooperativas ou outras formas de associação de catadores de materiais reutilizáveis e recicláveis formadas por pessoas físicas de baixa renda;
III - empresas dedicadas à limpeza urbana e a atividades a ela relacionadas.

**Art. 45.** Os consórcios públicos constituídos, nos termos da Lei nº 11.107, de 2005, com o objetivo de viabilizar a descentralização e a prestação de serviços públicos que envolvam resíduos sólidos, têm prioridade na obtenção dos incentivos instituídos pelo Governo Federal.

**Art. 46.** O atendimento ao disposto neste Capítulo será efetivado em consonância com a Lei Complementar nº 101, de 2000 (Lei de Responsabilidade Fiscal), bem como com as diretrizes e objetivos do respectivo plano plurianual, as metas e as prioridades fixadas pelas leis de diretrizes orçamentárias e no limite das disponibilidades propiciadas pelas leis orçamentárias anuais.

## Capítulo VI
## **Das proibições**

**Art. 47.** São proibidas as seguintes formas de destinação ou disposição final de resíduos sólidos ou rejeitos:
I - lançamento em praias, no mar ou em quaisquer corpos hídricos;
II - lançamento *in natura* a céu aberto, excetuados os resíduos de mineração;
III - queima a céu aberto ou em recipientes, instalações e equipamentos não licenciados para essa finalidade;
IV - outras formas vedadas pelo poder público.
§1º Quando decretada emergência sanitária, a queima de resíduos a céu aberto pode ser realizada, desde que autorizada e acompanhada pelos órgãos competentes do Sisnama, do SNVS e, quando couber, do Suasa.
§2º Assegurada a devida impermeabilização, as bacias de decantação de resíduos ou rejeitos industriais ou de mineração, devidamente licenciadas pelo órgão competente do Sisnama, não são consideradas corpos hídricos para efeitos do disposto no inciso I do *caput*.

**Art. 48.** São proibidas, nas áreas de disposição final de resíduos ou rejeitos, as seguintes atividades:
I - utilização dos rejeitos dispostos como alimentação;
II - catação, observado o disposto no inciso V do art. 17;
III - criação de animais domésticos;
IV - fixação de habitações temporárias ou permanentes;
V - outras atividades vedadas pelo poder público.

**Art. 49.** É proibida a importação de resíduos sólidos perigosos e rejeitos, bem como de resíduos sólidos cujas características causem dano ao meio ambiente, à saúde pública e animal e à sanidade vegetal, ainda que para tratamento, reforma, reúso, reutilização ou recuperação.

## Título IV
## Disposições transitórias e finais

**Art. 50.** A inexistência do regulamento previsto no §3º do art. 21 não obsta a atuação, nos termos desta Lei, das cooperativas ou outras formas de associação de catadores de materiais reutilizáveis e recicláveis.

**Art. 51.** Sem prejuízo da obrigação de, independentemente da existência de culpa, reparar os danos causados, a ação ou omissão das pessoas físicas ou jurídicas que importe inobservância aos preceitos desta Lei ou de seu regulamento sujeita os infratores às sanções previstas em lei, em especial às fixadas na Lei nº 9.605, de 12 de fevereiro de 1998, que "dispõe sobre as sanções penais e administrativas derivadas de condutas e atividades lesivas ao meio ambiente, e dá outras providências", e em seu regulamento.

**Art. 52.** A observância do disposto no *caput* do art. 23 e no §2º do art. 39 desta Lei é considerada obrigação de relevante interesse ambiental para efeitos do art. 68 da Lei nº 9.605, de 1998, sem prejuízo da aplicação de outras sanções cabíveis nas esferas penal e administrativa.

**Art. 53.** O §1º do art. 56 da Lei nº 9.605, de 12 de fevereiro de 1998, passa a vigorar com a seguinte redação:
"Art. 56
§1º Nas mesmas penas incorre quem:
I - abandona os produtos ou substâncias referidos no *caput* ou os utiliza em desacordo com as normas ambientais ou de segurança;
II - manipula, acondiciona, armazena, coleta, transporta, reutiliza, recicla ou dá destinação final a resíduos perigosos de forma diversa da estabelecida em lei ou regulamento" (NR)

**Art. 54.** A disposição final ambientalmente adequada dos rejeitos, observado o disposto no §1º do art. 9º, deverá ser implantada em até 4 (quatro) anos após a data de publicação desta Lei.

**Art. 55.** O disposto nos arts. 16 e 18 entra em vigor 2 (dois) anos após a data de publicação desta Lei.

**Art. 56.** A logística reversa relativa aos produtos de que tratam os incisos V e VI do *caput* do art. 33 será implementada progressivamente segundo cronograma estabelecido em regulamento.

**Art. 57.** Esta Lei entra em vigor na data de sua publicação.

Brasília, 2 de agosto de 2010.

# ANEXO M

## Lei nº 12.462, de 5 de agosto de 2012

*Institui o Regime Diferenciado de Contratações Públicas – RDC etc.*

A PRESIDENTA DA REPÚBLICA Faço saber que o Congresso Nacional decreta e eu sanciono a seguinte Lei:

### Capítulo I
### Do Regime Diferenciado de Contratações Públicas – RDC

#### Seção I
#### Aspectos Gerais

**Art. 1º** É instituído o Regime Diferenciado de Contratações Públicas (RDC), aplicável exclusivamente às licitações e contratos necessários à realização:

I - dos Jogos Olímpicos e Paraolímpicos de 2016, constantes da Carteira de Projetos Olímpicos a ser definida pela Autoridade Pública Olímpica (APO); e

II - da Copa das Confederações da Federação Internacional de Futebol Associação – Fifa 2013 e da Copa do Mundo Fifa 2014, definidos pelo Grupo Executivo – Gecopa 2014 do Comitê Gestor instituído para definir, aprovar e supervisionar as ações previstas no Plano Estratégico das Ações do Governo Brasileiro para a realização da Copa do Mundo Fifa 2014 – CGCOPA 2014, restringindo-se, no caso de obras públicas, às constantes da matriz de responsabilidades celebrada entre a União, Estados, Distrito Federal e Municípios;

III - de obras de infraestrutura e de contratação de serviços para os aeroportos das capitais dos Estados da Federação distantes até 350km (trezentos e cinquenta quilômetros) das cidades sedes dos mundiais referidos nos incisos I e II.

§1º O RDC tem por objetivos:

I - ampliar a eficiência nas contratações públicas e a competitividade entre os licitantes;

II - promover a troca de experiências e tecnologias em busca da melhor relação entre custos e benefícios para o setor público;

III - incentivar a inovação tecnológica; e

IV - assegurar tratamento isonômico entre os licitantes e a seleção da proposta mais vantajosa para a administração pública.

§2º A opção pelo RDC deverá constar de forma expressa do instrumento convocatório e resultará no afastamento das normas contidas na Lei nº 8.666, de 21 de junho de 1993, exceto nos casos expressamente previstos nesta Lei.

**Art. 2º** Na aplicação do RDC, deverão ser observadas as seguintes definições:

I - empreitada integral: quando se contrata um empreendimento em sua integralidade, compreendendo a totalidade das etapas de obras, serviços e instalações necessárias, sob inteira responsabilidade da contratada até a sua entrega ao contratante em condições de entrada em operação, atendidos os requisitos técnicos e legais para

sua utilização em condições de segurança estrutural e operacional e com as características adequadas às finalidades para a qual foi contratada;
II - empreitada por preço global: quando se contrata a execução da obra ou do serviço por preço certo e total;
III - empreitada por preço unitário: quando se contrata a execução da obra ou do serviço por preço certo de unidades determinadas;
IV - projeto básico: conjunto de elementos necessários e suficientes, com nível de precisão adequado, para, observado o disposto no parágrafo único deste artigo:
a) caracterizar a obra ou serviço de engenharia, ou complexo de obras ou serviços objeto da licitação, com base nas indicações dos estudos técnicos preliminares;
b) assegurar a viabilidade técnica e o adequado tratamento do impacto ambiental do empreendimento; e
c) possibilitar a avaliação do custo da obra ou serviço e a definição dos métodos e do prazo de execução;
V - projeto executivo: conjunto dos elementos necessários e suficientes à execução completa da obra, de acordo com as normas técnicas pertinentes; e
VI - tarefa: quando se ajusta mão de obra para pequenos trabalhos por preço certo, com ou sem fornecimento de materiais.
Parágrafo único. O projeto básico referido no inciso IV do *caput* deste artigo deverá conter, no mínimo, sem frustrar o caráter competitivo do procedimento licitatório, os seguintes elementos:
I - desenvolvimento da solução escolhida de forma a fornecer visão global da obra e identificar seus elementos constitutivos com clareza;
II - soluções técnicas globais e localizadas, suficientemente detalhadas, de forma a restringir a necessidade de reformulação ou de variantes durante as fases de elaboração do projeto executivo e de realização das obras e montagem a situações devidamente comprovadas em ato motivado da administração pública;
III - identificação dos tipos de serviços a executar e de materiais e equipamentos a incorporar à obra, bem como especificações que assegurem os melhores resultados para o empreendimento;
IV - informações que possibilitem o estudo e a dedução de métodos construtivos, instalações provisórias e condições organizacionais para a obra;
V - subsídios para montagem do plano de licitação e gestão da obra, compreendendo a sua programação, a estratégia de suprimentos, as normas de fiscalização e outros dados necessários em cada caso, exceto, em relação à respectiva licitação, na hipótese de contratação integrada;
VI - orçamento detalhado do custo global da obra, fundamentado em quantitativos de serviços e fornecimentos propriamente avaliados.

**Art. 3º** As licitações e contratações realizadas em conformidade com o RDC deverão observar os princípios da legalidade, da impessoalidade, da moralidade, da igualdade, da publicidade, da eficiência, da probidade administrativa, da economicidade, do desenvolvimento nacional sustentável, da vinculação ao instrumento convocatório e do julgamento objetivo.

**Art. 4º** Nas licitações e contratos de que trata esta Lei serão observadas as seguintes diretrizes:
I - padronização do objeto da contratação relativamente às especificações técnicas e de desempenho e, quando for o caso, às condições de manutenção, assistência técnica e de garantia oferecidas;
II - padronização de instrumentos convocatórios e minutas de contratos, previamente aprovados pelo órgão jurídico competente;
III - busca da maior vantagem para a administração pública, considerando custos e benefícios, diretos e indiretos, de natureza econômica, social ou ambiental, inclusive os relativos à manutenção, ao desfazimento de bens e resíduos, ao índice de depreciação econômica e a outros fatores de igual relevância;
IV - condições de aquisição, de seguros e de pagamento compatíveis com as do setor privado, inclusive mediante pagamento de remuneração variável conforme desempenho, na forma do art. 10 desta Lei;
V - utilização, sempre que possível, nas planilhas de custos constantes das propostas

oferecidas pelos licitantes, de mão de obra, materiais, tecnologias e matérias-primas existentes no local da execução, conservação e operação do bem, serviço ou obra, desde que não se produzam prejuízos à eficiência na execução do respectivo objeto e que seja respeitado o limite do orçamento estimado para a contratação; e

VI - parcelamento do objeto, visando à ampla participação de licitantes, sem perda de economia de escala.

§1º As contratações realizadas com base no RDC devem respeitar, especialmente, as normas relativas à:

I - disposição final ambientalmente adequada dos resíduos sólidos gerados pelas obras contratadas;

II - mitigação por condicionantes e compensação ambiental, que serão definidas no procedimento de licenciamento ambiental;

III - utilização de produtos, equipamentos e serviços que, comprovadamente, reduzam o consumo de energia e recursos naturais;

IV - avaliação de impactos de vizinhança, na forma da legislação urbanística;

V - proteção do patrimônio cultural, histórico, arqueológico e imaterial, inclusive por meio da avaliação do impacto direto ou indireto causado pelas obras contratadas; e

VI - acessibilidade para o uso por pessoas com deficiência ou com mobilidade reduzida.

§2º O impacto negativo sobre os bens do patrimônio cultural, histórico, arqueológico e imaterial tombados deverá ser compensado por meio de medidas determinadas pela autoridade responsável, na forma da legislação aplicável.

## Seção II
## **Das Regras Aplicáveis às Licitações no Âmbito do RDC**

### Subseção I
### **Do Objeto da Licitação**

**Art. 5º** O objeto da licitação deverá ser definido de forma clara e precisa no instrumento convocatório, vedadas especificações excessivas, irrelevantes ou desnecessárias.

**Art. 6º** Observado o disposto no §3º, o orçamento previamente estimado para a contratação será tornado público apenas e imediatamente após o encerramento da licitação, sem prejuízo da divulgação do detalhamento dos quantitativos e das demais informações necessárias para a elaboração das propostas.

§1º Nas hipóteses em que for adotado o critério de julgamento por maior desconto, a informação de que trata o *caput* deste artigo constará do instrumento convocatório.

§2º No caso de julgamento por melhor técnica, o valor do prêmio ou da remuneração será incluído no instrumento convocatório.

§3º Se não constar do instrumento convocatório, a informação referida no *caput* deste artigo possuirá caráter sigiloso e será disponibilizada estrita e permanentemente aos órgãos de controle externo e interno.

**Art. 7º** No caso de licitação para aquisição de bens, a administração pública poderá:

I - indicar marca ou modelo, desde que formalmente justificado, nas seguintes hipóteses:

a) em decorrência da necessidade de padronização do objeto;

b) quando determinada marca ou modelo comercializado por mais de um fornecedor for a única capaz de atender às necessidades da entidade contratante; ou

c) quando a descrição do objeto a ser licitado puder ser melhor compreendida pela identificação de determinada marca ou modelo aptos a servir como referência, situação em que será obrigatório o acréscimo da expressão "ou similar ou de melhor qualidade";

II - exigir amostra do bem no procedimento de pré-qualificação, na fase de julgamento das propostas ou de lances, desde que justificada a necessidade da sua apresentação;

III - solicitar a certificação da qualidade do produto ou do processo de fabricação, inclusive sob o aspecto ambiental, por qualquer instituição oficial competente ou por entidade credenciada; e

IV - solicitar, motivadamente, carta de solidariedade emitida pelo fabricante, que assegure a execução do contrato, no caso de licitante revendedor ou distribuidor.

**Art. 8º** Na execução indireta de obras e serviços de engenharia, são admitidos os seguintes regimes:
I - empreitada por preço unitário;
II - empreitada por preço global;
III - contratação por tarefa;
IV - empreitada integral; ou
V - contratação integrada.
§1º Nas licitações e contratações de obras e serviços de engenharia serão adotados, preferencialmente, os regimes discriminados nos incisos II, IV e V do *caput* deste artigo.
§2º No caso de inviabilidade da aplicação do disposto no §1º deste artigo, poderá ser adotado outro regime previsto no *caput* deste artigo, hipótese em que serão inseridos nos autos do procedimento os motivos que justificaram a exceção.
§3º O custo global de obras e serviços de engenharia deverá ser obtido a partir de custos unitários de insumos ou serviços menores ou iguais à mediana de seus correspondentes ao Sistema Nacional de Pesquisa de Custos e Índices da Construção Civil (Sinapi), no caso de construção civil em geral, ou na tabela do Sistema de Custos de Obras Rodoviárias (Sicro), no caso de obras e serviços rodoviários.
§4º No caso de inviabilidade da definição dos custos consoante o disposto no §3º deste artigo, a estimativa de custo global poderá ser apurada por meio da utilização de dados contidos em tabela de referência formalmente aprovada por órgãos ou entidades da administração pública federal, em publicações técnicas especializadas, em sistema específico instituído para o setor ou em pesquisa de mercado.
§5º Nas licitações para a contratação de obras e serviços, com exceção daquelas onde for adotado o regime previsto no inciso V do *caput* deste artigo, deverá haver projeto básico aprovado pela autoridade competente, disponível para exame dos interessados em participar do processo licitatório.
§6º No caso de contratações realizadas pelos governos municipais, estaduais e do Distrito Federal, desde que não envolvam recursos da União, o custo global de obras e serviços de engenharia a que se refere o §3º deste artigo poderá também ser obtido a partir de outros sistemas de custos já adotados pelos respectivos entes e aceitos pelos respectivos tribunais de contas.
§7º É vedada a realização, sem projeto executivo, de obras e serviços de engenharia para cuja concretização tenha sido utilizado o RDC, qualquer que seja o regime adotado.

**Art. 9º** Nas licitações de obras e serviços de engenharia, no âmbito do RDC, poderá ser utilizada a contratação integrada, desde que técnica e economicamente justificada.
§1º A contratação integrada compreende a elaboração e o desenvolvimento dos projetos básico e executivo, a execução de obras e serviços de engenharia, a montagem, a realização de testes, a pré-operação e todas as demais operações necessárias e suficientes para a entrega final do objeto.
§2º No caso de contratação integrada:
I - o instrumento convocatório deverá conter anteprojeto de engenharia que contemple os documentos técnicos destinados a possibilitar a caracterização da obra ou serviço, incluindo:
a) a demonstração e a justificativa do programa de necessidades, a visão global dos investimentos e as definições quanto ao nível de serviço desejado;
b) as condições de solidez, segurança, durabilidade e prazo de entrega, observado o disposto no *caput* e no §1º do art. 6º desta Lei;
c) a estética do projeto arquitetônico; e
d) os parâmetros de adequação ao interesse público, à economia na utilização, à facilidade na execução, aos impactos ambientais e à acessibilidade;
II - o valor estimado da contratação será calculado com base nos valores praticados pelo mercado, nos valores pagos pela administração pública em serviços e obras similares ou na avaliação do custo global da obra, aferida mediante orçamento sintético ou metodologia expedita ou paramétrica; e
III - será adotado o critério de julgamento de técnica e preço.
§3º Caso seja permitida no anteprojeto de engenharia a apresentação de projetos com metodologias diferenciadas de execução, o instrumento convocatório estabelecerá

critérios objetivos para avaliação e julgamento das propostas.

§4º Nas hipóteses em que for adotada a contratação integrada, é vedada a celebração de termos aditivos aos contratos firmados, exceto nos seguintes casos:

I - para recomposição do equilíbrio econômico-financeiro decorrente de caso fortuito ou força maior; e

II - por necessidade de alteração do projeto ou das especificações para melhor adequação técnica aos objetivos da contratação, a pedido da administração pública, desde que não decorrentes de erros ou omissões por parte do contratado, observados os limites previstos no §1o do art. 65 da Lei nº 8.666, de 21 de junho de 1993.

**Art. 10.** Na contratação das obras e serviços, inclusive de engenharia, poderá ser estabelecida remuneração variável vinculada ao desempenho da contratada, com base em metas, padrões de qualidade, critérios de sustentabilidade ambiental e prazo de entrega definidos no instrumento convocatório e no contrato.

Parágrafo único. A utilização da remuneração variável será motivada e respeitará o limite orçamentário fixado pela administração pública para a contratação.

**Art. 11.** A administração pública poderá, mediante justificativa expressa, contratar mais de uma empresa ou instituição para executar o mesmo serviço, desde que não implique perda de economia de escala, quando:

I - o objeto da contratação puder ser executado de forma concorrente e simultânea por mais de um contratado; ou

II - a múltipla execução for conveniente para atender à administração pública.

§1º Nas hipóteses previstas no *caput* deste artigo, a administração pública deverá manter o controle individualizado da execução do objeto contratual relativamente a cada uma das contratadas.

§2º O disposto no *caput* deste artigo não se aplica aos serviços de engenharia.

Subseção II

**Do Procedimento Licitatório**

**Art. 12.** O procedimento de licitação de que trata esta Lei observará as seguintes fases, nesta ordem:

I - preparatória;

II - publicação do instrumento convocatório;

III - apresentação de propostas ou lances;

IV - julgamento;

V - habilitação;

VI - recursal; e

VII - encerramento.

Parágrafo único. A fase de que trata o inciso V do *caput* deste artigo poderá, mediante ato motivado, anteceder as referidas nos incisos III e IV do *caput* deste artigo, desde que expressamente previsto no instrumento convocatório.

**Art. 13.** As licitações deverão ser realizadas preferencialmente sob a forma eletrônica, admitida a presencial.

Parágrafo único. Nos procedimentos realizados por meio eletrônico, a administração pública poderá determinar, como condição de validade e eficácia, que os licitantes pratiquem seus atos em formato eletrônico.

**Art. 14.** Na fase de habilitação das licitações realizadas em conformidade com esta Lei, aplicar-se-á, no que couber, o disposto nos arts. 27 a 33 da Lei nº 8.666, de 21 de junho de 1993, observado o seguinte:

I - poderá ser exigida dos licitantes a declaração de que atendem aos requisitos de habilitação;

II - será exigida a apresentação dos documentos de habilitação apenas pelo licitante vencedor, exceto no caso de inversão de fases;

III - no caso de inversão de fases, só serão recebidas as propostas dos licitantes previamente habilitados; e

IV - em qualquer caso, os documentos relativos à regularidade fiscal poderão ser exigidos em momento posterior ao julgamento das propostas, apenas em relação ao licitante mais bem classificado.

Parágrafo único. Nas licitações disciplinadas pelo RDC:
I - será admitida a participação de licitantes sob a forma de consórcio, conforme estabelecido em regulamento; e
II - poderão ser exigidos requisitos de sustentabilidade ambiental, na forma da legislação aplicável.

**Art. 15.** Será dada ampla publicidade aos procedimentos licitatórios e de pré-qualificação disciplinados por esta Lei, ressalvadas as hipóteses de informações cujo sigilo seja imprescindível à segurança da sociedade e do Estado, devendo ser adotados os seguintes prazos mínimos para apresentação de propostas, contados a partir da data de publicação do instrumento convocatório:
I - para aquisição de bens:
a) 5 (cinco) dias úteis, quando adotados os critérios de julgamento pelo menor preço ou pelo maior desconto; e
b) 10 (dez) dias úteis, nas hipóteses não abrangidas pela alínea "a" deste inciso;
II - para a contratação de serviços e obras:
a) 15 (quinze) dias úteis, quando adotados os critérios de julgamento pelo menor preço ou pelo maior desconto; e
b) 30 (trinta) dias úteis, nas hipóteses não abrangidas pela alínea "a" deste inciso;
III - para licitações em que se adote o critério de julgamento pela maior oferta: 10 (dez) dias úteis; e
IV - para licitações em que se adote o critério de julgamento pela melhor combinação de técnica e preço, pela melhor técnica ou em razão do conteúdo artístico: 30 (trinta) dias úteis.
§1º A publicidade a que se refere o *caput* deste artigo, sem prejuízo da faculdade de divulgação direta aos fornecedores, cadastrados ou não, será realizada mediante:
I - publicação de extrato do edital no Diário Oficial da União, do Estado, do Distrito Federal ou do Município, ou, no caso de consórcio público, do ente de maior nível entre eles, sem prejuízo da possibilidade de publicação de extrato em jornal diário de grande circulação; e
II - divulgação em sítio eletrônico oficial centralizado de divulgação de licitações ou mantido pelo ente encarregado do procedimento licitatório na rede mundial de computadores.
§2º No caso de licitações cujo valor não ultrapasse R$150.000,00 (cento e cinquenta mil reais) para obras ou R$80.000,00 (oitenta mil reais) para bens e serviços, inclusive de engenharia, é dispensada a publicação prevista no inciso I do §1º deste artigo.
§3º No caso de parcelamento do objeto, deverá ser considerado, para fins da aplicação do disposto no §2º deste artigo, o valor total da contratação.
§4º As eventuais modificações no instrumento convocatório serão divulgadas nos mesmos prazos dos atos e procedimentos originais, exceto quando a alteração não comprometer a formulação das propostas.

**Art. 16.** Nas licitações, poderão ser adotados os modos de disputa aberto e fechado, que poderão ser combinados na forma do regulamento.

**Art. 17.** O regulamento disporá sobre as regras e procedimentos de apresentação de propostas ou lances, observado o seguinte:
I - no modo de disputa aberto, os licitantes apresentarão suas ofertas por meio de lances públicos e sucessivos, crescentes ou decrescentes, conforme o critério de julgamento adotado;
II - no modo de disputa fechado, as propostas apresentadas pelos licitantes serão sigilosas até a data e hora designadas para que sejam divulgadas; e
III - nas licitações de obras ou serviços de engenharia, após o julgamento das propostas, o licitante vencedor deverá reelaborar e apresentar à administração pública, por meio eletrônico, as planilhas com indicação dos quantitativos e dos custos unitários, bem como do detalhamento das Bonificações e Despesas Indiretas (BDI) e dos Encargos Sociais (ES), com os respectivos valores adequados ao lance vencedor.
§1º Poderão ser admitidos, nas condições estabelecidas em regulamento:
I - a apresentação de lances intermediários, durante a disputa aberta; e
II - o reinício da disputa aberta, após a definição da melhor proposta e para a

definição das demais colocações, sempre que existir uma diferença de pelo menos 10% (dez por cento) entre o melhor lance e o do licitante subsequente.

§2º Consideram-se intermediários os lances:

I - iguais ou inferiores ao maior já ofertado, quando adotado o julgamento pelo critério da maior oferta; ou

II - iguais ou superiores ao menor já ofertado, quando adotados os demais critérios de julgamento.

**Art. 18.** Poderão ser utilizados os seguintes critérios de julgamento:

I - menor preço ou maior desconto;

II - técnica e preço;

III - melhor técnica ou conteúdo artístico;

IV - maior oferta de preço; ou

V - maior retorno econômico.

§1º O critério de julgamento será identificado no instrumento convocatório, observado o disposto nesta Lei.

§2º O julgamento das propostas será efetivado pelo emprego de parâmetros objetivos definidos no instrumento convocatório.

§3º Não serão consideradas vantagens não previstas no instrumento convocatório, inclusive financiamentos subsidiados ou a fundo perdido.

**Art. 19.** O julgamento pelo menor preço ou maior desconto considerará o menor dispêndio para a administração pública, atendidos os parâmetros mínimos de qualidade definidos no instrumento convocatório.

§1º Os custos indiretos, relacionados com as despesas de manutenção, utilização, reposição, depreciação e impacto ambiental, entre outros fatores, poderão ser considerados para a definição do menor dispêndio, sempre que objetivamente mensuráveis, conforme dispuser o regulamento.

§2º O julgamento por maior desconto terá como referência o preço global fixado no instrumento convocatório, sendo o desconto estendido aos eventuais termos aditivos.

§3º No caso de obras ou serviços de engenharia, o percentual de desconto apresentado pelos licitantes deverá incidir linearmente sobre os preços de todos os itens do orçamento estimado constante do instrumento convocatório.

**Art. 20.** No julgamento pela melhor combinação de técnica e preço, deverão ser avaliadas e ponderadas as propostas técnicas e de preço apresentadas pelos licitantes, mediante a utilização de parâmetros objetivos obrigatoriamente inseridos no instrumento convocatório.

§1º O critério de julgamento a que se refere o *caput* deste artigo será utilizado quando a avaliação e a ponderação da qualidade técnica das propostas que superarem os requisitos mínimos estabelecidos no instrumento convocatório forem relevantes aos fins pretendidos pela administração pública, e destinar-se-á exclusivamente a objetos:

I - de natureza predominantemente intelectual e de inovação tecnológica ou técnica; ou

II - que possam ser executados com diferentes metodologias ou tecnologias de domínio restrito no mercado, pontuando-se as vantagens e qualidades que eventualmente forem oferecidas para cada produto ou solução.

§2º É permitida a atribuição de fatores de ponderação distintos para valorar as propostas técnicas e de preço, sendo o percentual de ponderação mais relevante limitado a 70% (setenta por cento).

**Art. 21.** O julgamento pela melhor técnica ou pelo melhor conteúdo artístico considerará exclusivamente as propostas técnicas ou artísticas apresentadas pelos licitantes com base em critérios objetivos previamente estabelecidos no instrumento convocatório, no qual será definido o prêmio ou a remuneração que será atribuída aos vencedores.

Parágrafo único. O critério de julgamento referido no *caput* deste artigo poderá ser utilizado para a contratação de projetos, inclusive arquitetônicos, e trabalhos de natureza técnica, científica ou artística, excluindo-se os projetos de engenharia.

**Art. 22.** O julgamento pela maior oferta de preço será utilizado no caso de contratos que resultem em receita para a administração pública.

§1º Quando utilizado o critério de julgamento pela maior oferta de preço, os requisitos de qualificação técnica e econômico-financeira poderão ser dispensados, conforme dispuser o regulamento.

§2º No julgamento pela maior oferta de preço, poderá ser exigida a comprovação do recolhimento de quantia a título de garantia, como requisito de habilitação, limitada a 5% (cinco por cento) do valor ofertado.

§3º Na hipótese do §2º deste artigo, o licitante vencedor perderá o valor da entrada em favor da administração pública caso não efetive o pagamento devido no prazo estipulado.

**Art. 23.** No julgamento pelo maior retorno econômico, utilizado exclusivamente para a celebração de contratos de eficiência, as propostas serão consideradas de forma a selecionar a que proporcionará a maior economia para a administração pública decorrente da execução do contrato.

§1º O contrato de eficiência terá por objeto a prestação de serviços, que pode incluir a realização de obras e o fornecimento de bens, com o objetivo de proporcionar economia ao contratante, na forma de redução de despesas correntes, sendo o contratado remunerado com base em percentual da economia gerada.

§2º Na hipótese prevista no *caput* deste artigo, os licitantes apresentarão propostas de trabalho e de preço, conforme dispuser o regulamento.

§3º Nos casos em que não for gerada a economia prevista no contrato de eficiência:

I - a diferença entre a economia contratada e a efetivamente obtida será descontada da remuneração da contratada;

II - se a diferença entre a economia contratada e a efetivamente obtida for superior à remuneração da contratada, será aplicada multa por inexecução contratual no valor da diferença; e

III - a contratada sujeitar-se-á, ainda, a outras sanções cabíveis caso a diferença entre a economia contratada e a efetivamente obtida seja superior ao limite máximo estabelecido no contrato.

**Art. 24.** Serão desclassificadas as propostas que:

I - contenham vícios insanáveis;

II - não obedeçam às especificações técnicas pormenorizadas no instrumento convocatório;

III - apresentem preços manifestamente inexequíveis ou permaneçam acima do orçamento estimado para a contratação, inclusive nas hipóteses previstas no art. 6º desta Lei;

IV - não tenham sua exequibilidade demonstrada, quando exigido pela administração pública; ou

V - apresentem desconformidade com quaisquer outras exigências do instrumento convocatório, desde que insanáveis.

§1º A verificação da conformidade das propostas poderá ser feita exclusivamente em relação à proposta mais bem classificada.

§2º A administração pública poderá realizar diligências para aferir a exequibilidade das propostas ou exigir dos licitantes que ela seja demonstrada, na forma do inciso IV do *caput* deste artigo.

§3º No caso de obras e serviços de engenharia, para efeito de avaliação da exequibilidade e de sobrepreço, serão considerados o preço global, os quantitativos e os preços unitários considerados relevantes, conforme dispuser o regulamento.

**Art. 25.** Em caso de empate entre 2 (duas) ou mais propostas, serão utilizados os seguintes critérios de desempate, nesta ordem:

I - disputa final, em que os licitantes empatados poderão apresentar nova proposta fechada em ato contínuo à classificação;

II - a avaliação do desempenho contratual prévio dos licitantes, desde que exista sistema objetivo de avaliação instituído;

III - os critérios estabelecidos no art. 3º da Lei nº 8.248, de 23 de outubro de 1991, e no §2º do art. 3º da Lei nº 8.666, de 21 de junho de 1993; e

IV - sorteio.

Parágrafo único. As regras previstas no *caput* deste artigo não prejudicam a aplicação do disposto no art. 44 da Lei Complementar nº 123, de 14 de dezembro de 2006.

**Art. 26.** Definido o resultado do julgamento, a administração pública poderá negociar condições mais vantajosas com o primeiro colocado.

Parágrafo único. A negociação poderá ser feita com os demais licitantes, segundo a ordem de classificação inicialmente estabelecida, quando o preço do primeiro colocado, mesmo após a negociação, for desclassificado por sua proposta permanecer acima do orçamento estimado.

**Art. 27.** Salvo no caso de inversão de fases, o procedimento licitatório terá uma fase recursal única, que se seguirá à habilitação do vencedor.
Parágrafo único. Na fase recursal, serão analisados os recursos referentes ao julgamento das propostas ou lances e à habilitação do vencedor.

**Art. 28.** Exauridos os recursos administrativos, o procedimento licitatório será encerrado e encaminhado à autoridade superior, que poderá:
I - determinar o retorno dos autos para saneamento de irregularidades que forem supríveis;
II - anular o procedimento, no todo ou em parte, por vício insanável;
III - revogar o procedimento por motivo de conveniência e oportunidade; ou
IV - adjudicar o objeto e homologar a licitação.

Subseção III

**Dos Procedimentos Auxiliares das Licitações no Âmbito do RDC**

**Art. 29.** São procedimentos auxiliares das licitações regidas pelo disposto nesta Lei:
I - pré-qualificação permanente;
II - cadastramento;
III - sistema de registro de preços; e
IV - catálogo eletrônico de padronização.
Parágrafo único. Os procedimentos de que trata o *caput* deste artigo obedecerão a critérios claros e objetivos definidos em regulamento.

**Art. 30.** Considera-se pré-qualificação permanente o procedimento anterior à licitação destinado a identificar:
I - fornecedores que reúnam condições de habilitação exigidas para o fornecimento de bem ou a execução de serviço ou obra nos prazos, locais e condições previamente estabelecidos; e
II - bens que atendam às exigências técnicas e de qualidade da administração pública.
§1º O procedimento de pré-qualificação ficará permanentemente aberto para a inscrição dos eventuais interessados.
§2º A administração pública poderá realizar licitação restrita aos pré-qualificados, nas condições estabelecidas em regulamento.
§3º A pré-qualificação poderá ser efetuada nos grupos ou segmentos, segundo as especialidades dos fornecedores.
§4º A pré-qualificação poderá ser parcial ou total, contendo alguns ou todos os requisitos de habilitação ou técnicos necessários à contratação, assegurada, em qualquer hipótese, a igualdade de condições entre os concorrentes.
§5º A pré-qualificação terá validade de 1 (um) ano, no máximo, podendo ser atualizada a qualquer tempo.

**Art. 31.** Os registros cadastrais poderão ser mantidos para efeito de habilitação dos inscritos em procedimentos licitatórios e serão válidos por 1 (um) ano, no máximo, podendo ser atualizados a qualquer tempo.
§1º Os registros cadastrais serão amplamente divulgados e ficarão permanentemente abertos para a inscrição de interessados.
§2º Os inscritos serão admitidos segundo requisitos previstos em regulamento.
§3º A atuação do licitante no cumprimento de obrigações assumidas será anotada no respectivo registro cadastral.
§4º A qualquer tempo poderá ser alterado, suspenso ou cancelado o registro do inscrito que deixar de satisfazer as exigências de habilitação ou as estabelecidas para admissão cadastral.

**Art. 32.** O Sistema de Registro de Preços, especificamente destinado às licitações de que trata esta Lei, reger-se-á pelo disposto em regulamento.
§1º Poderá aderir ao sistema referido no *caput* deste artigo qualquer órgão ou

entidade responsável pela execução das atividades contempladas no art. 1º desta Lei.

§2º O registro de preços observará, entre outras, as seguintes condições:

I - efetivação prévia de ampla pesquisa de mercado;

II - seleção de acordo com os procedimentos previstos em regulamento;

III - desenvolvimento obrigatório de rotina de controle e atualização periódicos dos preços registrados;

IV - definição da validade do registro; e

V - inclusão, na respectiva ata, do registro dos licitantes que aceitarem cotar os bens ou serviços com preços iguais ao do licitante vencedor na sequência da classificação do certame, assim como dos licitantes que mantiverem suas propostas originais.

§3º A existência de preços registrados não obriga a administração pública a firmar os contratos que deles poderão advir, sendo facultada a realização de licitação específica, assegurada ao licitante registrado preferência em igualdade de condições.

**Art. 33.** O catálogo eletrônico de padronização de compras, serviços e obras consiste em sistema informatizado, de gerenciamento centralizado, destinado a permitir a padronização dos itens a serem adquiridos pela administração pública que estarão disponíveis para a realização de licitação.

Parágrafo único. O catálogo referido no *caput* deste artigo poderá ser utilizado em licitações cujo critério de julgamento seja a oferta de menor preço ou de maior desconto e conterá toda a documentação e procedimentos da fase interna da licitação, assim como as especificações dos respectivos objetos, conforme disposto em regulamento.

### Subseção IV
### Da Comissão de Licitação

**Art. 34.** As licitações promovidas consoante o RDC serão processadas e julgadas por comissão permanente ou especial de licitações, composta majoritariamente por servidores ou empregados públicos pertencentes aos quadros permanentes dos órgãos ou entidades da administração pública responsáveis pela licitação.

§1º As regras relativas ao funcionamento das comissões de licitação e da comissão de cadastramento de que trata esta Lei serão estabelecidas em regulamento.

§2º Os membros da comissão de licitação responderão solidariamente por todos os atos praticados pela comissão, salvo se posição individual divergente estiver registrada na ata da reunião em que houver sido adotada a respectiva decisão.

### Subseção V
### Da Dispensa e Inexigibilidade de Licitação

**Art. 35.** As hipóteses de dispensa e inexigibilidade de licitação estabelecidas nos arts. 24 e 25 da Lei nº 8.666, de 21 de junho de 1993, aplicam-se, no que couber, às contratações realizadas com base no RDC.

Parágrafo único. O processo de contratação por dispensa ou inexigibilidade de licitação deverá seguir o procedimento previsto no art. 26 da Lei nº 8.666, de 21 de junho de 1993.

### Subseção VI
### Das Condições Específicas para a Participação nas Licitações e para a Contratação no RDC

**Art. 36.** É vedada a participação direta ou indireta nas licitações de que trata esta Lei:

I - da pessoa física ou jurídica que elaborar o projeto básico ou executivo correspondente;

II - da pessoa jurídica que participar de consórcio responsável pela elaboração do projeto básico ou executivo correspondente;

III - da pessoa jurídica da qual o autor do projeto básico ou executivo seja administrador, sócio com mais de 5% (cinco por cento) do capital votante, controlador, gerente, responsável técnico ou subcontratado; ou

IV - do servidor, empregado ou ocupante de cargo em comissão do órgão ou entidade contratante ou responsável pela licitação.

§1º Não se aplica o disposto nos incisos I, II e III do *caput* deste artigo no caso das contratações integradas.

§2º O disposto no *caput* deste artigo não impede, nas licitações para a contratação de obras ou serviços, a previsão de que a elaboração de projeto executivo constitua encargo do contratado, consoante preço previamente fixado pela administração pública.

§3º É permitida a participação das pessoas físicas ou jurídicas de que tratam os incisos II e III do *caput* deste artigo em licitação ou na execução do contrato, como consultor ou técnico, nas funções de fiscalização, supervisão ou gerenciamento, exclusivamente a serviço do órgão ou entidade pública interessados.

§4º Para fins do disposto neste artigo, considera-se participação indireta a existência de qualquer vínculo de natureza técnica, comercial, econômica, financeira ou trabalhista entre o autor do projeto, pessoa física ou jurídica, e o licitante ou responsável pelos serviços, fornecimentos e obras, incluindo-se os fornecimentos de bens e serviços a estes necessários.

§5º O disposto no §4º deste artigo aplica-se aos membros da comissão de licitação.

**Art. 37.** É vedada a contratação direta, sem licitação, de pessoa jurídica na qual haja administrador ou sócio com poder de direção que mantenha relação de parentesco, inclusive por afinidade, até o terceiro grau civil com:

I - detentor de cargo em comissão ou função de confiança que atue na área responsável pela demanda ou contratação; e

II - autoridade hierarquicamente superior no âmbito de cada órgão ou entidade da administração pública.

**Art. 38.** Nos processos de contratação abrangidos por esta Lei, aplicam-se as preferências para fornecedores ou tipos de bens, serviços e obras previstos na legislação, em especial as referidas:

I - no art. 3º da Lei nº 8.248, de 23 de outubro de 1991;

II - no art. 3º da Lei nº 8.666, de 21 de junho de 1993; e

III - nos arts. 42 a 49 da Lei Complementar nº 123, de 14 de dezembro de 2006.

## Seção III
## Das Regras Específicas Aplicáveis aos Contratos Celebrados no Âmbito do RDC

**Art. 39.** Os contratos administrativos celebrados com base no RDC reger-se-ão pelas normas da Lei nº 8.666, de 21 de junho de 1993, com exceção das regras específicas previstas nesta Lei.

**Art. 40.** É facultado à administração pública, quando o convocado não assinar o termo de contrato ou não aceitar ou retirar o instrumento equivalente no prazo e condições estabelecidos:

I - revogar a licitação, sem prejuízo da aplicação das cominações previstas na Lei nº 8.666, de 21 de junho de 1993, e nesta Lei; ou

II - convocar os licitantes remanescentes, na ordem de classificação, para a celebração do contrato nas condições ofertadas pelo licitante vencedor.

Parágrafo único. Na hipótese de nenhum dos licitantes aceitar a contratação nos termos do inciso II do *caput* deste artigo, a administração pública poderá convocar os licitantes remanescentes, na ordem de classificação, para a celebração do contrato nas condições ofertadas por estes, desde que o respectivo valor seja igual ou inferior ao orçamento estimado para a contratação, inclusive quanto aos preços atualizados nos termos do instrumento convocatório.

**Art. 41.** Na hipótese do inciso XI do art. 24 da Lei nº 8.666, de 21 de junho de 1993, a contratação de remanescente de obra, serviço ou fornecimento de bens em consequência de rescisão contratual observará a ordem de classificação dos licitantes remanescentes e as condições por estes ofertadas, desde que não seja ultrapassado o orçamento estimado para a contratação.

**Art. 42.** Os contratos para a execução das obras previstas no plano plurianual poderão ser firmados pelo período nele compreendido, observado o disposto no *caput* do art. 57 da Lei nº 8.666, de 21 de junho de 1993.

**Art. 43.** Na hipótese do inciso II do art. 57 da Lei nº 8.666, de 21 de junho de 1993, os contratos celebrados pelos entes públicos responsáveis pelas atividades descritas no art. 1º desta Lei poderão ter sua vigência estabelecida até a data da extinção da APO.

**Art. 44.** As normas referentes à anulação e revogação das licitações previstas no art. 49 da Lei nº 8.666, de 21 de junho de 1993, aplicar-se-ão às contratações realizadas com base no disposto nesta Lei.

Seção IV

**Dos Pedidos de Esclarecimento, Impugnações e Recursos**

**Art. 45.** Dos atos da administração pública decorrentes da aplicação do RDC caberão:
I - pedidos de esclarecimento e impugnações ao instrumento convocatório no prazo mínimo de:
a) até 2 (dois) dias úteis antes da data de abertura das propostas, no caso de licitação para aquisição ou alienação de bens; ou
b) até 5 (cinco) dias úteis antes da data de abertura das propostas, no caso de licitação para contratação de obras ou serviços;
II - recursos, no prazo de 5 (cinco) dias úteis contados a partir da data da intimação ou da lavratura da ata, em face:
a) do ato que defira ou indefira pedido de pré-qualificação de interessados;
b) do ato de habilitação ou inabilitação de licitante;
c) do julgamento das propostas;
d) da anulação ou revogação da licitação;
e) do indeferimento do pedido de inscrição em registro cadastral, sua alteração ou cancelamento;
f) da rescisão do contrato, nas hipóteses previstas no inciso I do art. 79 da Lei nº 8.666, de 21 de junho de 1993;
g) da aplicação das penas de advertência, multa, declaração de inidoneidade, suspensão temporária de participação em licitação e impedimento de contratar com a administração pública; e
III - representações, no prazo de 5 (cinco) dias úteis contados a partir da data da intimação, relativamente a atos de que não caiba recurso hierárquico.
§1º Os licitantes que desejarem apresentar os recursos de que tratam as alíneas a, b e c do inciso II do *caput* deste artigo deverão manifestar imediatamente a sua intenção de recorrer, sob pena de preclusão.
§2º O prazo para apresentação de contrarrazões será o mesmo do recurso e começará imediatamente após o encerramento do prazo recursal.
§3º É assegurado aos licitantes vista dos elementos indispensáveis à defesa de seus interesses.
§4º Na contagem dos prazos estabelecidos nesta Lei, excluir-se-á o dia do início e incluir-se-á o do vencimento.
§5º Os prazos previstos nesta Lei iniciam e expiram exclusivamente em dia de expediente no âmbito do órgão ou entidade.
§6º O recurso será dirigido à autoridade superior, por intermédio da autoridade que praticou o ato recorrido, cabendo a esta reconsiderar sua decisão no prazo de 5 (cinco) dias úteis ou, nesse mesmo prazo, fazê-lo subir, devidamente informado, devendo, neste caso, a decisão do recurso ser proferida dentro do prazo de 5 (cinco) dias úteis, contados do seu recebimento, sob pena de apuração de responsabilidade.

**Art. 46.** Aplica-se ao RDC o disposto no art. 113 da Lei nº 8.666, de 21 de junho de 1993.

Seção V

**Das Sanções Administrativas**

**Art. 47.** Ficará impedido de licitar e contratar com a União, Estados, Distrito Federal ou Municípios, pelo prazo de até 5 (cinco) anos, sem prejuízo das multas previstas no instrumento convocatório e no contrato, bem como das demais cominações legais, o licitante que:

I - convocado dentro do prazo de validade da sua proposta não celebrar o contrato, inclusive nas hipóteses previstas no parágrafo único do art. 40 e no art. 41 desta Lei;

II - deixar de entregar a documentação exigida para o certame ou apresentar documento falso;

III - ensejar o retardamento da execução ou da entrega do objeto da licitação sem motivo justificado;

IV - não mantiver a proposta, salvo se em decorrência de fato superveniente, devidamente justificado;

V - fraudar a licitação ou praticar atos fraudulentos na execução do contrato;

VI - comportar-se de modo inidôneo ou cometer fraude fiscal; ou

VII - der causa à inexecução total ou parcial do contrato.

§1º A aplicação da sanção de que trata o *caput* deste artigo implicará ainda o descredenciamento do licitante, pelo prazo estabelecido no *caput* deste artigo, dos sistemas de cadastramento dos entes federativos que compõem a Autoridade Pública Olímpica.

§2º As sanções administrativas, criminais e demais regras previstas no Capítulo IV da Lei nº 8.666, de 21 de junho de 1993, aplicam-se às licitações e aos contratos regidos por esta Lei. (...)

**Art. 70.** Esta Lei entra em vigor na data de sua publicação, produzindo efeitos financeiros, no tocante ao art. 52 desta Lei, a contar da transferência dos órgãos ali referidos.

Brasília, 4 de agosto de 2011.

# ANEXO N

## Lei nº 12.440, de 7 de julho de 2011

*Acrescenta Título VII-A à Consolidação das Leis do Trabalho (CLT), aprovada pelo Decreto-Lei nº 5.452, de 1º de maio de 1943, para instituir a Certidão Negativa de Débitos Trabalhistas, e altera a Lei nº 8.666, de 21 de junho de 1993.*

A PRESIDENTA DA REPÚBLICA Faço saber que o Congresso Nacional decreta e eu sanciono a seguinte Lei:

**Art. 1º** A Consolidação das Leis do Trabalho (CLT), aprovada pelo Decreto-Lei nº 5.452, de 1º de maio de 1943, passa a vigorar acrescida do seguinte Título VII-A:
"Título VII-A
Da prova de inexistência de débitos trabalhistas
Art. 642-A. É instituída a Certidão Negativa de Débitos Trabalhistas (CNDT), expedida gratuita e eletronicamente, para comprovar a inexistência de débitos inadimplidos perante a Justiça do Trabalho.
§1º O interessado não obterá a certidão quando em seu nome constar:
I – o inadimplemento de obrigações estabelecidas em sentença condenatória transitada em julgado proferida pela Justiça do Trabalho ou em acordos judiciais trabalhistas, inclusive no concernente aos recolhimentos previdenciários, a honorários, a custas, a emolumentos ou a recolhimentos determinados em lei; ou
II – o inadimplemento de obrigações decorrentes de execução de acordos firmados perante o Ministério Público do Trabalho ou Comissão de Conciliação Prévia.
§2º Verificada a existência de débitos garantidos por penhora suficiente ou com exigibilidade suspensa, será expedida Certidão Positiva de Débitos Trabalhistas em nome do interessado com os mesmos efeitos da CNDT.
§3º A CNDT certificará a empresa em relação a todos os seus estabelecimentos, agências e filiais.
§4º O prazo de validade da CNDT é de 180 (cento e oitenta) dias, contado da data de sua emissão."

**Art. 2º** O inciso IV do art. 27 da Lei nº 8.666, de 21 de junho de 1993, passa a vigorar com a seguinte redação:
"Art. 27
IV – regularidade fiscal e trabalhista;" (NR)
Art. 3º O art. 29 da Lei nº 8.666, de 21 de junho de 1993, passa a vigorar com a seguinte redação:
"Art. 29. A documentação relativa à regularidade fiscal e trabalhista, conforme o caso, consistirá em:
V – prova de inexistência de débitos inadimplidos perante a Justiça do Trabalho, mediante a apresentação de certidão negativa, nos termos do Título VII-A da Consolidação das Leis do Trabalho, aprovada pelo Decreto-Lei nº 5.452, de 1º de maio de 1943." (NR)

**Art. 4º** Esta Lei entra em vigor 180 (cento e oitenta) dias após a data de sua publicação.

Brasília, 7 de julho de 2011.

# ANEXO O

## Resolução Administrativa nº 1470/2011[1]

(Alterada pelo Ato TST.GP nº 772/2011 e Ato TST.GP nº 1/2012)

*Regulamenta a expedição da Certidão Negativa de Débitos Trabalhistas – CNDT e dá outras providências.*

O EGRÉGIO ÓRGÃO ESPECIAL DO TRIBUNAL SUPERIOR DO TRABALHO, em sessão ordinária hoje realizada, sob a presidência do Exmo. Ministro João Oreste Dalazen, Presidente do Tribunal, presentes os Exmos. Ministros Maria Cristina Irigoyen Peduzzi, Vice-Presidente, Antônio José de Barros Levenhagen, Corregedor-Geral da Justiça do Trabalho, Milton de Moura França, Carlos Alberto Reis de Paula, Ives Gandra da Silva Martins Filho, João Batista Brito Pereira, Horácio Raymundo de Senna Pires, Rosa Maria Weber Candiota da Rosa, Luiz Philippe Vieira de Mello Filho, Alberto Luiz Bresciani de Fontan Pereira, Dora Maria da Costa, Fernando Eizo Ono, Márcio Eurico Vitral Amaro e o Exmo.Procurador-Geral do Trabalho, Dr. Luis Antônio Camargo de Melo,

Considerando a edição da Lei 12.440, de 7 de julho de 2011, que instituiu a Certidão Negativa de Débitos Trabalhistas – CNDT;

Considerando que a expedição da CNDT, eletrônica e gratuita, pressupõe a existência de base de dados integrada, de âmbito nacional, com informações sobre as pessoas físicas e jurídicas inadimplentes perante a Justiça do Trabalho;

Considerando a necessidade de padronizar e regulamentar a frequência, o conteúdo e o formato dos arquivos a serem disponibilizados pelos Tribunais Regionais do Trabalho com os dados necessários à expedição da CNDT;

RESOLVE

### Banco Nacional de Devedores Trabalhistas

**Art. 1º** É instituído o Banco Nacional de Devedores Trabalhistas – BNDT, composto dos dados necessários à identificação das pessoas naturais e jurídicas, de direito público e privado, inadimplentes perante a Justiça do Trabalho quanto às obrigações:

I - estabelecidas em sentença condenatória transitada em julgado ou em acordos judiciais trabalhistas; ou

II - decorrentes de execução de acordos firmados perante o Ministério Público do Trabalho ou Comissão de Conciliação Prévia.

§1º Antes de efetivar a ordem de inclusão do devedor no BNDT, em caso de execução por quantia certa, o Juízo da Execução determinará o bloqueio eletrônico de numerário por meio do sistema BACENJUD (art. 655, I, CPC) e também registrará no sistema, quando for o caso, a informação sobre a existência de garantia total da execução.

---

[1] Resolução Administrativa republicada em razão de erro material.

§2º A garantia total da execução por depósito, bloqueio de numerário ou penhora de bens suficientes, devidamente formalizada, ensejará a expedição de Certidão Positiva de Débitos Trabalhistas, com os mesmos efeitos da CNDT.
§3º Não será inscrito no Banco Nacional de Devedores Trabalhistas o devedor cujo débito é objeto de execução provisória.
§4º Uma vez inscrito, o devedor comporá pré-cadastro para a emissão da CNDT e disporá do prazo improrrogável de 30 (trinta) dias para cumprir a obrigação ou regularizar a situação, a fim de evitar a positivação de seus registros junto ao BNDT.
§5º Transcorrido o prazo de que trata o parágrafo anterior, a inclusão do devedor inadimplente acarretará, conforme o caso, a emissão de Certidão Positiva ou de Certidão Positiva com efeito de negativa, na forma do art. 6º desta Resolução.
§6º A alteração dos dados do devedor no BNDT, no curso do prazo fixado no §4º, não renova ou modifica o prazo ali previsto.

**Art. 2º** A inclusão, a alteração e a exclusão de dados no Banco Nacional de Devedores Trabalhistas serão sempre precedidas de determinação judicial expressa, preferencialmente por meio eletrônico.
§1º Na execução por Carta, caberá ao Juízo Deprecante a determinação de que trata o *caput*.
§2º As alterações no BNDT decorrentes de decisão de Tribunal Regional do Trabalho ou do Tribunal Superior do Trabalho serão imediatamente comunicadas ao juízo de origem, a quem caberá a atualização.
§3º Caberá aos Tribunais Regionais do Trabalho, observado o disposto no parágrafo anterior, determinar a atualização dos dados do BNDT antes do envio dos autos ao TST para julgamento de eventual recurso interposto.
§4º O Desembargador competente para emitir despacho de admissibilidade em recurso dirigido ao TST velará pelo cumprimento das normas dos §§2º e 3º.

**Art. 3º** Os Tribunais Regionais do Trabalho disponibilizarão diariamente arquivo eletrônico com os seguintes dados necessários à alimentação do Banco Nacional de Devedores Trabalhistas, no formato a ser definido pela Secretaria de Tecnologia da Informação do TST:
I - número dos autos do processo, observada a numeração única prevista na Resolução CNJ nº 65/2008;
II - número de inscrição do devedor no Cadastro de Pessoas Físicas (CPF) ou no Cadastro Nacional de Pessoas Jurídicas (CNPJ) da Receita Federal do Brasil (RFB);
III - nome ou razão social do devedor, observada a grafia constante da base de dados do CPF ou do CNPJ da RFB;
IV - existência de depósito, bloqueio de numerário ou penhora suficiente à garantia do débito, se for o caso;
V - suspensão da exigibilidade do débito trabalhista, quando houver.
§1º Os dados de inclusão de devedor no Banco serão precedidos de conferência do respectivo nome ou razão social e do número do CPF ou do CNPJ com a base de dados da Receita Federal do Brasil, cujos meios de acesso o Tribunal Superior do Trabalho fornecerá.
§2º Serão armazenadas as datas de inclusão e exclusão dos devedores e das informações previstas nos incisos IV e V, bem como o registro do usuário responsável pelo lançamento dos dados.
§3º Nas execuções promovidas contra dois ou mais devedores, as informações sobre a suspensão da exigibilidade do débito ou garantia da execução por depósito, bloqueio de numerário ou penhora suficiente deverão ser individualizadas por devedor.
§4º Paga a dívida ou satisfeita a obrigação, o Juiz da execução determinará a imediata exclusão do(s) devedor(es) do Banco Nacional de Devedores Trabalhistas.
§5º Sempre que houver modificação das informações descritas nos incisos IV e V, atualizar-se-ão os dados no Banco Nacional de Devedores Trabalhistas.

**Certidão Negativa de Débitos Trabalhistas**

**Art. 4º** A Certidão Negativa de Débitos Trabalhistas – CNDT será expedida gratuita e eletronicamente em todo o território nacional, observado o modelo constante do

Anexo I, no período de pré-cadastro a que alude o §4º do artigo 1º, e para comprovar a inexistência de débitos inadimplidos perante a Justiça do Trabalho, tendo como base de dados o Banco Nacional de Devedores Trabalhistas.

§1º O interessado requererá a CNDT nas páginas eletrônicas do Tribunal Superior do Trabalho (http://www.tst.jus.br), do Conselho Superior da Justiça do Trabalho (http://www.csjt.jus.br) e dos Tribunais Regionais do Trabalho na internet, as quais manterão, permanentemente, *hiperlink* de acesso ao sistema de expedição.

§2º O sistema de expedição da CNDT também disponibilizará consulta pública dos dados referentes aos devedores inscritos no pré-cadastro do BNDT e ainda não positivados, no prazo a que alude o §4º do art. 1º, observado o modelo constante do Anexo IV.

**Art. 5º** O requerimento da CNDT indicará, obrigatoriamente, o CPF ou o CNPJ da pessoa sobre quem deva versar a certidão.

§1º No caso de pessoa jurídica, a CNDT certificará a empresa em relação a todos os seus estabelecimentos, agências e filiais.

§2º A certidão conterá:

I - informação de que os dados estão atualizados até 2 (dois) dias anteriores à data da sua expedição; e

II - código de segurança para o controle de sua autenticidade no próprio sistema de emissão.

### Certidão Positiva de Débitos Trabalhistas

**Art. 6º** A Certidão Negativa de Débitos Trabalhistas – CNDT não será obtida quando, decorrido o prazo de regularização a que se refere o art. 1º, §4º, constar do Banco Nacional de Devedores Trabalhistas o número de inscrição no CPF ou no CNPJ da pessoa sobre quem deva versar.

§1º Na hipótese prevista no caput, expedir-se-á Certidão Positiva de Débitos Trabalhistas - CPDT, observado o modelo constante do Anexo II.

§2º Suspensa a exigibilidade do débito ou garantida a execução por depósito, bloqueio de numerário ou penhora de bens suficientes, devidamente formalizada, expedir-se-á Certidão Positiva de Débitos Trabalhistas com os mesmos efeitos da Certidão Negativa de Débitos Trabalhistas, observado o modelo constante do Anexo III.

**Art. 7º** O Tribunal Superior do Trabalho manterá repositório de todas as informações constantes do banco de dados da CNDT pelo prazo mínimo de 5 (cinco) anos.

### Gestão e Fiscalização

**Art. 8º** A gestão técnica do Banco Nacional de Devedores Trabalhistas e do sistema de expedição da Certidão Negativa de Débitos Trabalhistas caberá a um Comitê a ser instituído e regulamentado pela Presidência do Tribunal Superior do Trabalho.

Parágrafo único. Integrará o Comitê um representante indicado pelo Corregedor-Geral da Justiça do Trabalho.

**Art. 9º** À Corregedoria-Geral da Justiça do Trabalho caberá fiscalizar e orientar os Tribunais Regionais do Trabalho e as Corregedorias Regionais quanto ao cumprimento da presente Resolução, especialmente no que concerne:

I - ao fiel registro, no sistema dos Tribunais Regionais do Trabalho, dos atos processuais relativos à execução trabalhista, necessários à expedição da CNDT;

II - à obrigatoriedade de inclusão e exclusão dos devedores no Banco Nacional de Devedores Trabalhistas;

III - à atualização dos dados no Banco Nacional de Devedores Trabalhistas, sempre que houver modificação das informações descritas nos incisos IV e V do artigo 3º desta Resolução;

IV - à disponibilização correta e tempestiva dos dados necessários à alimentação do Banco Nacional de Devedores Trabalhistas; e

V - à existência e manutenção de *hiperlink* de acesso ao sistema de expedição da

CNDT nas páginas eletrônicas dos Tribunais Regionais do Trabalho.

### Disposições Finais e Transitórias

**Art. 10.** A Para os devedores incluídos no BNDT até o dia 4 de janeiro de 2012, o prazo de regularização de que trata o art. 1º, §4º, desta Resolução terá início nessa data.

**Art. 11.** Os Tribunais Regionais do Trabalho encaminharão ao Tribunal Superior do Trabalho, no prazo de 15 (quinze) dias, contados da publicação desta Resolução, plano de ação com cronograma detalhado das medidas a serem implementadas para o seu integral cumprimento.

**Art. 12.** No tocante aos processos em fase de execução atualmente em trâmite nos Tribunais Regionais do Trabalho ou no Tribunal Superior do Trabalho, em que ainda não houve alimentação dos dados no BNDT, caberá ao juízo de origem determinar a adoção dessa providência quando da devolução dos autos físicos principais, ressalvada a hipótese do §2º do art. 2º desta Resolução.

**Art. 13.** Esta Resolução entra em vigor na data de sua publicação.

Brasília, 24 de agosto de 2011.

# ANEXO P

## Decreto nº 7.546, de 2 de agosto de 2011

*Regulamenta o disposto nos §§5º a 12 do art. 3º da Lei nº 8.666, de 21 de junho de 1993, e institui a Comissão Interministerial de Compras Públicas.*

A PRESIDENTA DA REPÚBLICA, no uso das atribuições que lhe confere o art. 84, incisos IV e VI, alínea "a", da Constituição, e tendo em vista o disposto na Lei nº 8.666, de 21 de junho de 1993,
DECRETA:

**Art. 1º** A aplicação de margem de preferência para produtos manufaturados e serviços nacionais e de medidas de compensação comercial, industrial, tecnológica ou de acesso a condições vantajosas de financiamento, de que tratam os §§5º a 12 do art. 3º da Lei nº 8.666, de 21 de junho de 1993, observará o disposto neste Decreto.

**Art. 2º** Para os fins deste Decreto, considera-se:
I - Margem de preferência normal – diferencial de preços entre os produtos manufaturados nacionais e serviços nacionais e os produtos manufaturados estrangeiros e serviços estrangeiros, que permite assegurar preferência à contratação de produtos manufaturados nacionais e serviços nacionais;
II - Margem de preferência adicional – margem de preferência cumulativa com a prevista no inciso I do *caput*, assim entendida como o diferencial de preços entre produtos manufaturados nacionais e serviços nacionais, resultantes de desenvolvimento e inovação tecnológica realizados no País, e produtos manufaturados estrangeiros e serviços estrangeiros que permitem assegurar preferência à contratação de produtos manufaturados nacionais e serviços nacionais;
III - Medida de compensação industrial, comercial ou tecnológica – qualquer prática compensatória estabelecida como condição para o fortalecimento da produção de bens, do desenvolvimento tecnológico ou da prestação de serviços, com a intenção de gerar benefícios de natureza industrial, tecnológica ou comercial concretizados, entre outras formas, como:
a) coprodução;
b) produção sob licença;
c) produção subcontratada;
d) investimento financeiro em capacitação industrial e tecnológica;
e) transferência de tecnologia;
f) obtenção de materiais e meios auxiliares de instrução;
g) treinamento de recursos humanos;
h) contrapartida comercial; ou
i) contrapartida industrial;
IV - Produto manufaturado nacional - produto que tenha sido submetido a qualquer operação que modifique a sua natureza, a natureza de seus insumos, a sua finalidade ou o aperfeiçoe para o consumo, produzido no território nacional de acordo com o processo produtivo básico definido nas Leis nºs 8.387, de 30 de dezembro de 1991, e 8.248, de 23 de outubro de 1991, ou com

as regras de origem estabelecidas pelo Poder Executivo federal, tendo como padrão mínimo as regras de origem do Mercosul;
V - Serviço nacional – serviço prestado no País, nos termos, limites e condições estabelecidos nos atos do Poder Executivo que estipulem a margem de preferência por serviço ou grupo de serviços;
VI - Produto manufaturado estrangeiro e serviço estrangeiro – aquele que não se enquadre nos conceitos estabelecidos nos incisos IV e V do *caput*, respectivamente; e
VII - Normas técnicas brasileiras – normas técnicas produzidas e divulgadas pelos órgãos oficiais competentes, entre eles a Associação Brasileira de Normas Técnicas - ABNT e outras entidades designadas pelo Conselho Nacional de Metrologia, Normalização e Qualidade Industrial - CONMETRO.

**Art. 3º** Nas licitações no âmbito da administração pública federal será assegurada, na forma prevista em regulamentos específicos, margem de preferência, nos termos previstos neste Decreto, para produtos manufaturados nacionais e serviços nacionais que atendam, além dos regulamentos técnicos pertinentes, a normas técnicas brasileiras, limitada a vinte e cinco por cento acima do preço dos produtos manufaturados estrangeiros e serviços estrangeiros.
§1º Para os fins deste Decreto, entende-se como administração pública federal, além dos órgãos da administração direta, os fundos especiais, as autarquias, as fundações públicas, as empresas públicas, as sociedades de economia mista e as demais entidades controladas direta ou indiretamente pela União.
§2º Os estados, o Distrito Federal, os municípios e os demais poderes da União poderão adotar as margens de preferência estabelecidas pelo Poder Executivo federal, previstas nos §§5º e 7º do art. 3º da Lei nº 8.666, de 1993.
§3º A margem de preferência normal será calculada em termos percentuais em relação à proposta melhor classificada para produtos manufaturados estrangeiros ou serviços estrangeiros, conforme definido em decreto, nos termos do art. 5º.
§4º Os produtos manufaturados nacionais e os serviços nacionais resultantes de desenvolvimento e inovação tecnológica realizados no País poderão ter margem de preferência adicional, definida em decreto, nos termos do art. 5º, que, acumulada à margem de preferência normal, não poderá ultrapassar o limite de vinte e cinco por cento, conforme previsto no *caput*.
§5º Para fins de aplicação do §4º, os Ministérios da Ciência e Tecnologia e do Desenvolvimento, Indústria e Comércio Exterior estabelecerão os requisitos e critérios para verificação dos produtos e serviços resultantes de desenvolvimento e inovação tecnológica realizados no País, após proposição da Comissão a que se refere o artigo 7º.
§6º A aplicação de margem de preferência não exclui o acréscimo dos gravames previstos no §4º do art. 42 da Lei nº 8.666, de 1993.

**Art. 4º** As margens de preferência normais e adicionais não se aplicam aos bens e serviços cuja capacidade de produção ou de prestação no País seja inferior à quantidade de bens a ser adquirida ou de serviços a ser contratada.
Parágrafo único. Na hipótese prevista no art. 23, §7º, da Lei nº 8.666, de 1993, não serão aplicadas as margens de preferência aos bens e serviços cuja capacidade de produção ou de prestação no País seja inferior ao quantitativo mínimo fixado no edital para preservar a economia de escala.

**Art. 5º** O Decreto que estabelecer as margens de preferência discriminará a abrangência de sua aplicação e poderá fixar o universo de normas técnicas brasileiras aplicáveis por produto, serviço, grupo de produtos e grupo de serviços para os fins do disposto neste Decreto.

**Art. 6º** Os editais de licitação para a contratação de bens, serviços e obras poderão, mediante prévia justificativa da autoridade competente, exigir que o contratado promova, em favor de órgão ou entidade integrante da administração pública ou daqueles por ele indicados, a partir de processo isonômico, medidas de compensação

comercial, industrial, tecnológica ou de acesso a condições vantajosas de financiamento, cumulativamente ou não, na forma estabelecida em decreto, nos termos do art. 5º.
Parágrafo único. A aplicação das condições vantajosas de financiamento para serviços e obras de que trata o §11 do art. 3º da Lei nº 8.666, de 1993, observará o disposto no §3º do art. 7º da referida Lei.

**Art. 7º** Fica instituída a Comissão Interministerial de Compras Públicas - CI-CP.
Parágrafo único. A CI-CP terá caráter temporário, com atribuições específicas atinentes à proposição e ao acompanhamento da aplicação da margem de preferência para produtos manufaturados nacionais e serviços nacionais e das medidas de compensação comercial, industrial, tecnológica ou de acesso a condições vantajosas de financiamento, de que trata este Decreto.

**Art. 8º** À CI-CP compete:
I - elaborar proposições normativas referentes a:
a) margens de preferência normais e margens de preferência adicionais máximas; e
b) medidas de compensação tecnológica, industrial, comercial ou de acesso a condições vantajosas de financiamento;
II - analisar estudos setoriais para subsidiar a definição e a implementação das margens de preferência por produto, serviço, grupo de produtos ou grupo de serviços e das medidas de compensação referidas no inciso I do *caput*;
III - promover avaliações de impacto econômico, para examinar os efeitos da política de margem de preferência e de medidas de compensação nas compras públicas sobre o desenvolvimento nacional, considerando o disposto na Lei nº 12.349, de 15 de dezembro de 2010;
IV - acompanhar e avaliar a evolução e a efetiva implantação das margens de preferência e medidas de compensação no processo de compras públicas;
V - propor o universo de normas técnicas brasileiras aplicáveis por produto, serviço, grupo de produtos e grupo de serviços para os fins do disposto neste Decreto; e
VI - elaborar seu regimento.
§1º A proposição das margens de preferência será realizada com base em estudos, revistos periodicamente, em prazo não superior a cinco anos, que identifiquem, entre outros:
I - o potencial de geração de emprego e renda no País;
II - o efeito multiplicador sobre a arrecadação de tributos federais, estaduais e municipais;
III - o potencial de desenvolvimento e inovação tecnológica realizados no País;
IV - o custo adicional dos produtos e serviços; e
V - em suas revisões, a análise retrospectiva de resultados.
§2º Os estudos de que trata o §1º serão elaborados a partir de informações oficiais, com fundamento em métodos de reconhecida confiabilidade técnica, podendo-se utilizar, de maneira complementar, informações de outras fontes, de reconhecida idoneidade e especialização técnica.
§3º A fixação das margens de preferência e de medidas de compensação observará as diretrizes gerais das políticas industrial, tecnológica e de comércio exterior vigentes.
§4º As medidas de compensação tecnológica referidas na alínea "b" do inciso I do *caput* deverão ser promovidas, prioritariamente, no setor de competência do contratante.
§5º As proposições de que trata a alínea "a" do inciso I do *caput* preverão critérios segundo os quais as margens serão alteradas.
§6º O regime de origem para produtos manufaturados nacionais, para efeito de aplicação das margens de preferência, será definido pelo Ministério do Desenvolvimento, Indústria e Comércio Exterior, após proposição da CI-CP.
§7º As proposições de que trata o inciso I do *caput* serão encaminhadas à Presidência da República pelo Ministério da Fazenda.

**Art. 9º** A CI-CP será integrada pelos seguintes Ministros de Estado:
I - da Fazenda, que a presidirá;
II - do Planejamento, Orçamento e Gestão;
III - do Desenvolvimento, Indústria e Comércio Exterior;

IV - da Ciência e Tecnologia; e
V - das Relações Exteriores.
§1º Os Ministros indicarão seus suplentes na CI-CP, devendo estes ocupar cargo de Secretário, Diretor ou equivalente nos respectivos ministérios.
§2º Os suplentes indicados na forma do §1º serão designados pelo Ministro da Fazenda.
§3º A participação nas atividades da CI-CP é considerada serviço público relevante e não enseja remuneração.
§4º A CI-CP terá suporte de Grupo de Apoio Técnico, constituído por técnicos indicados por cada órgão representado, designados pela Secretaria-Executiva da CI-CP, com o objetivo de assessorar a Comissão no desempenho de suas funções.
§5º A CI-CP deverá convidar os ministérios setoriais envolvidos para apoiar a execução dos trabalhos e para subsidiar as deliberações na definição das margens de preferência e das medidas de compensação.
§6º A CI-CP poderá convidar especialistas, pesquisadores e representantes de outros órgãos e entidades públicas ou privadas para apoiar a execução dos trabalhos.
§7º A CI-CP poderá criar comitês e subcomitês, com o intuito de prover subsídios técnicos necessários ao exercício das suas atribuições.
§8º A CI-CP se reunirá mensalmente e, extraordinariamente, sempre que o Presidente a convocar, estando presente a maioria de seus membros, decidindo por maioria simples.
§9º A Secretaria de Política Econômica do Ministério da Fazenda exercerá a atribuição de Secretaria-Executiva da CI-CP.

**Art. 10.** Nas contratações a que se refere o §12 do art. 3º da Lei nº 8.666, de 1993, destinadas à implantação, manutenção e aperfeiçoamento dos sistemas de tecnologia da informação e comunicação, a licitação poderá ser restrita a bens e serviços com tecnologia desenvolvida no País e produzidos de acordo com o processo produtivo básico de que trata a Lei nº 10.176, de 11 de janeiro de 2001, desde que considerados estratégicos por meio de ato conjunto dos Ministérios do Planejamento, Orçamento e Gestão, de Ciência e Tecnologia e do Desenvolvimento, Indústria e Comércio Exterior.
Parágrafo único. O ato conjunto previsto no *caput* deverá explicitar a vinculação dos bens e serviços de tecnologia da informação e comunicação aos critérios previstos no art. 6º, inciso XIX, da Lei nº 8.666, de 1993.

**Art. 11.** O Ministério do Planejamento, Orçamento e Gestão, ouvida a CI-CP, disciplinará os procedimentos necessários à implementação do disposto neste Decreto.

**Art. 12.** Este Decreto entra em vigor na data de sua publicação.

Brasília, 2 de agosto de 2011.

# Decreto nº 7.601, de 7 de novembro de 2011

*Estabelece a aplicação de margem de preferência nas licitações realizadas no âmbito da administração pública federal para aquisição de produtos de confecções, calçados e artefatos, para fins do disposto no art. 3º da Lei nº 8.666, de 21 de junho de 1993.*

A PRESIDENTA DA REPÚBLICA, no uso da atribuição que lhe confere o art. 84, inciso IV, da Constituição, e tendo em vista o disposto no art. 3º, §5º, §6º e §8º, da Lei nº 8.666, de 21 de junho de 1993,
DECRETA:

**Art. 1º** Fica estabelecida a aplicação de margem de preferência para aquisição de produtos de confecções, calçados e artefatos, conforme percentuais e descrições do Anexo I, nas licitações realizadas no âmbito da administração pública federal, com vistas à promoção do desenvolvimento nacional sustentável.
Parágrafo único. Os editais para aquisição dos produtos descritos no Anexo I publicados após a data de entrada em vigor deste Decreto deverão contemplar a aplicação da margem de preferência de que trata o *caput*.

**Art. 2º** Será aplicada a margem de preferência de que trata o art. 1º apenas aos produtos manufaturados nacionais, conforme as regras de origem estabelecidas em Portaria do Ministério do Desenvolvimento, Indústria e Comércio Exterior.
§1º O licitante deverá apresentar, juntamente com a proposta, formulário de declaração de cumprimento das regras de origem, conforme modelo publicado em Portaria do Ministério do Desenvolvimento, Indústria e Comércio Exterior.
§2º Na modalidade de pregão eletrônico:
I - o licitante declarará, durante a fase de cadastramento das propostas, se o produto atende às regras de origem; e
II - o formulário referido no §1º deverá ser apresentado juntamente com os documentos exigidos para habilitação.
§3º O produto que não atender às regras de origem ou cujo licitante não apresentar tempestivamente o formulário referido neste artigo será considerado como produto manufaturado estrangeiro para fins deste Decreto.

**Art. 3º** A margem de preferência de que trata o art. 1º será calculada sobre o menor preço ofertado de produto manufaturado estrangeiro, conforme a fórmula prevista no Anexo II e as seguintes condições:
I - o preço ofertado do produto manufaturado nacional será considerado menor que PE, sempre que seu valor for igual ou inferior a PM; e
II - o preço ofertado de produto manufaturado nacional será considerado maior que PE, sempre que seu valor for superior a PM.

**Art. 4º** A margem de preferência de que trata o art. 1º será aplicada para classificação das propostas:

I - após a fase de lances, na modalidade de pregão; e

II - no julgamento e classificação das propostas, nas demais modalidades de licitação.

§1º A margem de preferência não será aplicada caso o preço mais baixo ofertado seja de produto manufaturado nacional.

§2º Caso o licitante da proposta classificada em primeiro lugar seja inabilitado, ou deixe de cumprir a obrigação prevista no inciso II do §2º do art. 2º, deverá ser realizada a reclassificação das propostas, para fins de aplicação da margem de preferência.

§3º Caso a licitação tenha por critério de julgamento o menor preço do grupo ou lote, a margem de preferência só será aplicada se todos os itens que compõem o grupo ou lote atenderem às regras de origem de que trata o art. 2º.

§4º A aplicação da margem de preferência não exclui a negociação entre o pregoeiro e o vencedor da fase de lances, prevista no §8º do art. 24 do Decreto nº 5.450, de 31 de maio de 2005.

§5º A aplicação da margem de preferência não exclui o direito de preferência das microempresas e empresas de pequeno porte, previsto nos arts. 44 e 45 da Lei Complementar nº 123, de 14 de dezembro de 2006.

**Art. 5º** As margens de preferência de que trata o art. 1º serão aplicadas por seis meses, contados a partir da data de publicação deste Decreto.

**Art. 6º** Este Decreto entra em vigor na data de sua publicação.

Brasília, 7 de novembro de 2011.

## Anexo I

(continua)

| Produto | Código TIPI | Margem de Preferência |
|---|---|---|
| Camiseta (*T-shirt* ou interior) Escolar de malha | 6109.10.00 – de algodão<br>6109.90.00 – de outras matérias que não o algodão | 8% |
| Bermuda Masculina/ Feminina Brim, de algodão | 6203.42.00 – de uso masculino<br>6204.62.00 – de uso feminino ou misto (masculino e feminino) | 8% |
| Bermuda Masculina/ Feminina Denim (*jeans*) | 6203.42.00 – de uso masculino<br>6204.62.00 – de uso feminino ou misto (masculino e feminino) | 8% |
| Calça Feminina/ Masculina Brim, de algodão | 6203.42.00 – de uso masculino<br>6204.62.00 – de uso feminino ou misto (masculino e feminino) | 8% |
| Calça Feminina/ Masculina Denim (*jeans*) | 6203.42.00 – de uso masculino<br>6204.62.00 – de uso feminino ou misto (masculino e feminino) | 8% |

(continua)

| Produto | Código TIPI | Margem de Preferência |
|---|---|---|
| Saia Brim, de algodão | 6204.52.00 – de algodão | 8% |
| Saia *Jeans* | 6204.52.00 – de algodão | 8% |
| Camiseta Regata Feminina/Masculina, de malha, não confeccionadas em algodão | 6109.90.00 – de outras matérias têxteis | 8% |
| Calção – Educação Física, de fibras sintéticas | 6211.11.00 – calções de banho de uso masculino<br>6211.12.00 – maiôs e biquínis de banho (uso feminino)<br>6203.43.00 – de uso masculino, não de malha.<br>6204.63.00 – de uso feminino ou misto (masculino e feminino), não de malha.<br>6103.43.00 – de uso masculino, de malha<br>6104.63.00 – de uso femininos ou mistos (masculino e feminino), de malha | 8% |
| Bermuda – Educação Física, de fibras sintéticas | 6203.43.00 – de uso masculino, não de malha.<br>6204.63.00 – de uso feminino ou misto (masculino e feminino), não de malha.<br>6103.43.00 – de uso masculino, de malha<br>6104.63.00 – de uso femininos ou mistos (masculino e feminino), de malha | 8% |
| Agasalho Escolar, não de malha, de uso misto | 6202.91.00 – de lã ou pêlos finos<br>6202.92.00 – de algodão<br>6202.93.00 – de fibras sintéticas ou artificiais<br>6202.99.00 – de outros materiais | 8% |
| Meia soquete de malha, de algodão, ou majoritariamente em algodão | 6115.95.00 – de algodão | 8% |
| Boné de algodão | 6505.90.11 – de algodão | 8% |

(continua)

| Produto | Código TIPI | Margem de Preferência |
|---|---|---|
| Tênis nº 25 ao 35, com sola exterior de borracha ou de plástico e parte superior de matérias têxteis | 6404.11.00 – calçados para esporte; calçados para tênis, basquetebol, ginástica, treino e semelhantes | 8% |
| Tênis nº 36 ao 47, com sola exterior de borracha ou de plástico e parte superior de matérias têxteis | 6404.11.00 – calçados para esporte; calçados para tênis, basquetebol, ginástica, treino e semelhantes | 8% |
| Manta leve, de náilon | 6301.40.00 – cobertos e mantas (exceto os elétricos), de fibras sintéticas | 8% |
| Mochila de grande capacidade | 4202.92.00 – com a superfície exterior de plástico ou de matérias têxteis | 8% |
| Mochila de média capacidade | 4202.92.00 – com a superfície exterior de plástico ou de matérias têxteis | 8% |
| Mosquiteiro para beliche | 6304.93.00 – de fibras sintéticas | 8% |
| Saco de campanha | 4202.92.00 – com a superfície exterior de plástico ou de matérias têxteis | 8% |
| Saco de dormir | 9404.30.00 – | 8% |
| Boina militar | 6505.90.90 – outros | 8% |
| Calça verde-oliva sarja | 6203.43.00 – de poliéster, de uso masculino<br>6203.41.00 – de lã, de uso masculino | 8% |
| Calção de banho | 6112.31.00 – de fibra sintética | 8% |
| Calção TFM lista vermelha | 6203.43.00 – de fibra sintética | 8% |
| Camiseta meia-manga | 6109.10.00 – de algodão | 8% |
| Camiseta sem manga banca | 6109.90.00 – de outras matérias têxteis<br>6109.10.00 – de algodão | 8% |
| Ceroula verde-oliva | 6107.11.00 – de algodão | 8% |

(conclusão)

| Produto | Código TIPI | Margem de Preferência |
|---|---|---|
| Cinto de náilon verde-oliva | 6217.10.00 – acessórios | 8% |
| Gorro de selva | 6505.90.22 – outros | 8% |
| Luva de lã verde-oliva | 6116.91.00 – de lã ou de pelos finos | 8% |
| Meia de náilon | 6115.96.00 – de fibras sintéticas | 8% |
| Meia verde-oliva | 6115.95.00 – de algodão | 8% |
| Sapato preto vulcanizado | 6403.59.90 – parte superior de couro natural e sola exterior de couro natural | 8% |
| Sapato tipo tênis preto | 6403.99.90 – outros | 8% |
| Botina de lona camuflada | 6404.19.00 – outros | 8% |

## Anexo II

| Fórmula<br>PM = PE x (1 + M), sendo:<br>PM - preço com margem<br>PE - menor preço ofertado do produto manufaturado estrangeiro<br>M - margem de preferência em percentual, conforme estabelecido no Anexo I a este Decreto |
|---|

Esta obra foi composta em fonte Palatino Linotype, corpo 10
e impressa em papel Offset 75g (miolo) e Supremo 250g (capa)
pela Paulinelli Serviços Gráficos Ltda.
Belo Horizonte/MG, agosto de 2012.